BASTEI
LÜBBE

Von Helmut Uhlig sind außerdem bei BASTEI-LÜBBE lieferbar:

Helmut Uhlig

TIBET

Geheimnisvolle Welt am Rande Chinas

BASTEI
LÜBBE

BASTEI-LÜBBE-TASCHENBUCH
BAND 60 262

1. Auflage März 1990
2. Auflage November 1997

© 1986 by Gustav Lübbe Verlag GmbH, Bergisch Gladbach
Lizenzausgabe im Bastei-Verlag Gustav H. Lübbe GmbH & Co.,
Bergisch Gladbach
Printed in Germany
Einbandgestaltung: Dieter Kreuchauff
Titelbild: Helmut Uhlig, Berlin
Satz: Fotosatz Froitzheim, Bonn
Druck und Bindung: Clausen & Bosse, Leck
ISBN 3-404-60262-5

Der Preis dieses Bandes versteht sich einschließlich
der gesetzlichen Mehrwertsteuer.

INHALT

Seit frühesten Zeiten hat das Wort Tibet den Zauber einer magischen Formel ausgestrahlt. Für viele Menschen gilt es als Symbol geheimen Wissens um Sinn und Ziel dieses Daseins, die zu erkennen für uns Menschen einer rationalen Welt so außerordentlich schwierig ist. Schon in vergangenen Jahrhunderten drängte eine unerklärliche Sehnsucht Menschen aus Indien und China, aber auch aus Europa nach Tibet – zum Dach der Welt. Ihre Berichte klingen oft märchenhaft. Nur selten aber gewinnt man den Eindruck, daß der Besucher, so lange er sich auch im Lande aufgehalten haben mag, von Tibet mehr als ein äußeres Bild mitgenommen hat. Die Lebens- und Glaubensformen der Tibeter erscheinen den meisten Fremden als exotische Kuriositäten. Ihrem tieferen Sinn sind nur wenige nachgegangen. Zu ihnen zählen Alexandra David-Neel, die selbst das Leben einer tibetischen Einsiedlerin geführt, und Lama Anagarika Govinda, ein gebürtiger Deutscher, der sich ganz der Erforschung des Buddhismus, vor allem in seiner tibetischen Form, gewidmet hat. In seinen Büchern kommt ein »Tibet von Innen« – ein Tibet als geistige Provinz – zum Vorschein, das vielen westlichen Lesern unwirklich erscheinen mag. Doch nur, wer die von Govinda aufgezeichneten esoterischen Zusammenhänge in sein eigenes Tibetbild aufnimmt, kann hoffen, im Laufe der Zeit, durch vielseitige Beschäftigung mit dem Thema, Tibet und seine Menschen wirklich kennen und verstehen zu lernen.

Aus heutiger Sicht verbindet sich mit dem Wort Tibet ein Vorgang ohne Beispiel: Das durch Jahrhunderte von aller Umwelt isolierte, für Fremde so gut wie unzugängliche Land wird ab Oktober 1950 von den Chinesen besetzt und verliert seine politische Freiheit. Viele Bewohner fliehen. Sie sind arm.

Alles, was sie mitnehmen können, ist ihr religiöses Bewußt-
sein, ihre Überzeugung von der Richtigkeit und seelischen
Wirksamkeit ihres Glaubens, des tibetischen Buddhismus.
Dieser schlägt Wurzeln in der Welt, überall dort, wo die
Flüchtlinge hinkommen.

Tibet, seit 1965 eine autonome Region der Volksrepublik
China, ist durch seine religiöse Ausstrahlung zu einem geistigen Territorium für viele Menschen geworden, denen – wie
Lama Govinda – unser fast nur noch von materiellen Vorstellungen und Wünschen geprägtes Leben, trotz allen technischen und wirtschaftlichen Fortschritts, keine Sinnerfüllung
mehr bringt, sondern sie immer weiter wegführt von dem,
was sie als Glück empfinden. Ein Wechselprozeß hat in den
letzten Jahrzehnten stattgefunden, den der amerikanische
Psychologe und Soziologe Walt Anderson mit der Formel
»Ost ist West und West ist Ost« umschrieben hat.

Es gibt eine Prophezeiung des berühmten indischen Gurus
Padmasambhava, der nach der Legende im 8. Jahrhundert in
Tibet die Dämonen überwunden und die tantrische Form des
Buddhismus eingeführt hat. Seine zweifellos auf unser Jahrhundert zu beziehende Vorhersage lautet: »Wenn der Metall-
vogel fliegt und die Pferde auf Rädern dahinrollen, werden die
Tibeter wie Ameisen über die Welt verstreut und die Lehre
des Buddha kommt in die fernsten Länder.« Diese Prophezeiung hat sich vor unseren Augen seit 1959, als der Dalai Lama
und mit ihm große Bevölkerungsteile flohen, Wort für Wort
erfüllt. Ihre Verwirklichung, die vor 1200 Jahren niemandem
vorstellbar sein mochte, ging aus der Nachbarschaft des
schutzlosen, menschenleeren, in mittelalterlichen Lebensformen verharrenden Tibet zum volkreichsten Land dieser Erde
hervor.

Fast eine Milliarde Menschen – die Hälfte der gesamten
Erdbevölkerung – lebt heute zwischen Harbin im Norden
und Kanton im Süden, zwischen Shanghai im Osten und der
Strecke Lanchow-Chengtu im Westen auf dem Territorium
der Volksrepublik China. Das ist erstaunlich, wenn man

bedenkt, daß sich weiter nach Westen ein fast gleichgroßes Gebiet Chinas anschließt, dessen Bewohner nur wenige Prozent der Gesamtbevölkerung ausmachen – ein Gebiet, das China bis in die jüngste Zeit unter Berufung auf alte Rechte immer weiter auszudehnen bestrebt war. So hat es ab 1950 das bis dahin unabhängige Tibet und ab 1961 den nordöstlichen Teil des zu Indien gehörenden Ladakh besetzt und seine Ansprüche in Singkiang gegen die Sowjetunion erfolgreich behauptet. Diese Tendenzen sind nicht neu. Sie dauern fast so lange an wie die geschriebene Geschichte Chinas und sind aus der Vorstellung der chinesischen Kaiser erklärbar, Himmelssohn und Herrscher des Reiches der Mitte zu sein.

Im Bezirk des Himmelstempels von Peking ist in das Zentrum einer kreisförmigen Plattform, die dem Tempel vorgelagert ist, ein runder Stein eingelassen, auf dem einst der Kaiser seine Gebete verrichtete. Dieser Stein galt im chinesischen Imperium als Nabel der Welt, als Mittelpunkt der Erde. Bedenkt man, daß Peking eine verhältnismäßig junge Hauptstadt ist und daß die wichtigen älteren Hauptstädte Chinas – Changan, das spätere Sian und Loyang – südwestlich lagen, so wird das Verlangen nach Abrundung der politischen Einflußsphäre im Westen verständlich, vor allem dann, wenn man das kosmozentrische, ganz auf Machtfülle und ihre Repräsentation ausgerichtete Denken der chinesischen Herrscher als auslösenden Faktor berücksichtigt.

Die seit 1974 in der Nähe des heutigen Sian ausgegrabene Armee von überlebensgroßen Tonfiguren, die dem ersten Einiger Chinas, dem Kaiser Shi huang-ti, vor mehr als 2 000 Jahren als Grabwächter beigegeben wurden, zeugt von solchem Denken, ohne das die spezifische Form chinesischen Kaisertums, wie es sich in wechselvoller Geschichte bis 1912 erhalten hat, nicht vorstellbar wäre. Wichtig ist in diesem Zusammenhang die Tatsache, daß im letzten Jahrtausend über Jahrhunderte hinweg Herrscher aus fremden Völkern – vor allem Mongolen und Mandschu – chinesische Kaiser waren, die dem Amt zuliebe nicht nur ihren angestammten Namen, sondern auch ihre Nationalität preisgaben, um die Voraussetzungen für die Thronbesteigung zu erfüllen.

Es war ein alter ostasiatischer Fürstentraum, Kaiser im Reich der Mitte zu werden. Nichts war begehrter in zwei Jahrtausenden chinesischer Geschichte als der Thron des Himmelssohnes und das kaiserliche Siegel, das, wie man zumindest bis zur intensiveren Berührung mit den Europäern glaubte, Macht über die gesamte Erde verlieh. Wer aber Inhaber dieses Siegels war, wurde geistig zum Chinesen. Das Land assimilierte die Mächtigen seiner Umgebung. Die Macht hieß immer China. So ist es auch heute noch. Die kommunistische Machtübernahme durch Mao Tse-tung nach dem langen Marsch der roten Befreiungsarmee durch Chinas Provinzen hat daran nichts geändert. Auch Mao ging es um mehr als um die Befreiung seines Volkes – der Han-Chinesen. Sein China umfaßt in Konzeption und Realität das Land in seinen weitesten Grenzen. Mongolen und Mandschu zählen dazu wie Tataren und Uiguren sowie die zahllosen Stämme der sogenannten Nationalen Minderheiten im Süden und Südwesten des Landes. Als letzte, so ist es chinesische Lesart, holte er die Tibeter heim ins Mutterland, dessen Hauptstadt die Dalai Lamas – Tibets Gottkönige – schon in früheren Jahrhunderten oft besucht hatten. Ein kleiner Potala – Nachbildung des Herrscherpalastes von Lhasa –, der nördlich von Peking in der alten kaiserlichen Sommerresidenz Chengde steht, legt von dieser engen Beziehung, die bis in unser Jahrhundert andauerte, Zeugnis ab.

Zu keinem anderen Land der Erde hatte Tibet im Laufe seiner Geschichte engere, zwischen Feindschaft und Freundschaft wechselnde Beziehungen als zu China. Das ist nicht ganz selbstverständlich. Beginnt doch die nachweisbare, durch Dokumente belegte tibetische Geschichte nicht mit chinesischen, sondern mit indischen und zentralasiatischen Einflüssen.

Der Buddhismus, der die tibetische Kultur durch fast 1 500 Jahre geprägt hat, kam aus Indien. In seiner tibetischen Form

– dem sogenannten Lamaismus – hat er besonders in den letzten Jahrhunderten des Kaisertums stark nach China ausgestrahlt. Lamatempel in Peking und den kaiserlichen Somerresidenzen des Ostens sind sichtbare Zeugnisse seiner Ausbreitung.

Die vorbuddhistische Religion Tibets, die sich neben dem Buddhismus als Bon-Religion bis in unser Jahrhundert in Teilen des Landes erhalten hat, kam aus dem Norden. Sie trägt schamanische Züge, wie wir sie von Völkerstämmen Sibiriens und der Mongolei her kennen. Ihre Kultformen haben im Laufe der Jahrhunderte auch Eingang in den Lamaismus gefunden. Trancetänze und Orakelwesen gehören zu seinen Ausdrucksweisen wie geistige Vertiefung und Meditation.

Vergleicht man chinesisches und tibetisches Denken und Verhalten, so stellt man grundlegende Unterschiede fest. Religion ist für den Tibeter das eigentliche Leben. In ihr gründet seine Existenz, die als eine vorübergehende, sich aber ständig wiederholende Daseinsform anzusehen er schon früh von den Indern gelernt hat. Der Glaube an die Wiedergeburt und an die Bedeutungslosigkeit des menschlichen Einzeldaseins ist tief in jedem Tibeter verwurzelt.

Der Chinese dagegen hängt am irdischen Leben. Für ihn ist der im Eingang fast eines jeden Tempels lachend und fettleibig sitzende Glücksgott, den als Dickbauchbuddha zu klassifizieren chinesische Fremdenführer nicht müde werden, wichtiger als der meditierende Buddha Shakyamuni, der vor 2 500 Jahren in Indien die Sinnlosigkeit allen irdischen Strebens nach Macht und Reichtum gelehrt hat. Seine echten Anhänger waren in China immer eine kleine Minderheit. Es gab Kaiser, die den Buddhismus und sein Mönchswesen als Gefahr für das Land ansahen und die Buddhisten verfolgten. Auch heute, nach der Wiedereröffnung buddhistischer Klöster und Tempel in China, erwartet der Gläubige von Gebet und Opfer vor allem praktische Hilfe und materiellen Erfolg. Die Überwindung irdischen Wünschens und Strebens, wie sie Buddha gelehrt hat, ist den Chinesen im Gegensatz zu den Tibetern fremd.

Mit dem tibetischen Buddhismus, wie er im Lamaismus ausgeprägt ist, vermag deshalb auch die neue, liberalere chinesische Führung nichts anzufangen. Ihr scheint zwar Bedürfnislosigkeit in der gegenwärtigen Situation des Übergangs von der maoistischen Gleichheit aller zur leistungsorientierten sozialistischen Gesellschaft von morgen sicher ein anerkennenswertes ethisches Prinzip zu sein. Doch auf Leistung kann der Staat nicht verzichten. Darum wird er das materiell unproduktive Mönchswesen weder im Kernland noch im annektierten Tibet je wieder seine ursprünglichen, das gesamte Dasein prägenden Züge annehmen lassen. Das heißt, Religionsfreiheit wird sich auch in Zukunft in ganz China in Grenzen halten müssen. Schließlich strebt das Land, das sich heute noch als Entwicklungsland bezeichnet, eine Weltmachtposition an, und die ist mit buddhistischer Haltung sicher nicht zu erlangen. Selbst wirtschaftliche Stabilität kann in einem buddhistisch orientierten Staatswesen, wie es das Beispiel Birma deutlich zeigt, nicht erreicht werden. Das heißt, das Streben nach Fortschritt in unserer Zeit, wie wir es in den kapitalistischen, aber auch in den sogenannten sozialistischen Ländern erleben, ist mit der Lehre des Buddha nicht vereinbar. Andererseits beobachten wir gerade angesichts dieser progressiven, Technik und Wirtschaft immer weiter steigernden Tendenzen eine Hinwendung von Gruppen und einzelnen zum Buddhismus in allen Weltteilen. Sie geht zum Teil auch von jenen heute über die ganze Erde verstreuten Tibetern aus, die ihr Land in den letzten Jahrzehnten aus religiösen Gründen verlassen haben. So ist dem politisch entmachteten, während der Kulturrevolution vieler seiner wichtigsten Tempel und Klöster beraubten Land ein exterritoriales geistiges Zentrum erwachsen, das kraft der religiösen Ausstrahlung exilierter Mönche und Lamas zu einer glaubensbildenden, lebensformenden Macht geworden ist. Mit dem Dalai Lama an der Spitze wirkt sie weitaus stärker als es ein isoliertes, wenn auch politisch unabhängiges Land auf dem Dach der Welt je vermocht hätte.

Ohne Prognosen über die Zukunft Tibets stellen zu wollen oder über die Möglichkeiten einer Rückkehr des Dalai Lama nach Lhasa zu spekulieren, kann jetzt schon mit Gewißheit gesagt werden, daß der marxistische Versuch der Unterdrückung des Lamaismus und der Modernisierung des Landes auf atheistischer Basis gescheitert ist. Die unterdrückte Religion hat trotz aller Umerziehungsbemühungen der Chinesen überlebt und ist mit der Wiederöffnung der wenigen in der Kulturrevolution erhalten gebliebenen Tempel und Klöster auferstanden wie Phönix aus der Asche.

Man muß die leuchtenden Augen der Pilger vor den lange verborgen gebliebenen Buddhabildern in den von tausend Butterlampen geheimnisvoll erleuchteten Tempeln Lhasas und Shigatses gesehen haben, um zu begreifen, was die wiedererlangte religiöse Freiheit für diese Menschen bedeutet. Für den Tibeter ist sie, wie mir ein alter Lama versicherte, das wichtigste Gut seines Lebens.

Der Gegensatz zwischen Chinesen und Tibetern hat viele Gründe. Sie werden einem verständlich, wenn man von den chinesischen Ebenen aus nach Tibet vordringt. Das ist auch heute noch trotz der chinesischen Flugverbindung mit Lhasa ein Abenteuer. Führt doch der Weg nach Tibet von allen Seiten her über 4 000 bis 6 000 Meter hohe Pässe in ein Gebiet, das auf dieser Erde ohne Vergleich ist. Seine riesige Ausdehnung – es sind 2,5 Millionen Quadratkilometer; die zehnfache Fläche der Bundesrepublik Deutschland – rechtfertigt die Bezeichnung »Dach der Erde«, steigen die Gebirge hier doch rundum bis auf fast 9 000 Meter an und umschließen ein von weiteren Bergrücken durchzogenes Hochplateau mit Höhenlagen zwischen 3 800 und 5 200 Metern. Ist diese Vorstellung von Europa her schon kaum nachvollziehbar, so wird das Bild noch fantastischer, wenn man den Geologen folgt und sich berichten läßt, daß dieses Hochland Tibet einst ein Meer gewesen sei.

Funde aus dem frühen Tertiär beweisen diese märchenhaft erscheinende These. Und so dürfen wir auch glauben, daß der Himalaya, dieses höchste Gebirge unserer Erde, zugleich ihr jüngstes ist. Noch im Eozän, also vor etwa 50 Millionen Jahren, erreichte es mit 3 000 Metern nicht einmal die Höhe der Alpen. Andererseits wächst es nach genauesten Messungen noch heute um jährlich zehn Zentimeter, von denen allerdings bis zu sieben Zentimeter durch die hier oben brausenden Stürme wieder abgetragen werden.

Der Druck für diese gewaltigste Auftürmung von Gebirgsmassen kommt aus dem Süden. Der indische Subkontinent – erdgeschichtlich als Gondwanascholle bezeichnet – hat sich in der Zeit der sogenannten Kontinentalverschiebungen, in der sich die jetzige Gestalt der Erdoberfläche bildete, nach Nordosten bewegt, dabei das Himalayameer verdrängt und zur Aufschichtung des gleichnamigen riesigen Gebirgsmassivs geführt, das für uns heute eine der faszinierendsten Regionen dieser Erde ist.

Von vielen Seiten her habe ich mich Tibet genähert, als es noch das unzugänglichste Land Asiens war. Ich habe schon in den sechziger Jahren, als sich tibetische Flüchtlingsströme nach Süden ergossen, in Nepal und Sikkim an seiner Grenze gestanden. Das Elend der Menschen, die damals in eine Welt zogen, die ihnen weder klimatisch noch kulturell entsprach, erinnerte mich an das Schicksal jener Flüchtlinge, die ich 1945 über die tschechische Grenze ins zusammengebrochene Deutschland strömen sah. Doch waren die vertriebenen Deutschen Opfer einer verhängnisvollen Politik nationalen Größenwahns, so sah ich hier Menschen auf der Flucht, die nie etwas anderes gewollt hatten, als in Frieden und Freiheit ihr bescheidenes, meist armes Leben in einem Teil dieser Erde führen zu dürfen, in dem die meisten nicht hier Geborenen allein aus gesundheitlichen Gründen nie existieren könnten.

Wie viele Chinesen, die heute in Tibet Dienst tun, klagen über ständige Beschwerden. Von der großen Zahl derer, die im wahrsten Sinne des Wortes auf der Strecke geblieben sind oder ausgetauscht werden mußten, schweigen die Statistiken.

Hier schon wird der chinesisch-tibetische Gegensatz deutlich: dort in China Menschen, die auf ein Leben im fruchtbaren Tiefland oder im Mittelgebirge mit Terrassenreisbau eingestellt sind, Menschen aus Flußniederungen, die wohl den harten Umgang mit reißenden Fluten, nicht aber mit Gletschern, Sand-, Schnee- und Eisstürmen gelernt haben. In Tibet dagegen leben Volksgruppen, deren Existenz von den ersten Lebensminuten an aus Bedrohung, Gefahr, Not und Ungewißheit besteht.

Es ist selbstverständlich, daß ihr Verhältnis zum Dasein ein ganz anderes ist als das der Menschen im übrigen China. Die Natur in ihren extremsten Erscheinungsformen ist prägendes

Element des praktischen Lebens in Tibet wie auch der Religion, ohne die nach tibetischem Glauben menschliches Dasein nicht zu bewältigen wäre. Der Übermacht einer unberechenbaren Natur mit ständigem Wechsel von Sonne, Regen, Schnee, Eissturm, Steinschlag, Orkanen und Überschwemmungen steht der Mensch als hilfloser Einzelner gegenüber. Ein einziger Mensch lebt in Tibet auf einem Quadratkilometer. Weite Flächen werden nur von wandernden Viehzüchtern und Karawanen durchzogen. Auf den über 4 800 Meter hohen Wildyaksteppen des Nordens ist menschliches Leben überhaupt nicht möglich. Und selbst in den stärker besiedelten Südgebieten kann man oft stundenlang unterwegs sein, ohne einem Menschen zu begegnen.

Noch heute ist die Zahl der Tibeter umstritten. Knapp zwei Millionen leben nach neuesten Schätzungen in der Autonomen Region Tibet, etwa 800 000 im früher gleichfalls zu Tibet gehörenden Amdo-Gebiet, der jetzigen chinesischen Provinz Tsinghai. Auch in den Provinzen Gansu und Szetschuan finden sich tibetische Volksgruppen, so daß wir wohl die Gesamtzahl der Tibeter – einschließlich der Flüchtlinge in aller Welt – auf etwa vier Millionen veranschlagen dürfen.

Über die frühe Bevölkerungsgeschichte des Landes wissen wir wenig. In der Altsteinzeit lebten hier kleine Gruppen paläomongolischer Rasse, die das unwirtliche Hochland vom Norden her erreicht haben dürften. Auch die späteren Einwanderer sind durch die Tsaidampforte im Norden vorgedrungen und haben sich mit den Ureinwohnern, die damals bereits das Wildyak gezähmt hatten, vermischt.

Wenn wir heute die Tibeter in das Rassengefüge Zentral- und Ostasiens einordnen wollen, so sprechen wir von einem Teil der tibeto-birmanischen Rasse, die im Gebiet zwischen Nordbirma, dem chinesischen Yunnan, Tibet und dem Südrand der Wüste Gobi ansässig ist. Sie gehört als Untergruppe zur weite Teile Zentralasiens besiedelnden mongolischen Rasse.

Doch haben sich die Tibeter seit mehr als 2 000 Jahren sehr

eigenständig entwickelt und vor allem in den letzten Jahrhunderten kaum noch Kontakt mit anderen Völkern gehabt, außer jenem zwiespältigen mit den Chinesen, der aber nur in seltenen Fällen zur Rassenmischung geführt hat.

So stellen die Tibeter heute noch ein verhältnismäßig unvermischtes, seine kulturelle und religiöse Tradition bewahrendes Volk dar, dessen Lebensstil sich wie kaum ein zweiter auf dieser Erde den natürlichen Gegebenheiten der Umgebung angepaßt, zugleich aber eine Kultur entwickelt hat, wie sie uns in solcher Eigenart sonst nirgendwo begegnet.

Seinem Wesen und seiner Lebensform nach ist der Tibeter, zumindest auf dem Lande und in den weiten Nomadensteppen, ein Mensch, den man ethnographisch eher den Naturvölkern zuzählen möchte. Und tatsächlich waren die Tibeter bis ins 7. Jahrhundert ein schriftloses Volk, was heute noch allgemein als eines der Hauptkriterien für Naturvölker gilt.

Die tibetische Schrift verdankt ihre Entstehung einem Entschluß des von 620 bis 649 herrschenden Königs Srong Tsan Gampo, der, nach Einführung des Buddhismus, 632 seinen Minister Thonmi Sambhota nach Indien schickte, um dort buddhistische Bilder und Schriften zu Studienzwecken zu erwerben. Im Anschluß daran entwickelten tibetische Gelehrte aus dem indischen Sanskrit-Alphabet – der Grundlage aller zu jener Zeit in Indien verbreiteten buddhistischen Schriften – das tibetische Alphabet.

Damit war allerdings der schriftlose Zustand des tibetischen Volkes nicht beendet. Es entstand vielmehr eine Aufspaltung in zwei Schichten. Zur Minderheit der Gebildeten gehörten außer den wenigen Adelsfamilien vor allem die Mönche höherer Grade, die später den Titel Lama erhielten. Die breite Masse des Volkes blieb im Analphabetentum befangen und erfuhr von der neuen Religion – dem Buddhismus – nur das, was ihren Augen und wundergläubigen Herzen in den neu errichteten Klöstern und Tempeln an Statuen und farbenprächtigen, goldkonturigen Malereien zugänglich war.

Dieser Zustand der Teilung des Volkes in Gebildete und

Ungebildete blieb praktisch bis in die Gegenwart bestehen. Und obwohl die Chinesen so wie in allen Provinzen ihres Landes auch in Tibet die Schulpflicht eingeführt haben, scheitert die völlige Realisierung dieses ehrgeizigen Vorhabens allein schon an den weit auseinanderliegenden Gehöften und kleinen Dörfern mit nur jeweils wenigen Kindern und dem Mangel an Lehrern.

Nur dort, wo in größeren Städten und Siedlungen, wie im Umkreis von Lhasa und Shigatse, oder an Plätzen mit neu entstandenen Kommunen eine Bevölkerungskonzentration erfolgt ist, kann Schulbildung garantiert werden. Allerdings stehen viele Tibeter dieser Entwicklung mit großen Vorbehalten, wenn nicht mit ausgesprochener Feindschaft gegenüber, weil sie damit die Erziehung den immer noch weitgehend traditionell eingestellten Eltern entgleiten und Lehrern in die Hände gelegt sehen, die eine Umformung der jungen Generation im Sinne chinesischer Politik anstreben.

Es kann kein Zweifel bestehen, daß hier das Zentralproblem der künftigen Entwicklung Tibets und seiner Bewohner liegt. So deutlich es in den letzten Jahren wurde, daß der Versuch Maos, aus den heutigen Tibetern Atheisten zu machen, gescheitert ist, so unentschieden bleibt die Frage, ob die neue chinesische Führung in fernerer Zukunft eine Hinwendung zu rein materiellem Denken und zu einem chinesisch orientierten Fortschritt in Richtung auf eine Industriegesellschaft erreichen kann. Daß sich gerade die ideologisch geschulten Lehrer im Lande darum bemühen, dieses Denken den Heranwachsenden nahezubringen, ist nicht zu übersehen. Und ohne die jüngste chinesische Welle religiöser Toleranz wäre der Erfolg wohl kaum ausgeblieben. Doch nun, da die Tibeter wieder Zugang zu ihren Tempeln haben, sich ohne Angst um die Hausaltäre versammeln dürfen und auf weite Pilgerschaft gehen können, um den berühmten Buddha- und Götterbildern des Landes ihre Verehrung darzubringen, geraten auch die Kinder in den alles Leben beherrschenden Einflußbereich der geheimnisvollen Religion, der sich die Tibeter immer mit so großer Begeisterung hingegeben haben. So bleibt die Frage offen, was auf Dauer stärker sein wird: der schulische oder der religiöse Einfluß? Ob beide miteinander verbunden die jahrhundertealte Spaltung des Volkes in Gebildete und Analphabeten beenden und so eine neue Phase tibetischen Lebens einleiten könnten, die Tradition und wirtschaftliche Verbesserung gleicherweise umfaßt, ist schwer zu sagen. Immerhin hat selbst der Dalai Lama in seinem indischen Exil davon gesprochen, daß eine Aufhebung der mittelalterlichen Lebensbedingungen in Tibet längst überfällig gewesen sei.

In Lhasa gewinnt man heute den Eindruck, daß sich dieser vom Dalai Lama als wünschenswert bezeichnete Wandel inzwischen vollzogen hat, wenn auch in anderer Weise, als sie dem entthronten Gottkönig recht sein kann. Vergleicht man die heutige, in ihren alten Strukturen nur noch zu einem geringen Teil erhaltene Stadt mit Berichten aus der ersten Hälfte bis hin zur Mitte unseres Jahrhunderts, so wird das deutlich. Doch schon in der weiteren Umgebung von Lhasa oder in einer Stadt wie Gyantse, die etwa 250 Kilometer südwestlich von Lhasa liegt, zweifelt man bei der Begegnung mit den dort lebenden Menschen an einer grundlegenden Veränderung des Lebensgefühls. Das aber wäre die Voraussetzung für ein Akzeptieren neuer Werte, wie sie von den Chinesen ja auch mehr theoretisch – im Sinne des dialektischen Materialismus – als durch überzeugende oder gar verführerische praktische Beispiele ins Land gebracht werden.

Betrachtet man schließlich die Pilger aus fernen nördlichen und westlichen Gebieten, die Nomaden, die in ihrer Kleidung aus Tierfellen daherschlurfen, mit nacktem Oberkörper und dunkel verkrustetem Gesicht, den jahrhundertealten Familienschmuck um den Hals, in den Ohren und im Haar, dann verstärken sich die Zweifel an der Möglichkeit, vor allem aber auch am Sinn einer Veränderung des Lebensstils dieser Menschen. Bevölkern sie doch Gebiete, die eine technische Erschließung nahezu unmöglich machen, es sei denn unter

Bedingungen, die das heute noch freie Leben dieser Menschen völlig unter den Zwang einer Industrieplanung stellen würden. Die freilich ist auf lange Sicht für Tibet nicht auszuschließen, da das Land unerschöpfliche Vorräte an Erzen und Mineralien birgt, die zu schürfen der Glaube der Tibeter verbietet, deren Erschließung aber erklärtes Ziel chinesischer Wirtschaftsexperten ist.

Allerdings leistet auch hier das schwer zugängliche Land selbst mehr Widerstand, als es seine Bewohner vermögen. Deshalb konnten die Bodenschätze Tibets bis heute von den Chinesen nur punktuell angegangen werden. Und ihr Abtransport vom Dach der Erde ist das zweite, fast unüberwindliche Hindernis: Denn nur eine, zudem äußerst schwer befahrbare Straße, die über mehr als 5 000 Meter hohe Pässe führt, verbindet Lhasa mit Chengtu im südwestlichen China. Aber der nächste Schritt ist schon getan. Ein Eisenbahnprojekt, das Lhasa mit China verbinden soll, geht langsam aber stetig seiner Vollendung entgegen.

Es hat im Laufe der letzten Jahrhunderte immer wieder Versuche von Fremden gegeben, nach Tibet zu gelangen und Lhasa zu erreichen. Den wenigsten ist es gelungen. Tibet ist allein schon infolge seiner geographischen Lage ein schwer zugängliches Land, dessen Grenzen allerdings kaum zu kontrollieren sind. Nachdem sie Ende des 18. Jahrhunderts für alle Ausländer geschlossen wurden, und die Dalai Lamas Lhasa zur Verbotenen Stadt erklärten, kam so mancher illegal ins Land, was oft auch große politische Probleme bereitete, nachdem es jahrhundertelang allein eine Frage des Mutes, der Kondition und der Ausdauer gewesen war, ob einer das tibetische Abenteuer zu bestehen vermochte.

Die ersten Europäer, die es auf sich nahmen, nach Tibet vorzudringen, waren katholische Ordensmänner. Ihr Glaube und das wörtlich genommene »Gehet hin in alle Welt und lehret alle Völker« waren der Antrieb, der sie alle Schwierigkeiten und Hindernisse überwinden ließ.

1325 erreichte der italienische Franziskaner Odorich de Pordenone angeblich Lhasa. Er beschreibt seine Eindrücke mit folgenden knappen Worten: »Ich begab mich in eine andere sehr große Provinz, die den Namen Tiboth führt und auf dem Wege nach Indien liegt. Dieses Königreich ist dem Großkhan untertan. Man findet daselbst Brot und Wasser in größtem Überfluß wie nirgends in der Welt. Die Einwohner dieses Landes hausen in Zelten aus schwarzem Filz. Ihre Hauptstadt ist sehr schön, ganz aus weißem Stein gebaut, und ihre Straßen sind gut gepflastert. Sie heißt Gota (Lhasa). Niemand in dieser Stadt wagt Menschenblut oder auch Blut eines Tieres zu vergießen, aus Ehrfurcht vor einem Götzenbild, das angebetet wird. In dieser Stadt wohnt der Obassi (Dalai Lama) – so heißt in ihrer Sprache ihr Papst. Er ist das Oberhaupt aller Götzendiener und verteilt nach seinem Gefallen die Einkünfte des Landes.«

Diese erste knappe Beschreibung Lhasas aus europäischer Feder hat die später aufgetretenen Zweifel, ob Pordenone Lhasa wirklich je betreten hat, nicht verstummen lassen. So bleiben uns als erste gesicherte Besucher der tibetischen Hauptstadt die beiden Jesuiten Johann Grueber und Albert d'Orville, die nach eigenem Bericht mit nur einem chinesischen Diener am 13. April 1661 Peking verließen, am 13. Juli des gleichen Jahres die tibetische Grenze überschritten und am 8. Oktober nach unsäglichen Strapazen Lhasa erreichten.

Grueber schreibt darüber in einem Brief: »Was wir auf dieser Reise erduldet haben, weiß nur Gott allein.«

Einen Monat, vom 8. Oktober bis zum 8. November, hielten sich die beiden Jesuiten als genaue Beobachter des Lebens und Treibens der Tibeter in Lhasa auf. Mit einer Karawane zogen sie dann in südlicher Richtung – nach Nepal – weiter.

Grueber verdanken wir die erste Zeichnung des Potala, der damals gerade unter dem berühmten 5. Dalai Lama zur zentralen Residenz der Gottkönige ausgebaut wurde. Den Dalai Lama bekamen die beiden Jesuiten nicht zu Gesicht, wohl aber sein Standbild, das bereits zu seinen Lebzeiten in der Vorhalle des Potala aufgestellt war und von den Pilgern verehrt wurde.

Zur Zeit des 5. Dalai Lama gab es auch noch einen weltlichen Herrscher über Tibet, den Grueber als einen prunkliebenden, gewaltigen Aufwand treibenden Tatarenfürsten beschreibt, der die beiden Jesuiten persönlich empfangen hat. Trotzdem galt Gruebers Hauptinteresse offensichtlich dem im Verborgenen bleibenden Dalai Lama, dessen zentrale Bedeutung für das Land er wohl erkannte. Über ihn schreibt er: »Der andere Herrscher ist von jeglicher Bürde weltlicher Geschäfte befreit und wird – in ruhiger Muße in einsamer

Abgeschiedenheit innerhalb seines Palastes dahinlebend – als Gottheit verehrt, nicht nur von den Einheimischen, sondern auch von allen untertänigen Fürsten der Tatarei auf ihren zu ihm unternommenen Wallfahrten; sie verehren ihn wie den wahren und lebendigen Gott mit großen Geschenken, die sie ihm darzubringen pflegen, und nennen ihn auch den ewigen und himmlischen Vater; er sitzt in einem dunklen Gemach seines Palastes, das mit Gold und Silber ausgeschmückt und auch von zahlreichen brennenden Lampen erleuchtet ist, auf einem Thron auf einem Kissen, unter das kostbare Teppiche gebreitet sind; die Ankömmlinge werfen sich vor ihm mit zu Boden gebeugten Köpfen nieder und küssen ihm ebenso wie dem Papst die Füße mit außerordentlicher Verehrung ... Die Barbaren nennen diesen Götzen Großlama, das bedeutet Großpriester, und Lama der Lamas, das bedeutet Priester der Priester, deswegen, weil von ihm ganz wie aus einer Quelle das ganze System der Religion oder vielmehr des Götzendienstes ausströmt, weshalb sie ihn auch den ewigen Vater nennen. Damit dieser aber nicht des ewigen Lebens verlustig erscheinen könnte, wenn sich ihm der Tod naht, verkünden von da ab die Lamas oder Priester, die allein ununterbrochen um ihn sind und seinen Bedürfnissen mit größter Aufmerksamkeit und Sorgfalt dienen, den biederen Menschen Orakelsprüche aus seinem Munde mit wohlgelungener Vortäuschung göttlichen Ursprungs. Ja, sie suchen sogar nach seinem Tode im ganzen Reiche einen ihm in jeder Hinsicht überaus ähnlichen Menschen, und wenn sie einen solchen gefunden haben, erheben sie ihn auf den Thron. Und auf diese Weise verkünden sie im ganzen Reich den Betrug und Täuschung nicht Ahnenden das ewige Leben des ewigen Vaters, der seit Jahrhunderten schon siebenmal von den Toten wiedererweckt wurde ... Er wird mit so großen Beweisen der Ehrfurcht von allen verehrt, daß der sich glücklich schätzt, dem durch die Gunst der Lamas (welche man zu diesem Zweck mit vorzüglichen und wertvollen Geschenken nicht ohne großen Nutzen für sie zu bestechen pflegt) etwas Kot oder Urin des Großlamas zuteil wurde; und sie bilden sich in ihrer großen Einfalt ein, daß sie, wenn derartiges am Halse getragen wird, ebenso auch wenn Urin den Speisen beigemischt wird, gegen alle Krankheitsfälle geschützt und geradezu gefeit wären.«

Trotz aller in seinem Glauben begründeten Vorurteile beschreibt Grueber hier Ansehen und Funktion des Dalai Lama sehr genau. Er gibt auch eine erste Vorstellung vom Glauben an die Reinkarnation hoher Lamas und von der Art, wie solche Inkarnationen von den Mönchen unter großen Mühen gesucht und aufgefunden werden. Er begreift sie entsprechend seinem christlichen Glauben als eine – hier allerdings nur vorgetäuschte – Auferstehung von den Toten.

Grueber war auch der erste, der in einem Brief an Pater Gamans, einen Ordensbruder, von der auffallenden Ähnlichkeit des katholischen und des lamaistischen Zeremoniells berichtete, ein Thema, das selbst der an religiösen Fragen weniger interessierte Sven Hedin in dem Kapitel »Lamaismus und Katholizismus« in seinem umfangreichen Werk »Transhimalaya« 1912 noch einmal aufgegriffen hat.

In Gruebers Brief an Gamans lesen wir: »In Lhasa residiert der große Papst der Chinesen und Tataren; von diesem könnte ich geradezu Unglaubliches berichten, wenn mir ausreichend Zeit zu Gebot stünde: ich erkläre nur allein das, daß der Teufel dort die katholische Kirche so eifrig nachahmt, daß man – obschon kein Europäer oder Christ jemals dort gewesen ist – so sehr in allen wesentlichen Dingen mit der römischen Kirche übereinstimmt, daß ein Meßopfer mit Brot und Wein gefeiert wird, daß die Letzte Ölung gespendet wird, die Ehe eingesegnet wird, für die Kranken gebetet wird, Prozessionen veranstaltet werden – die Reliquien der Götzen verehrt werden, es sowohl Männer- als auch Frauenklöster gibt, daß im Chor nach der Art der Mönche gesungen wird, daß mehrmals im Jahr gefastet wird, daß sie sich den schwersten Abtötungen, wie es Geißelungen sind, unterwerfen, daß Bischöfe gewählt werden, daß Missionäre in größter Armut barfüßig durch die früher erwähnte tatarische Wüste bis nach

China gesandt werden. Alles habe ich mit eigenen Augen gesehen ... Die Aussicht auf eine Bekehrung dieser Heiden wäre gewiß sehr groß, wenn nicht jener teuflische Gottvater dies verwehrte, der diejenigen, die ihn nicht anbeten wollen, unverzüglich töten läßt. Wir jedoch – unter Gottes Schutz stehend – wurden von jenem Volke sehr freundlich behandelt und von dem König, der der Bruder dieses Gottvaters ist, mit einem königlichen Geleitbrief beschenkt ...«

Gruebers Besuch in Lhasa war deshalb von besonderer Bedeutung, weil durch ihn die ersten Nachrichten über Tibet in eines der großen geographischen Werke der damaligen Zeit, in Athanasius Kirchers »China illustrata« eingingen. Grueber hat diese Beiträge, wie wir wissen, selbst für Kirchers Publikation verfaßt.

Über fünfzig Jahre vergingen, bis zwei weitere Jesuiten – Desideri und Freyre – 1715 nach Lhasa gelangten. Desideri hielt sich dreizehn Jahre in der tibetischen Hauptstadt auf und entfaltete unter dem 7. Dalai Lama Lobsang Kalsang Gyatso, der ein toleranter, gebildeter Mann und bedeutender Schriftsteller war, eine lebendige Auseinandersetzung mit den führenden Köpfen des Lamaismus seiner Zeit. Den Kapuzinern unter Horace de la Penna gelang es ab 1719 sogar, einige Tibeter zum katholischen Glauben zu bekehren. Sie errichteten in Lhasa eine christliche Kapelle und ein Hospiz. 1740 wurden sie allerdings unter dem Druck orthodoxer lamaistischer Kreise ausgewiesen.

Das erste umfangreiche Werk, das in Europa über Tibet erschien – das »Alphabetum Tibetanum Missionum Apostolicarum Commodo Editum« – wurde 1762 in Rom veröffentlicht. Sein Verfasser, Augustinus Antonius Georgius, gleichfalls ein geistlicher Herr, hat in dieser frühen Publikation alles zusammengetragen, was damals im Abendland über Tibet bekannt war. Trotz vieler Vorurteile und Fehlschlüsse zeigt dieses älteste, lateinisch geschriebene Kompendium über ein so schwer zugängliches und noch schwerer zu verstehendes Land wie Tibet ein erstaunliches Einfühlungs- und Kombinationsvermögen, das so manche der späteren, mit mehr Detailwissen geschriebenen Publikationen vermissen lassen.

Im 18. Jahrhundert kamen die ersten weltlichen Besucher nach Tibet. Ihre Aufgaben waren meist politischer Natur. Ihr Auftreten am Dach der Welt erregte die Aufmerksamkeit der europäischen Geheimdienste. Deren Wirken – insbesondere das des britischen – war es vor allem, das zur völligen Isolierung Tibets im späten 19. Jahrhundert und zur eifersüchtigen Überwachung seiner Grenzen sowohl von chinesischer als auch von britischer und russischer Seite her führte.

Als die Briten schließlich 1904 unter Oberst Younghusband eine militärische Expedition nach Lhasa schickten, um ihre asiatischen Interessen auch jenseits des Himalaya wahrzunehmen, war es mit der Ruhe am Dach der Welt vorbei. Die neue Zeit brach für Tibet an, ohne daß es die meisten seiner Bewohner auch nur ahnten.

In Lhasa aber war mit dem Eintreffen der Briten die glückliche Epoche der selbstgewählten Isolation zu Ende, so sehr sich die lamaistische Hierarchie des Landes auch bemühte, die traditionellen Lebensformen der Menschen zu bewahren.

Die gewaltsame Öffnung des Landes durch britisches Militär führte allerdings zugleich zu einer noch strengeren Schließung seiner Grenzen, vor allem des Zugangs nach Lhasa, für alle Fremden. Gerade diese Situation aber zog viele Abenteurer sowie auch Wissenschaftler an, die eine Erforschung des riesigen weißen Gebiets auf dem Erdglobus reizte. Dabei blieb Lhasa – die Verbotene Stadt – fast immer das geheime Ziel. Und es gibt viele Berichte von Annäherungen, die zumeist an der Wachsamkeit der fremden Geheimdienste oder der Beamten des Dalai Lama scheiterten.

Das berühmteste Beispiel bietet Sven Hedin, der monatelang auf die Erlaubnis hoffte, Lhasa besuchen zu dürfen und dann doch nicht zugelassen wurde. Nun zeigen gerade die verdienstvollen geographischen Werke des großen Schweden, daß er die Weiten Tibets wie kaum ein zweiter erforscht und auch erlebt hat. Andererseits kann es dem Leser Sven Hedins nicht verborgen bleiben, daß dieser Wissenschaftler zur Lebensführung und vor allem zur Religion der Tibeter nie einen wirklichen Zugang gefunden hat. So mag man sich fragen, ob diese unübersehbare Tatsache der letzte, geheimste Grund dafür war, daß er Lhasa nie erreichte. Denn auch schon früher war es oft nicht nur eine Frage erteilter Pässe und Genehmigungen, sondern vielmehr – um es tibetisch zu sagen – eine Frage des Karmas, der inneren geist-seelischen Befindlichkeit, ob man an die heiligsten Stätten Tibets gelangte und sie auch betreten durfte oder nicht.

Ein Gralsgeheimnis, so scheint es, umwaltet die Stadt Lhasa auch heute noch, wo ihr traditionelles Bild durch chinesische Betonbauten und Barackenlager entstellt ist und viele Tempel und Klöster in Trümmern liegen. Immerhin ist es bedenkenswert, daß trotz des Wütens der Roten Garden während der Kulturrevolution und des allgemeinen Ausmaßes der Zerstörung so wichtige Bauwerke wie der Potala, der Jokhang sowie die Klöster Sera und Drepung, ja selbst das Staatsorakel von Nechung erhalten blieben und heute mit einem großen Teil ihrer alten Schätze an Skulpturen und Malereien wieder zugänglich sind. Man kann das kaum mit der Einsicht der Roten Garden oder mit dem Erfolg administrativer Anweisungen erklären. Es ist im Bewußtsein der Tibeter wohl vielmehr so, wie es mir ein Lama mit großem Ernst zu verdeutlichen suchte: »Die positive karmische Konzentration um diese Stadt und ihre Heiligtümer ist so stark, daß eine totale Zerstörung nicht möglich war und wohl auch nie möglich sein wird, solange mein Volk an seinem angestammten Glauben festhält. Der Jokhang ist die Wiege unserer Religion und der Potala die Burg ihrer Beschützer.«

Aus diesen Worten spricht etwas von dem, was ich eingangs als »Tibet von innen« bezeichnet habe. Sie charakterisieren das Denken und Fühlen der Tibeter und machen deutlich, daß es nicht angeht, dieses Land und sein Volk aus unserer Sicht und Geisteshaltung zu betrachten, ohne damit an der Wirklichkeit Tibets vorbeizugehen.

In dieses innere Bild des Tibeters gehört auch die Äußerung eines Lamas aus dem Kloster Sera bei Lhasa, den ich nach seiner Meinung über die fremden Besucher frage, die jetzt täglich in die Klöster und Tempel strömen. Er sagt zunächst, daß er es gut fände, wenn viele Menschen mit den tibetischen Heiligtümern vertraut würden, bezweifelt aber zugleich den ernsten Willen und das Verständnis der meisten Besucher, wirklich in die Geheimnisse des Lamaismus einzudringen. »Viele kommen doch nur, weil es bei euch als Sensation gilt, in Tibet gewesen zu sein«, sagt er. Ich kann nicht widersprechen.

Er fährt fort: »Viel schlimmer als mögliches Unverständnis der Besucher ist die Wirkung der Fremden auf unsere Gläubigen. Oft verlassen diese die Tempel, weil sie negative Ausstrahlungen spüren. Sie sagen: ›Da sind Leute, die haben kein gutes Karma.‹ Ich versuche ihnen dann zu erklären, daß die Besucher von weit her kommen, keine Buddhisten sind, aber unseren Glauben kennenlernen möchten. Doch das hilft nichts. Sie bleiben dabei, daß die Fremden die Kraft der Ausstrahlung der Götterbilder mindern.«

Andererseits kann man beobachten, wie ein Mönch einem Besucher besonders freundlich mit zusammengelegten Händen und leichter Verbeugung begegnet, oder wie Pilger den Fremden zulächeln und ihnen die Zunge herausstrecken, was die Form des tibetischen Grußes ist. So wechseln auch hier die Begegnungen zwischen Verständnislosigkeit und der Bemühung, sich selbst ohne sprachliche Verständigungsmöglichkeit näher zu kommen und Sympathie auszudrücken.

Niemand vermag zu sagen, wo die Grenze zwischen einer auch noch so geringen Kommunikation der sich Begegnenden und völliger Fremdheit, völliger Einsichtslosigkeit, wie ich sie in den Gesichtern vieler Besucher gelesen habe, verläuft.

Ist es doch schwer, sich klarzumachen, welche inneren Grenzen man neben den einst unüberwindlichen äußeren

Grenzen mit dem kurzen Flug von Chengtu nach Lhasa überschreitet – mögen dem Besucher auch die eisigen Gebirgsbarrieren und die unwirtlichen Hochtäler, die man vom Flugzeug aus sieht, die Distanz verdeutlichen, die man in Kilometern überwunden hat.

Die innere Distanz, das muß man spüren, ist ungleich größer. Und die meisten, die nach Lhasa kommen, überwinden sie nicht. Daran sind nicht nur die Sprachschwierigkeiten schuld, obwohl sie zweifellos ein Hauptproblem darstellen.

Die Mehrzahl der in Tibet stationierten Chinesen, selbst fast alle Begleiter der ausländischen Touristengruppen, sprechen kein Tibetisch. Die wenigsten Tibeter können Chinesisch. So ist allein schon der Sprachkontakt stark reduziert. Die Bilderwelt der Tempel und Klöster führt dann bei vielen Fremden zu völliger Verständnislosigkeit, bevor sie noch die geringste Erfahrung mit der Denk- und Glaubensweise der Menschen gemacht haben. So wird Tibet für fast jeden Besucher zu einem der schwierigsten Prüfsteine des Verständnisses fremder Kultur und Religion.

Die Wege zu solcher Einfühlung sind sehr verzweigt und verlangen die Kenntnis vieler Einzeldinge und ihrer Zusammenhänge. Dabei sind, trotz der Wichtigkeit der Einzelheiten, gerade die Zusammenhänge für das Kennenlernen Tibets besonders wichtig. Gründen doch Leben und Religion des Tibeters, wie er sie versteht, in einem Allzusammenhang, der für uns an beziehungsloser Vielfalt und Zerstreuung orientierte Menschen des Westens nur schwer zu begreifen ist.

Das Leben der Tibeter ist von einer esoterischen Grundhaltung bestimmt, die im indischen Kulturkreis als tantrisch bezeichnet wird und für Tibet prägendes Element seiner Geschichte wurde.

Tibet ist ein tantrisches Land. Und man muß etwas vom Tantrismus wissen, wenn man Tibet kennenlernen und verstehen will. Die dem Wort Tantrismus zugrundeliegende Sanskritsilbe tan bedeutet ausbreiten, vermehren. Das Hauptwort tana heißt Faden oder Ausdehnung. Tantra ist ursprünglich das Wort für Saitenspiel, man kann es aber auch im Sinne von Gewebe oder Zusammenhang interpretieren. Als Tantrismus wird es zum kosmischen Weltsymbol und damit zu jener magischen Formel, die sich dem Eingeweihten auch aus dem Wort Tibet erschließt.

Tantra verstehen heißt Tibet verstehen, obgleich der Ursprung von Tantra nicht in Tibet liegt, sondern weiter südlich – im indischen Bengalen und Assam. Dort herrschten schon vor dem Einbruch der aus dem Westen kommenden Aryas bei den Ureinwohnern Fruchtbarkeitskulte, denen der Glaube zugrundeliegt, daß auf dieser Erde, aber auch im Kosmos, alles mit allem in Zusammenhang steht. Alle Dinge, Erscheinungen, Lebewesen und Handlungen sind nach dieser Lehre unlösbar miteinander verknüpft und ineinander verwoben.

Diese Vorstellungswelt, deren Kulte im sichtbarsten Beispiel von Verwobenheit – der sexuellen Vereinigung – gipfeln, war dem Denken der dem Brahmanismus anhängenden Kasteninder sehr verwandt. Die Idee von einem anfang- oder endelosen, also unendlichen Universum paßt dazu ebenso wie der Glaube an ständige Wiedergeburten und an die karmische Bedingtheit unseres Daseins.

Karma ist jener Geiststoff der Inder, der sich aus all dem zusammensetzt, was der einzelne Mensch in diesem, aber auch in allen vorangegangenen Leben getan, gedacht, gewirkt und bewirkt hat. Karma bestimmt den Rang einer künftigen Wiedergeburt zwischen Grashalm, Tier und Mensch auf dieser Erde oder als göttliches Wesen in einem der zahlreichen hinduistischen oder auch buddhistischen Himmel.

Je weiter sich der Buddhismus von der ursprünglichen Lehre seines Begründers entfernte – die Vorstellung buddhistischer Himmel gehört in diese Entwicklung –, um so mehr nahm er, besonders im Osten, Lehr- und Glaubenselemente der Altstämme Indiens auf. Schon kurz nach der Zeitenwende entstanden dann die ersten buddhistischen Tantras – Schriften, die tantrische Lehrsysteme und Kultformen in symbolhafter, dem Laien schwerverständlicher Form vermitteln. In ihrem Zentrum stehen Initiations- und Schutzgottheiten, sogenannte Yidams, die als Meditationshelfer gelten, in Wirklichkeit aber nichts anderes sind als Teilaspekte unserer eigenen, inneren Befindlichkeit. Sie sollen uns an unser Unterbewußtes erinnern. Die ständige Konfrontation mit ihren Bildern will uns unausgesetzt bei vollem Bewußtsein halten und das in uns erzeugen, was nach der Lehre Buddhas zu den wichtigsten Verhaltensweisen des Menschen gehört: Achtsamkeit und Bedachtsamkeit.

Der Mensch soll nie aufhören, sein Denken, Fühlen und Handeln genau zu beobachten, um nicht in die Gefahr unbewußter, schlechter, gefährlicher Handlungen zu geraten. Hier erkennen wir einen der tantrischen Anknüpfungspunkte im Buddhismus.

Alles ist mit allem verbunden, aber nur in unserem Bewußtsein. Denn eine materielle Wirklichkeit, ein beständiges Sein, gibt es nach indischer Auffassung nicht. Was wir zu sein meinen, ist unausgesetztem Wandel unterworfen. Es gibt, so lehrt es Buddha, keine leibliche Existenz. Soweit wir von ihr beherrscht zu sein scheinen, ist das eine Wahnvorstellung, der allerdings, auch das sagt Buddha, die meisten Menschen unterliegen.

Den einzigen Ausweg aus dieser Wahnvorstellung mit all ihren vorübergehenden Freuden wie auch mit Not, Elend,

Krankheit und Sterben – die Erlösung schließlich aus dem endlosen Kreislauf der Wiedergeburten – kann nur finden, wer sich bewußt von diesem Trugbild freimacht.

Wie kann das geschehen? Der Mensch soll, so lehrt Buddha, auf seine fragwürdigen Aktivitäten mit ihren Zielen Erfolg, Reichtum und Macht verzichten und einen Zustand der völligen Wunschlosigkeit und der Befreiung von allen Bindungen anstreben. Auf diesem Wege kann er nach langem, unausgesetztem Bemühen schließlich Erleuchtung erlangen und das Nirvana – den Zustand ohne irdische Wiedergeburt – erreichen. Soweit Buddhas ursprüngliche Aussage, die bereits tantrische Züge des Allzusammenhangs enthält, ohne daß der Begriff damals, zu Buddhas Lebzeiten, schon in einem religiösen, lehrhaften Sinne gebraucht worden wäre.

Ein zweites Entwicklungselement, das für den Buddhismus in Tibet entscheidend wurde, entstand gleichfalls in Indien, hat sich dann aber auf nördlichen Wegen über ganz Ostasien bis nach China, Korea und Japan ausgebreitet. Es ist der sogenannte Mahayana-Buddhismus – das Große Fahrzeug.

Im Gegensatz zur ursprünglichen Lehre Buddhas, die von den Mahayana-Buddhisten spöttisch als Hinayana – Kleines Fahrzeug – bezeichnet wird, strebt das Mahayana nicht die Erleuchtung des Einzelnen, sondern das Nirvana aller an »bis auch der letzte Grashalm erlöst ist«, wie es in einer Mahayana-Sutra – einem Lehrgedicht des Großen Fahrzeugs – heißt.

Um diesen Weg für alle Lebewesen zu bereiten, bedarf es der Helfer. Das sind die Bodhisattvas, die im Mahayana in großer Zahl auftreten. Ein Bodhisattva ist ein Erleuchteter, der auf das Nirvana, das aber heißt auf Buddhaschaft, verzichtet hat, um für die anderen als Erlösungshelfer zu wirken. Solche Bodhisattvas spielen im tantrischen Buddhismus Tibets, der auch als Vajrayana-Buddhismus bezeichnet wird, eine große Rolle.

Mit dem Wort Vajrayana sind wir bereits im Zentrum tibetischen Glaubens und damit tibetischen Lebens. Denn

Glaube und Leben lassen sich hier nicht trennen. In dem Begriff Vajrayana steckt das Wort Vajra. Übersetzt heißt das Diamantzepter – im übertragenen Sinne meint es ein Symbol absoluter Klarheit. Manche verdeutschen das Wort Vajra auf Grund des magischen Gegenstands, der so bezeichnet wird, auch als Donnerkeil. Sie wollen damit auf seine ursprünglich westliche Herkunft hinweisen, auf den Hammer des germanischen Gottes Thor, auf Jupiters Strahlenbündel, das im Brahmanismus zum Donnerkeil des frühen indischen Götterkönigs Indra wurde, aus dem im ältesten Buddhismus Vajrapani – der Vajraträger – als Beschützer Buddhas hervorging.

Der weite Weg dieses merkwürdigen Symbols, das wir fünf- oder siebenstrahlig in den Händen eines jeden tibetischen Mönches finden, ist in Tibet, wie im gesamten Bereich des Vajrayana-Buddhismus, der Ausdruck männlicher Kraft. Der Mönch hält es bei den heiligen Zeremonien in der rechten Hand. So kennt er es von den Bildern und Statuen der Urbuddhas Vajratara und Vajrasattva her, die in jedem Tempel als Abbilder der ewigen Buddhaidee zu finden sind.

In der Linken hält der Mönch, genau wie die Urbuddhas, jene personifizierten Symbole des Anfang- und Endelosen, die Ghanta – die Glocke –, die mit einem halben Vajra als Griff versehen ist und das weibliche Element darstellt, das im Vajrayana, die Weisheit verkörpernd, zur männlichen Stärke hinzutritt und so den kosmischen Kreis schließt.

Mit den beiden Geräten vollzieht jeder tibetische Mönch täglich mehrmals in den heiligen, die Meditation unterbrechenden Ritualen die Überwindung der Gegensätze unseres Daseins – hier des männlich-weiblichen –, um dem inneren Ausgleich, der aller Erleuchtung vorausgehen muß, näher zu kommen. In dieser täglichen Zeremonie der Mönche tritt ein Stück jener tantrischen Allverbundenheitsidee, ein Stück kosmischen Denkens, ja Wissens, sichtbar in Erscheinung.

Die Frage, was sich dahinter verbirgt, was da für den Mönch visualisiert werden soll, ist die Grundfrage des tibetischen Buddhismus – des Lamaismus – überhaupt. In der

Antwort, die wir nun versuchen wollen, steckt zugleich die Erklärung für die umfassende Bedeutung, die diese Religion und ihr geheimnisvoller Kult für den Tibeter haben.

Fast nirgendwo sonst auf dieser Erde sind naturbedingte Bedrohung und Armut der Menschen so groß wie in Tibet. Doch nirgendwo auch ist man diesem Schicksal entschiedener und erfolgreicher entgegengetreten als hier auf dem Dach der Welt.

Schon in vorgeschichtlicher Zeit versuchten die Tibeter den vielfältigen Gefahren, denen sie sich durch eine unberechenbare Natur ausgesetzt sahen, durch die Aktivierung und den Einsatz übernatürlicher Kräfte zu begegnen. Wir sehen sie noch heute wirksam in den Kulten der Bon-Religion, die vor dem Buddhismus in Tibet existierte und dann viele Elemente des tantrischen Buddhismus in sich aufnahm. An entlegenen Orten ist sie neben dem Buddhismus lebendig geblieben bis in die Gegenwart. Aber auch der Buddhismus hat durch Bon in seiner tibetischen Version starke Impulse empfangen, so daß zumindest im Ritual und im Zeremoniell, also in den kultischen Ausdrucksformen, eine wechselseitige Beeinflussung stattgefunden hat, die für tibetisches Verhalten überaus charakteristisch ist.

Der Tibeter ist kein Mensch des Entweder-Oder, sondern ein Mensch des Sowohl-Als-auch. Mag sein, daß diese Grundhaltung, die ihn fromm und zugleich überschäumend lebensfroh, in sich gekehrt und zugleich vital, von Händlergeist erfüllt und zugleich esoterisch sein läßt, ihn auch die Zeit des Religionsverbots überstehen ließ. Die erzwungene Hinwendung zum praktischen Leben hat ihn jedenfalls seinen Göttern nicht entfremdet, von denen ihm die Eltern erzählt haben.

Dieses Erzählen mag für den Tibeter schon immer eine Art von Belebung der ihn umgebenden gewaltigen, aber ereignisarmen Umwelt bedeutet haben. So wie der Wechsel zwischen der klaren, lichten, jedoch kaum von intensiven Farben beherrschten Landschaft und dem gold- und farbenreichen, vom Licht der Butterlampen überflackerten Halbdunkel der

Tempel dem Pilger den Eintritt in eine Traumwelt suggeriert, so bedeutet auch die tibetische Geschichten- und Legendenvielfalt eine Bereicherung des gleichförmigen Alltags, eine Erfüllung der weiten, menschenleeren Umgebung der kleinen Dörfer mit Göttern, Dämonen, Elfen, Nixen, Hexen und Heroen.

Zentrale Plätze wie Lhasa oder Shigatse galten bis in die Mitte unseres Jahrhunderts für die tibetische Landbevölkerung als gewaltige Metropolen mit einer Konzentration göttlicher Kräfte. Sie sind es heute, wo dort die Chinesen so grundlegende Veränderungen herbeiführen, in den Augen des Volkes noch immer. Doch ist die Gegenwart für den Tibeter zu wenig von Zauber und Geheimnis erfüllt. Sie allein aber sind es, die das Dasein aus der Sicht des Tibeters reich und damit lebenswert machen. Zu den äußeren Ereignissen und Erfahrungen des Alltags, die ihm hart und freudlos erscheinen müssen, gehören als Gegenwelt jene inneren Bilder, die ein Tempelbesuch vermittelt oder die ein Geschichtenerzähler farbig in der Phantasie erstehen läßt.

Da ist keine Trennung zwischen religiösen Vorstellungen und sagenhaften Ereignissen, die aus der Frühzeit der Geschichte immer wieder in die Gegenwart projiziert werden. Und es wird vom einfachen Tibeter kein Unterschied gemacht zwischen den noch immer lebendigen Hausgeistern, Ortsdämonen, Berggöttern und den Göttern der Bonreligion oder des Buddhismus. Sie gehören alle zusammen, beleben und beherrschen die Umwelt und fordern von den Menschen Beachtung, Verehrung, Opfer.

Die Differenzierung des religiösen Bewußtseins, wie sie in Darstellungen der tibetischen Religionen bei uns erscheint, ist in Tibet selbst kaum jemandem bekannt. Auch für den gebildeten Lama fließen, das habe ich in vielen Gesprächen festgestellt, Elemente der Naturreligion, des Bonglaubens und des tibetischen Buddhismus zu einem tiefreligiösen Grundgefühl zusammen. Niemand macht sich Gedanken darüber, wo die einzelnen Glaubenselemente herkommen. Entscheidend ist nur, daß die Vorstellungen nahtlos ineinander übergehen, daß keine Gegensätze und Widersprüche auftauchen. Genau das aber versuchten die frühen buddhistischen Gurus, die aus Indien nach Tibet kamen, durch ihr geschicktes Kombinationsvermögen zu erreichen – allen voran der große Padmasambhava, der die schrecklichen Dämonen Tibets, vor deren vermeintlicher Gewalt die Menschen zitterten, niederzwang und sie zu Helfern und Beschützern des neuen Glaubens machte.

So haben wir es in Tibet mit einer vielschichtigen, allseitig ineinander verwobenen geistigen Wirklichkeit zu tun, die jeden nach seinen Kräften und seiner Bewußtseinslage daran teilnehmen läßt, ohne jemanden zu überfordern, die aber auch niemandem die Chance nimmt, die höchsten Weihen und schließlich die Erleuchtung zu erlangen.

Pflanzen-, Tier-, Menschen- und Götterwelt gehen in Tibet grenzenlos und fließend ineinander über. Der Eintritt in den Bereich der Buddhas dagegen bedarf eines intensiven Bemühens, ist jedoch jedem möglich, der die Lehre des Buddha bis ins letzte zu befolgen bereit ist.

Was heißt das in der Praxis?

Jedes Lebewesen, ob Pflanze, Tier, Mensch oder Gottheit, hat nach einem kürzeren oder längeren Dasein – das der Götter kann Jahrtausende währen – mit seiner Wiedergeburt zu rechnen. Dieser Vorgang vollzieht sich in endloser Folge bis zum Eintritt eines Wesens in den Zustand der Erleuchtung, der zur Buddhaschaft und damit ins Nirvana führt.

Seit dem Aufkommen der Bodhisattvaidee vor etwa 2 000 Jahren hat die Gesetzmäßigkeit dieses Vorgangs endloser Wiedergeburten einen neuen, verheißungsvollen Aspekt gewonnen, der nun auch die bis dahin nicht vorstellbare Verbindung zwischen Menschenwelt und Buddhawelt ermöglicht. Hatte noch Buddha selbst die Möglichkeit eines Weiterwirkens nach seinem Hinübergehen verneint, als sein Lieblingsjünger Ananda ihn besorgt danach fragte, so ist nun aus buddhistischer Sicht ein ganz neuer, von den Theoretikern allzu wenig beachteter Zustand eingetreten.

Ein Lama, der die Erleuchtung erlangt, verzichtet bewußt auf seinen Eingang ins Nirvana und schafft damit die Voraussetzung für seine Wiedergeburt als Bodhisattva. Dadurch entsteht neben den ursprünglichen Bodhisattvas des mahayana-buddhistischen Pantheons, die als reine Bodhisattvaideen zu begreifen sind und nie menschliche Gestalt angenommen haben, ein Bodhisattvatyp als menschliche Wiedergeburt, der sich dann in ständigen Reinkarnationen, die man in Tibet Rinpotsche nennt, wiederholt.

Auf diese Weise ist eine Verbindung zwischen Buddhawelt und Menschenwelt entstanden, deren Bedeutung uns klar wird, wenn wir bedenken, daß die Macht und das Ansehen der Dalai Lamas ebenso in ihr begründet sind wie die Hierarchie der tibetischen Klosteräbte. Denn sowohl jede Wiederverkörperung des Dalai Lama als auch der Äbte und anderer hoher geistlicher Würdenträger beruht auf diesem Prinzip der Verbindung zwischen Bodhisattvaidee und menschlicher Wirklichkeit. Dabei knüpft der Lamaismus direkte Beziehungen zwischen vorgestellten und lebenden Bodhisattvas. So gilt jede Reinkarnation des Dalai Lama als eine menschliche Wiedergeburt des Bodhisattva Avalokiteshvara – des »Herrn, der gütig auf uns herabschaut«.

Doch die Verknüpfungen gehen noch weiter. Avalokiteshvara ist der hilfreiche Bodhisattva unseres Zeitalters. Sein Wirken, das ihn in gewissen Darstellungs- und Verehrungsformen mit elf Köpfen und tausend Armen zeigt, stellt ihn als Nothelfer in unsere dunkle Zeit zwischen den historischen Buddha Shakyamuni und den Buddha der Zukunft – Maitreya –, der in 2 500 Jahren erwartet wird.

Ähnliche, wenn auch weniger repräsentative Verbindungen lassen sich zwischen dem Bereich der Buddhas oder Bodhisattvas und der Welt der Rinpotsches vielfältig nachweisen. Doch auch mit den Göttern und Dämonen der vorbuddhistischen Religionen gibt es Verknüpfungen, deren bedeutendste sich wohl im berühmten Staatsorakel von Nechung erhalten hat.

Die Orakelpriester von Nechung galten als Medien eines Dämons namens Pekar, der ursprünglich ein Volksgott nomadisierender Turkstämme gewesen sein soll und später zum obersten von fünf Dämonenkönigen aufstieg, die durch Padmasambhavas Sieg über alle bösen Geister und Dämonen zu Religionsbeschützern wurden.

In all diesen geheimnisvollen Bezügen enthüllt sich die komplizierte Vielfalt von Zusammenhängen, die für den tibetischen Glauben so charakteristisch sind und denen wir in zahlreichen Varianten immer wieder begegnen. Wir werden uns deshalb den hier angedeuteten Phänomenen von vielen Seiten her nähern, um die richtige Vorstellung von dem zu bekommen, was ich eingangs das »Tibet von innen« nannte. Zunächst aber wollen wir das geheimnisvolle Land auf dem Dach der Welt von außen betrachten.

In den ersten Jahren nach der 1980 erfolgten Öffnung des Landes für Ausländer waren Straßen, die man benutzen, und Orte, die man besuchen durfte, von den Chinesen genau vorgeschrieben. Außer Lhasa, Shigatse und Gyantse, den drei wichtigsten und zugleich heiligsten Städten des alten Tibet, waren nur eine Reihe von landwirtschaftlichen Betrieben – Volkskommunen und Tierzuchtfarmen – für den fremden Besucher zugänglich.

Erstaunlich blieb von Anfang an, daß man nur wenig Modernes, wenig Technisches zu sehen bekam. Außer einem Kraftwerk und einer Zementfabrik in Lhasa und seiner näheren Umgebung gab es zwar chinesische Verwaltungsgebäude und Militärlager, aber kaum etwas, das auf eine Entwicklung des Landes im Sinne seiner Besetzer hindeutete. Und das ist noch heute so, wenngleich von einer Ausbeutung der reichen Bodenschätze des Landes und von technischem Fortschritt in chinesischen Publikationen viel die Rede ist.

Was man hingegen in wachsendem Maße erfreut feststellen kann, ist eine zunehmende Toleranz der Chinesen gegenüber den Tibetern und auch gegenüber ausländischen Besuchern. So haben sich seit 1985 vor allem die Besichtigungsmöglichkeiten historischer Plätze des alten Tibet wesentlich erweitert. Und eine Anzahl neuer Hotels bietet einen unerwarteten, wenn auch nicht immer funktionierenden Komfort für den Besucher, der sich bisher oft mit Notquartieren abfinden mußte. Eines der schönsten Hotels ist in Tsetang entstanden, einer heute schon fast modern anmutenden Stadt mit vielen Neubauten, die am Eingang zum sagenumwobenen Yarlungtal liegt – der Wiege tibetischer Kultur mit den Grabstätten der ältesten tibetischen Könige. Außerdem ist es der Platz, von dem aus man nach der Überquerung des Tsang Po mit einem Fährboot Samye, das älteste Kloster Tibets, erreichen kann.

Tsetang ist nur zwei Autostunden vom Flughafen entfernt. Über die am Tsang Po entlangführende Straße kann man, nach einer Stunde rechts abbiegend, auf staubiger Piste in einer Hügellandschaft zu dem nach Zerstörungen in der Kulturrevolution gut wieder hergerichteten Kloster Mindoling gelangen. Es ist – folgt man seinem überlieferten Gründungsbericht – eines der ältesten Klöster des Landes: ein von hoher Mauer umgebener Zentralbau, auf den schon von weitem ein am gegenüberliegenden Berghang stehender, mit farbigen Wimpeln beflaggter Gedenkchorten hinweist.

Vieles in der weitläufigen mehrstöckigen Anlage ist erneuert – Statuen und Malereien –, aber es sind auch alte Teile erhalten, die von der besonderen Bedeutung dieses frühen Klosters zeugen. Besonders interessant ist der oberste Meditationsraum, wo Malereien auf goldgelbem Grund die ganze Fülle der frühen Lehrer des Buddhismus aus Indien, Zentralasien und Tibet darstellen.

Im Zentrum der Rückwand sitzt der dunkelblaue Urbuddha Samantabhadra in geschlechtlicher Umarmung mit seiner blendend weißen weiblichen Entsprechung – in der sogenannten Yab-yum-Stellung –, der wir auf unseren Rundgängen in den Klöstern immer wieder begegnen werden. Der Urbuddha als die figürliche Darstellung der Buddhaidee weist hier inmitten der Mahasiddhas – der großen Lehrer – darauf hin, daß aus ihm alles gekommen ist und alles in ihn mündet.

Viele dieser ihn umgebenden Lehrszenen stellen die Verbindung zwischen Lehrer und Symbol her, wie es tantrischem Denken entspricht. So sehen wir zwei Mönche im Gespräch, aus deren Worten vor ihren Augen ein Mandala entsteht – jener heilige Kreis, der den Makrokosmos des Universums mit dem Mikrokosmos unseres menschlichen Seins verbindet.

Auf das Alter des Klosters Mindoling, das offenbar unmittelbar nach Samye gegründet wurde und in seiner Lehrtradition nach dem südlich von hier gelegenen Bhutan ausgestrahlt hat, weist eine Sammlung früher Bronzen hin, die zum Teil aus Nordindien, Westtibet und Kashmir stammen. Fromme Dorfbewohner haben sie beim Ausbruch der Kulturrevolution in ihren Häusern versteckt und sie nun dem Kloster zurückgegeben.

So manches alte Kloster am Wege nach Tsetang, das seiner Bestimmung noch nicht wieder zugeführt worden ist und seit der Kulturrevolution als Wohnhaus, Werkstatt, Speicher oder Stall verwendet wird, zeugt davon, daß wir uns hier im Ursprungsgebiet tibetischer Kultur und damit auch des tibetischen Buddhismus befinden.

Das Kloster Tsongtu, das in der Nähe von Mindoling liegt, dient noch heute als Lagerhalle. Im Kloster Chang Zhu dagegen sind die Tibeter mit Eifer beim Wiederaufbau, und in der zentralen Halle, an deren Wänden sich trotz der langen Zweckentfremdung sehr schöne Malereien erhalten haben, hängt wieder die aus mehr als 20 000 Perlen gestickte Thangka der Weißen Tara – einer der wichtigsten Schutzgöttinnen Tibets. Auch hier waren es Bauern des Dorfes, die das kostbare Bild vor dem Zugriff der Roten Garden bewahrt und in ihrem Hause versteckt haben.

Wenn man sieht, wie reich sich die Innenausstattung eines so manchen zerstörten Klosters heute nach dem Wiederaufbau ausnimmt, erkennt man die Tiefe des religiösen Glaubens, mit dem die Tibeter an diesen Orten der Zuflucht, wie sie ihre Klöster nennen, hängen. Dem einfachen Landvolk allein ist es zu danken, wenn all diese unermeßlichen Schätze heute wieder aus der Verborgenheit hervorkommen. Denn kein ehemaliger Mönch konnte es in den Jahren der Religionsunterdrückung wagen, Besitztümer des Klosters ohne Gefahr für sein Leben an sich zu nehmen und zu verwahren.

Mit Blick auf die unermüdlich arbeitenden Tibeter, die Chang Zhu sobald wie möglich wieder im alten Glanz sehen möchten, bemerkt ein Chinese mit verächtlicher Ironie: »Wir geben so viel Geld an die Tibeter, um ihnen zu helfen, aber sie vertun es alles sinnlos für ihre religiöse Besessenheit.«

In der Nähe von Tsetang mündet der Yarlungfluß in den Tsang Po. Er durchfließt, von Süden kommend, eines der fruchtbarsten Täler Tibets. Von hier aus ist noch vor der Gründung Lhasas nach der politischen Einigung rivalisierender Stämme im 6. und 7. Jahrhundert das alte Königreich Tibet bis ins 9. Jahrhundert regiert worden.

Viel weiter zurück noch reichen die Sagen und Legenden von der Entstehung der Tibeter und von den ersten himmlischen Königen des Landes, die an dieses Tal geknüpft sind.

Von der Frühzeit des Yarlungtals und seiner Herrscher künden selbst Texte, die von dem französischen Forschungsreisenden Paul Pelliot in einer Höhle des 1 200 Kilometer von hier entfernten, am Südwestrand der Wüste Gobi gelegenen Dun Huang gefunden wurden.

Trotz dieser frühen Kunde über das Yarlungtal und die ersten Könige Tibets blieben Ort und Geschichte bis ins 19. Jahrhundert vom Geheimnis umwittert, und sind es im Grunde noch heute.

Erst der italienische Archäologe Giuseppe Tucci, dem wir wertvolle Nachrichten über das alte Tibet verdanken, konnte 1948 auf seiner großangelegten Tibetexpedition auch das Yarlungtal besuchen und die legendären Königsgräber in ihrer äußeren Lage beschreiben.

Sie befinden sich etwa 40 Kilometer südlich von Tsetang in einem engen Seitental des Yarlungflusses, zum Teil in einer schmalen Ebene, zum Teil an den Berghängen. Nur einige der ursprünglich zehn Grabhügel sind heute noch deutlich als solche zu erkennen, so vor allem das von einem kleinen buddhistischen Heiligtum gekrönte Grab des ersten historischen Königs der Tibeter: Srong Tsan Gampo.

Keiner der Hügel, die trotz unbezweifelbarer Raubgrabungen noch ungeahnte Geheimnisse der frühen tibetischen Geschichte bergen dürften, wurde bisher ausgegraben. Vorläufig ist auch keine Absicht zu archäologischer Forschung in diesem Gebiet zu erkennen.

Besser steht es um die Texte, die über das frühe tibetische Königtum Auskunft geben. Bereits 1866 hat der verdiente Asienforscher Emil Schlagintweit eine aus dem ladakhischen Leh stammende tibetische Königschronik ins Deutsche übersetzt. Und 1949 legte der Münchner Tibetologe Helmut Hoffmann einige aufschlußreiche Teilabschnitte dieser Chronik aus anderer Quelle vor. Dort wird der Übergang vom mythischen zum historischen Königtum deutlich, wenn es heißt: »Das Grabmal der ersten sieben Herrscher wurde in der himmlischen Region errichtet. Da sie einen göttlichen Leib besaßen, schwanden sie dahin wie der Regenbogen, ohne einen Leichnam zu hinterlassen.«

Noch der 5. Dalai Lama, der im Yarlungtal geboren wurde, schreibt in seiner berühmten Chronik über die ersten Könige Tibets: »Von diesen heißt es, daß sie sich eines Geisterseiles bedienten, im Himmel verschwanden und kein Grabmal besaßen.«

Erst als einer dieser frühen Könige von einem seiner Vertrauten getötet wurde, gab es für ihn nicht mehr den Rückweg in den Himmel. Der gewaltsame Tod hatte ihn zu einem Irdischen gemacht. Von nun an entstanden jene Grabhügel, die noch heute das Bild des schmalen Seitentals des Yarlungflusses prägen. Es sind die Grablegen der ersten tibetischen Könige, vom Begründer des tibetischen Buddhismus, Srong Tsan Gampo, bis zum schlimmsten Verfolger der Buddhisten, Langdarma.

Die Grabhügel sind verhältnismäßig groß, was darauf schließen läßt, daß man hier noch der alten tibetischen Bestattungssitte folgte und dem König nicht nur reiche Grabbeigaben, sondern auch vertraute Menschen aus seiner Umgebung, die sogenannten »Schicksalsverbundenen«, mitgab. Genauen Aufschluß werden darüber freilich erst künftige Grabungen geben können.

Einzige sichtbare Zeugen aus der Zeit der Entstehung dieser

Gräberwelt sind zwei noch in den Bergen stehende Wächter-löwen aus blauem, hier nicht vorkommendem Stein, die stili-stisch nach Westen weisen und wohl als Dämonenwächter vor den Gräbern aufgestellt wurden – einer von ihnen ohne Kopf, der andere verhältnismäßig gut erhalten –, Beispiele frühester tibetischer Skulptur aus dem 9. Jahrhundert.

In jene Zeit geht auch der Ursprung des Yumbu Lakhang, einer Burg aus der Zeit der ersten Könige, zurück, die wie so vieles in Tibet ein Opfer der Kulturrevolution geworden war, inzwischen aber im alten Stil wieder aufgebaut worden ist als Beispiel tibetischer Dzong-Architektur, die sonst nur noch in Ruinen erhalten ist.

Kaum 80 Kilometer ist Lhasa von dieser Wiege tibetischer Kultur im Yarlungtal entfernt. Doch sind es auf den heutigen, dem Tsang Po folgenden Straßen fünf Stunden Fahrzeit bis in die über tausendjährige Hauptstadt des Landes, die zugleich auch die wertvollsten Beispiele tibetischer Geschichte bewahrt hat.

Bis in die fünfziger Jahre war es noch ein drei bis vier Monate dauernder Fußmarsch unter härtesten Strapazen – der Weg von der südwestchinesischen Grenze bis ins Herz Tibets, nach Lhasa, der Verbotenen Stadt. Tibet ist zweifellos das am schwersten zugängliche Land dieser Erde. Seine Grenzen bilden bis über 8 000 Meter ansteigende Eismassive, von denen riesige Gletscher ausgehen. Über mehr als 5 000 Meter hohe Pässe, auf denen Steinheiligtümer mit Gebetsfahnen von der Religiosität der Bewohner dieses Landes künden, durch menschenleere Wüstengebiete, in denen früher Räuberbanden hausten, führen die Karawanenstraßen in eine andere Welt.

Im tibetischen Hochland entspringen Brahmaputra und Indus, die als riesige Ströme die Ost- und Westflanke des indischen Subkontinents durchfließen. Schwankende Hängebrücken, deren Überquerung viel Geschick erfordert, sind mit Tausenden von Wunsch- und Segensfähnchen geschmückt, die den Pilgern Schutz vor bösen Geistern und Dämonen gewähren sollen. Die Brückenpfeiler sind völlig eingehüllt in Stoffetzen, die mit Figuren und heiligen Sprüchen – den Mantras – versehen sind. So haben fragile Gebilde, wie es diese Hängebrücken des Himalaya und Transhimalaya sind, ein »spirituelles Korsett« bekommen aus Mantras, die das höchst Gefährdete mit himmlischer Hilfe sicherer machen sollen.

Die zahlreichen Flüsse gehören zu den Hauptverkehrswegen des Landes. Sie werden noch heute von den Tibetern mit leichten Booten aus Yakhaut befahren, wie sie auch Sven Hedin für seine Expeditionen hier auf dem Dach der Welt verwendet hat. Es sind erstaunlich schnelle, gut zu rudernde, wendige Fahrzeuge, die lustig auf den häufigen Strudeln tanzen.

An steilen Berghängen lebten damals, als Sven Hedin das Land durchzog, noch heilige Männer weltabgeschieden in ihren Einsiedeleien. Der weite Weg von Südwestchina nach Zentraltibet führt an riesigen, einst von Tausenden von Mönchen bevölkerten Klöstern vorüber nach Lhasa, der heiligen Stadt mit dem Potala, dem Palast der tibetischen Gottkönige – der Dalai Lamas.

1959 ging der bisher letzte von ihnen – der 14. – nach Indien ins Exil. Die Chinesen hatten das Land besetzt, und der Potala verwaiste. Die Klöster und Tempel wurden geschlossen, die Mönche vertrieben. Die Umerziehung des tibetischen Volkes zum Kommunismus begann hinter geschlossenen Grenzen mit aller Härte. Doch wir haben gesehen: sie gelang nicht.

In der Kulturrevolution wurden Hunderte von Tempeln und Klöstern der buddhistischen Lamas, die dem Land früher das Gepräge gaben, zerstört. Zurück blieben Ruinen. Aber der Glaube des Volkes war ungebrochen. Seit 1980 können die wenigen Tempel und Klöster, die den chinesischen Sturm überstanden haben oder aus den Ruinen neu erwachsen, wieder besucht werden. Die wichtigsten wurden von den Chinesen restauriert und sind nun zum ersten Mal auch für ausländische Besucher geöffnet.

Der Weg nach Tibet führt für Fremde heute fast ausschließlich über Südwestchina. Doch aus dem wochenlangen Fußmarsch von einst ist inzwischen ein Flug von reichlich einer Stunde geworden. Er geht von Chengtu, der Hauptstadt Szetschuans, über das östliche tibetische Hochgebirge, über Eisriesen, endlose Gletscherfelder und schwer zugängliche Hochtäler mit kleinen Siedlungen auf jenes riesige, 4000 Meter hohe Plateau, das wir Dach der Welt nennen. 1985 wurde auch die Straße von Nepal nach Südtibet für Touristen geöffnet.

Weitverzweigte, nach allen Seiten ausufernde Flußläufe gliedern die vegetationsarme tibetische Hochfläche, die von

Oasen grün akzentuiert wird. Weil das Land zum Teil sehr sumpfig ist, haben die Chinesen ihren Flugplatz 110 Kilometer von Lhasa entfernt angelegt. Hier betritt der Besucher aus dem Tiefland, der mit dem Flugzeug kommt, zum ersten Mal tibetischen Boden. Die Luft ist dünn, und das Atmen fällt schwer.

In einer Oase ganz in der Nähe des Flugplatzes liegt Samye, das älteste Kloster Tibets und zugleich die Wiege des Lamaismus. Diese Mönchsreligion der Männer mit den weinroten Kutten hat das Leben in Tibet über ein Jahrtausend lang beherrscht. Heute wird ihr Einfluß erneut spürbar, obgleich in den einst übervölkerten Klöstern kaum noch Mönche anzutreffen sind. Doch ihre Zahl wächst wieder.

Die von Peking proklamierte Toleranz für Nationale Minderheiten hat in Tibet zur Neubelebung des traditionellen Glaubens geführt. Hunderte von Pilgern, denen man seit 1980 wie einst auf den Straßen des Landes begegnet, bieten den lebendigen Beweis dafür. Und es sind keineswegs nur die Alten, die wochenlange Wege auf sich nehmen, um die heiligen Stätten Lhasas zu besuchen. Sie kommen mit Kindern und Enkeln. Auch junge Männer und Frauen finden den Weg in die entlegenen Klöster.

Die Straße vom Flughafen nach Lhasa führt am Tsang Po, dem indischen Brahmaputra, entlang. Das Land ist einsam. Nur wenige Fahrzeuge – es sind chinesische LKWs – begegnen uns auf der über dreistündigen Fahrt. Siedlungen sieht man selten. Aber weite Flächen des Landes sind bebaut mit Gerste und jenem harten Weizen, den die Chinesen eigens für Tibet gezüchtet haben und der hier oben ausgezeichnet gedeiht.

Wir erreichen den von Bergen und bizarren Felsformationen überragten Lhasafluß. An einer Kurve begrüßt uns Buddha Shakyamuni – der historische Buddha – als überlebensgroßes Felsrelief. Er ist flankiert vom roten Buddha Amitayus, dem Spender ewigen Lebens, der in Tibet ganz besonders verehrt wird, sowie von der Weißen Tara und der

vielarmigen »Mutter aller Buddhas« Ushnishavijaya. Die
Weiße Tara ist die Schutzherrin Tibets. Sie gilt als Vergött-
lichung einer chinesischen Prinzessin aus dem 7. Jahrhundert, die den damaligen tibetischen König heiratete und den
Buddhismus ins Land brachte.

Es scheint, daß sich seither in Tibet wenig verändert hat,
wenn man von den massiven chinesischen Einflüssen der
letzten dreißig Jahre absieht. Doch selbst die haben das
ländliche Tibet kaum berührt. Es sind noch die gleichen
einfachen niedrigen Häuser mit dem Stroh auf den Dächern,
das als Winterfutter vor den immer hungrigen Tieren
geschützt werden muß. Die reichlich vorhandene Wasser-
kraft wird genutzt, um auf einfachste, altherkömmliche
Weise Getreide zu mahlen.

Auch die Menschen, die hier leben, haben sich kaum verändert. Viele tragen noch die traditionelle Kleidung, manche
freilich auch schon den Maolook, der im chinesischen Kauf-
haus von Lhasa als »letzter Schrei« angeboten wird, während er in China selbst allmählich der westlichen Mode
weicht.

Erst in der Nähe von Lhasa nimmt der Verkehr zu. Doch
es sind mehr Fuhrwerke und Radfahrer unterwegs als
Autos. Da leuchtet in der Ferne das Wahrzeichen Lhasas
auf: der Potala. Als gewaltige Burg überragt er die Stadt.
Wasser umgibt ihn von drei Seiten, verdoppelt ihn in herrlichen Spiegelungen, die sich ständig verändern. Hinter ihm
erheben sich als mächtige und zugleich schützende Kulisse
die bis auf 7 000 Meter ansteigenden Schneeberge. Zu seinen
Füßen herrscht tibetischer Alltag. Man wäscht sich und die
Wäsche, tränkt das Vieh und tauscht die neuesten Nachrichten aus. Es ist ein frohes Treiben. Und man kann sich
in diesem Menschengewimmel kaum vorstellen, wie endlos
weit man hier von den nächsten größeren Städten dieser
Erde entfernt ist.

Zwischen die Adelspaläste des alten vornehmen Lhasa
und die Armenquartiere, die wie jene vom Verfall bedroht

sind, haben die Chinesen ihre formlosen Neubauten gesetzt. Erst in jüngster Zeit bemüht man sich um den architektonischen Anschluß an den traditionellen tibetischen Baustil.

Am Parkhor, dem inneren Ring von Lhasa, der das zentrale Heiligtum der Stadt, den Jokhang-Tempel, umschließt, hat sich seit Jahrhunderten kaum etwas verändert. Wie einst drängen sich die Menschen – Einheimische, Pilger, Chinesen und seit Juni 1980 auch Ausländer – am Tempeleingang. Trotz der beängstigenden Menschenfülle vollzieht sich das Straßenleben in gedämpfter Lautstärke.

Mönche rezitieren, am Straßenrand sitzend, aus heiligen Büchern ihre Mantras. Das sind Silben, die den Weg zu den Buddhas und Bodhisattvas öffnen sollen. Denn im Gegensatz zum südlichen Buddhismus, wie wir ihn aus Sri Lanka, Birma und Thailand kennen, hat der Lamaismus die Figur des einen historischen Buddha, der vor 2 500 Jahren gelebt hat, vertausendfacht und ihn mit zahllosen Göttern und Göttinnen umgeben. Damit soll jeder Gläubige im göttlichen Bereich seinen Helfer finden, der ihn aus dem Kreis der endlosen Wiedergeburten, dem nach Buddhas Lehre alle Menschen unterliegen, befreit.

Einer der Wege, solche Hilfe zu erlangen, ist das ständige Drehen der Gebetsmühle, in deren Metallzylinder sich Spruchbänder mit dem heiligen, den Buddha anrufenden Om mani padme hum befinden. »O du Kleinod im Lotos«, das ist die Übersetzung dieses tibetischen Textes, der heute wieder auf tausendfache Weise durch Gebetsmühlen und fortwährende Rezitation zum Himmel dringt. Selbst der Händler, die einkaufende Hausfrau oder der Handwerker, der seinen Arbeitsplatz oft auf der Straße hat, versäumen nicht, hin und wieder eine Folge der hilfreichen Mantras vor sich hinzuflüstern.

Es gibt eine zweite, allerdings weitaus anstrengendere Form der verehrenden Bemühung um Erlösung vom Kreislauf der Wiedergeburten. Das sind die 11 111 Niederwerfungen, die der Lamaismus von jedem Gläubigen fordert, der den langen und beschwerlichen Weg zur eigenen Buddhaschaft einschlagen möchte. Am Parkhor ist es zunächst nur eine einzelne Frau, die den etwa drei Kilometer langen Ringweg in endlosen Niederwerfungen umkreist. Doch vor dem Jokhang-Tempel und dem heiligen, mit Gebetsfahnen geschmückten Weidenbaum, der seinem Eingang gegenübersteht, sind es heute wieder Hunderte, die der buddhistischen Pflicht der Niederwerfung hier am heiligsten Platz des Landes nachkommen.

Der Jokhang oder Tsung Lakhang ist von früheren Besuchern als die Kathedrale Lhasas bezeichnet worden. Der Tempel, dessen Ursprung auf das 6. Jahrhundert zurückgeht, liegt im Zentrum der Stadt, vom Parkhor umgeben. Durch einen Hof und einen säulengetragenen Vorbau betritt man das Heiligtum, in das die Sonne nur durch schmale Lichtschächte einfällt. Im Innern brennen wieder wie in alten Zeiten Hunderte von Butterlampen, vor denen die Gläubigen ihre bescheidenen Opfer, meist in Form von Gersten- und Weizenkörnern, darbringen.

Der Reichtum des Tempels ist überwältigend. In einer zentralen Kapelle begegnen wir dem goldgewandeten Begründer des Jokhang – dem König Srong Tsan Gampo. Er ist auch mehrmals mit seinen beiden Frauen, der nepalesischen Prinzessin Bhrikuti, die er 637 heiratete, und der chinesischen Prinzessin Wen Cheng dargestellt, die 641 nach dem Friedensschluß Tibets mit China seine zweite Frau wurde. Ihr verdankt Lhasa, so will es die Legende wissen, sein berühmtestes und heiligstes Buddhabild, den Jo bo, zu dem alle Pilger drängen, um die gold- und juwelengeschmückte Statue im Schmuck der weißen Schleier bewundern zu können.

Ängstlichen, ja erschreckten Gesichtern begegne ich vor den gespenstisch beleuchteten, oft mehrköpfigen Dämonenfiguren, die im Lamaismus die Rolle von Beschützern des Glaubens spielen. Man findet sie auch in den Wandmalereien, wie sie zähnefletschend, mit Ketten frisch abgeschlagener Totenschädel behängt, auf die Gläubigen herabschauen und ihnen so den Gedanken an den Tod, der jedem bevorsteht, bildhaft vermitteln sollen.

Befreit aus dieser bedrängenden Geisterwelt fühlt sich, wer die letzte steile Stiege des Jokhang überwunden hat und das Dach des riesigen Tempels betritt. Kapellen mit goldenen Dächern zeugen von der Konzentration des Reichtums in den Heiligtümern dieser Religion, die ihren Anhängern Bedürfnislosigkeit predigt.

Überragt ist der Bau vom goldenen Rad der Lehre, das der Buddha vor 2500 Jahren in Bewegung gesetzt hat. Zu Seiten des Radsymbols sitzen zwei Gazellen, die an Buddhas erste Predigt vor den Toren der alten indischen Stadt Varanasi, im Tierpark von Sarnath, erinnern sollen. Von ferne grüßt der Potala herüber. Er ist das von allen Teilen der Stadt aus sichtbare Wahrzeichen Lhasas.

Ein anderer Blick gewährt weniger Freude. Die berühmte alte Medizinschule auf dem Eisenberg, der zweiten, die Stadt hoch überragenden Anhöhe, liegt in Trümmern. Darunter haben die Chinesen eines ihrer zentralen Verwaltungsgebäude errichtet, das mit goldenen Lettern über der Vorderfront die Präsenz der fremden Machthaber signalisiert.

So wie hier fällt Lhasa, wohin man auch schaut, optisch auseinander in die teilweise verfallenden Reste einer durch Jahrhunderte gewachsenen Stadt und in die regellose Vielfalt improvisiert wirkender Bauten und Barackenlager, die wie nichts sonst in diesem Lande die Fremdheit erkennen lassen, mit der die Chinesen Tibet überzogen haben.

Dieser Einbruch des Zufälligen und Stillosen in eine architektonisch wie künstlerisch vollendet gestaltete Umgebung ist, neben der Vernichtung zahlreicher Klöster, Tempel, Burgen und Adelssitze, welche die tibetische Baukunst eindrucksvoll repräsentiert haben, wohl eines der schlimmsten Beispiele von Kulturzerstörung, das wir in unserem an solchen Ereignissen nicht eben armen Jahrhundert registrieren mußten.

Als ich im Oktober 1985 wieder nach Lhasa komme, hat

sich die Umgebung des Jokhang völlig verändert. Dort, wo man durch enge Häuserzeilen zum heiligen Weidenbaum und zum Eingang des Tempels gelangte, liegt heute ein weiter, von neuen Häusern im traditionellen Tibetstil gerahmter Platz. Der Weidenbaum ist von einer Mauer umschlossen. Nur der Innere Ring, der Parkhor, hat nichts von seinem traditionellen Gesicht verloren. Die alten Häuser stehen noch, und dazwischen drängen sich mehr Pilger als je zuvor. Der private Handel ist wieder voll im Gange, und so hat man – sieht man von den vielen chinesischen Gesichtern ab – den Eindruck, als sei es auch hier das alte Tibet, das da wieder lebendig geworden ist.

LHASA – BEDEUTUNG UND WANDEL DER TIBETISCHEN HAUPTSTADT

Alle früheren Berichte über Lhasa bringen zugleich Abscheu und Bewunderung zum Ausdruck. Die Abscheu betrifft den Schmutz in den Straßen der Stadt, den Mangel an jeglicher Hygiene. Die Bewunderung gilt den Tempeln und Klöstern, die sich, will man den Berichterstattern glauben, in geradezu strahlender Reinheit über die Niederungen des alltäglichen Lhasa mit seinem Menschengewühl erhoben. Nun weiß man, daß auch andere süd- und zentralasiatische Städte nicht eben Beispiele für Sauberkeit sind. Ich kenne europäische Städte und Dörfer – selbst in unserer engeren deutschen Heimat –, denen gleiches nachzusagen wäre. So kann es wohl nicht eigentlich der Schmutz gewesen sein, der die Besucher schockierte, sondern vielmehr der Gegensatz zwischen den von Unrat angefüllten engen Gassen und der überirdischen Schönheit, die sich in Gestalt des Potala, der Tempel und Klöster darüber erhob und – soweit nicht zerstört – noch heute erhebt, wo der Schmutz auf chinesische Initiative hin aus den Straßen Lhasas verschwunden ist.

Verglichen mit anderen Städten dieser Erde, ist Lhasa in erster Linie nicht menschliche Siedlung, sondern weltliches und geistliches Zentrum eines Territoriums, dessen Ausdehnung und geographische Besonderheit es immer in eine Sphäre des Außergewöhnlichen gehoben haben. Diese Sonderstellung hat sich auch im Grundriß der Stadt niedergeschlagen. Dieser zeigt die Form eines Mandala – das ist der heilige, kosmische Kreis des tantrischen Buddhismus, dem man auch als Grundriß aller buddhistischen Reliquienschreine – der Stupas, die im Tibetischen Chorten heißen – sowie in äußerst fein ausgeführten Wandmalereien und Rollbildern begegnet.

Lhasa als mandalaförmig gebaute Stadt im Südosten Tibets

hat seine Entsprechung im Mandala des heiligen Berges Kailas, der sich im Südwesten des Landes in den Wassern des Manasarovar-Sees spiegelt.

Kailas und Lhasa liegen beide auf dem gleichen Breitengrad, wobei der Kailas als das himmlische und Lhasa als das irdische Zentrum Tibets gelten. Beide gründen sie in der gleichen kosmischen Vorstellung eines Allzusammenhangs, in dem der Kailas die Bedeutung der Weltenachse – des Heiligen Berges Meru – und damit des Sitzes der höchsten Götter einnimmt, während Lhasa das Zentrum ihrer obersten irdischen Entsprechungen – der Gottkönige vom Dach der Welt – der Dalai Lamas – ist. Auch hier zeigt sich die durchgehende Verbindung von Makrokosmos und Mikrokosmos, von Buddha-, Götter- und Menschenwelt im tibetischen Glauben.

So wie den Kailas ein viele Kilometer langer Pilgerpfad umgibt, den man in Niederwerfungen zurücklegt, so führt auch um den Jokhang, den zentralen Tempel Lhasas, ein solcher Pilgerweg – der Parkhor –, den der Fromme, wie wir gesehen haben, mit der Länge seines Körpers voll ausmißt. Und wie vom Kailas Flüsse nach allen Seiten hin, Radspeichen vergleichbar, ins Land fließen, so teilen vom Parkhor ausgehende Straßen die Stadt Lhasa in vier Bezirke, die vom Lingkhor, dem äußeren Ring, der heute nur noch teilweise besteht, umschlossen wurden.

Das Verhältnis zwischen der inneren Stadt mit ihrem Mittelpunkt – dem Jokhang-Tempel – und dem westlich davon liegenden Potala entspricht, wenn auch in anderen Dimensionen, dem zwischen Lhasa und dem Kailas. Auch der Potala-Berg ist nicht nur räumlich zu sehen, sondern hat zugleich kosmische Bedeutung.

Die Stadt Lhasa mit dem Jokhang als ihrem Zentrum verkörpert die Menschenwelt samt der Welt der Mönche und Lamas. Der Kosmos der Götter und Buddhas ragt mit den heiligen Bildern des Jokhang vielgestaltig in das irdische Treiben hinein und veranschaulicht die Stufen, die es zu erklimmen gilt, um den irdischen Bereich hinter sich zu lassen.

Der Potala als Sitz des Dalai Lama und seiner Rinpotsches ist oder war doch bis in die jüngste Zeit der Ort der Verbindung zwischen Welt und Weltüberwindung, zwischen Zeit und Zeitlosigkeit.

Am Kailas aber ist alles Irdische, so auch jeder Mensch – ob einfacher Nomade oder hoher Lama – nur Erscheinung eines Augenblicks, ein Wesen, dem im Angesicht der Götter keinerlei Bedeutung zukommt.

Herbert Tichy, einer der wenigen Ausländer, der den Kailas vor der chinesischen Besetzung erreichte – es war im Jahre 1936 – bezeugt dieses Bewußtsein der dort lebenden Menschen durch eine Aussage des damaligen Landesfürsten von Westtibet, der Tichy am Kailas in ein strenges Verhör nahm. Hatte sich doch Tichy als angeblicher Kashmiri ins Land geschlichen, da an eine offizielle Besuchserlaubnis auch damals nicht zu denken gewesen wäre. Der westtibetische Fürst sagte zu ihm, nachdem er sich davon überzeugt zu haben glaubte, einen echten Kashmiri vor sich zu haben: »In deinem Land, in Kashmir, magst du ein hoher Herr sein, vielleicht ein Steuereinheber oder Grundbesitzer. Hier, am heiligen Berg, bist du gar nichts, selbst ich, der Herrscher dieses Landes, bin hier nichts. Hier herrschen nur die Götter!«

Von dieser Vorstellung ist jeder Tibeter erfüllt, der sich den heiligen Stätten nähert, ob es nun der Kailas oder einer der anderen heiligen Berge, ob es ein Kloster, ein Tempel oder ein Schrein ist.

Man weiß um die vielfältigen Verbindungen der heiligen Plätze, die, wie in einem Koordinatensystem geordnet, das Land überziehen und Geborgenheit bieten in einer Umwelt der tausend Gefahren.

In diesem Bezugsnetz hat Lhasa für den Tibeter – vor allem für den Landmann und den Nomaden – seine besondere Bedeutung. Es ist wirklicher und auch geistiger Zufluchtsort für den unbehausten Menschen der weiten, weglosen Wüsten, Steppen und Bergländer – das wichtigste Ziel für den Pilger.

Und das ist es schon seit Jahrhunderten, in wachsendem Maße aber seit jenem großen Dalai Lama, der als fünfte Reinkarnation des Avalokiteshvara von 1617 bis 1682 lebte und 1636 auch die weltliche Macht übernahm. Damals wurde Lhasa Hauptstadt des Landes, die es bis zum Einzug der Chinesen trotz vieler Bedrohungen blieb: die Hauptstadt Tibets.

Als ich im September 1980 zum ersten Mal nach Lhasa komme, bin ich mir dieser besonderen Rolle der Stadt wohl bewußt. Ich habe darüber gelesen und kenne mich aus in den Straßen, obwohl ich sie nie vorher betreten habe. Da ist der Lhasafluß und drüben vor der gewaltigen weißen Bergkulisse der Potala auf steiler Höhe. Auf dem Fluß tanzen von kundiger Hand gesteuert die Boote aus Yakhaut. Dörfler ziehen mit schweren Lasten auf dem Rücken in die Berge. Die Augen in ihren dunklen, runzligen Gesichtern glänzen. Manche drehen im Rhythmus des langsamen Steigens die Gebetsmühle. Auf der breiten Straße am Fluß, die früher zum äußeren Ring gehört hat, quält sich ein Lastwagen entlang, dessen Motor ächzende Geräusche ertönen läßt. Radfahrer überholen ihn ohne große Anstrengung, und selbst Ochsenkarren erscheinen hier sicherer als tägliches Verkehrsmittel.

Ich habe selten so viele defekte Kraftfahrzeuge gesehen wie in Tibet. Die Höhe bekommt den Motoren nicht. Auf einem über 5 000 Meter hohen Paß habe ich selbst einmal erlebt, wie meinem Motor die Luft ausging. Und es war gar nicht so einfach, das Fahrzeug in dieser Höhe mit der eigenen Körperkraft zu wenden, um ihm bei der Talfahrt wieder seine Pferdestärken zu entlocken.

In Lhasa ist es am schönsten, zu Fuß zu gehen. Die geringe Ausdehnung der Stadt bietet kaum Hindernisse, eher schon der Unwille der nur schwer zu umgehenden chinesischen Begleiter, den Parkhor – den inneren Ring – zu verlassen. Sie haben inzwischen begriffen, daß die ausländischen Besucher oft viel mehr vom alten Lhasa wissen als sie selbst. Es ist ihnen peinlich, auf Fragen nach Tempeln und Klöstern immer wieder antworten zu müssen, sie seien in der Kulturrevolution zerstört worden. Tatsächlich findet man keinen der zahlreichen markanten Chorten wieder, die auf alten Fotos den Potala reizvoll flankieren. Sie alle wurden ein Opfer der Spitzhacke. Auch nach den Königsklöstern hält man vergeblich Ausschau. Und so manches bekannte Adelshaus, soweit noch erhalten, zeigt bedenkliche Spuren des Verfalls, vom Zustand des meist unbetretbaren Inneren ganz zu schweigen.

Als ich mich durch neu bebaute Straßen, in denen man den alten tibetischen Stil nach Jahren gesichtslosen Bauens wieder aufzunehmen versucht, nach Norden durchgeschlagen habe, gelange ich in den großen Hof des alten Shedaklosters. In der ehemaligen Tempelhalle haben Handwerker ihre Werkstätten und Materiallager aufgeschlagen. Die früheren Mönchswohnungen quellen über von Familien, die sich in den engen Quartieren so gut wie eben möglich eingerichtet haben. Kinder umtoben mich und begleiten mich zum oberen Rundgang, wo das Gedränge so beängstigend wird, daß ich fürchte, mit dem brüchigen, nie erneuerten Holzumgang, auf dem jetzt die schreienden Kinder herumtrampeln, nach unten durchzubrechen. Erst als ein alter Mann, offenbar ein ehemaliger Mönch des von den Chinesen geschlossenen Klosters, eingreift, kann ich mich in Ruhe umschauen.

Ich frage nach dem Ramochhe, dem nach der Legende von König Srong Tsan Gampos chinesischer Gattin Wen Cheng im 7. Jahrhundert gegründeten Tempel, der als das älteste buddhistische Bauwerk Lhasas gilt und sich, wenn mein alter Stadtplan richtig ist, ganz in der Nähe befinden muß.

Es heißt, die Königin sei im Ramochhe beigesetzt worden, den sie als ein Denkmal ihrer buddhistischen Standhaftigkeit gegen die Kräfte der angestammten tibetischen Volksreligion errichtet hatte. Von ihrem Wirken erzählt eine alte Geistergeschichte, die Wen Chengs Ankunft in Tibet nicht als den Triumph feiert, den die Wandmalereien im Jokhang suggerieren. Sie macht vielmehr in märchenhafter Form den Konflikt deutlich, der sich aus der Konfrontation der überkommenen und der neuen Religion im wunder- und zauberträchtigen Tibet zwangsläufig ergab.

Es heißt, die Prinzessin sei geboren worden aus den Tränen, die ein mitleidsvoller guter Geist um die unwissenden Tibeter vergossen habe. Sie sei dann in seinem Auftrag nach Lhasa gekommen, um den König zu bekehren. Doch eine böse Rivalin verhinderte durch Zaubersprüche Srong Tsan Gampos Begegnung mit seiner chinesischen Braut. Wen Cheng baute sich neben einem Quell nördlich vom Platz, auf dem heute der Ramochhe steht, eine Laube, wo sie zwei Jahre lang traurige Lieder zu einer selbstgebauten Gitarre sang. Eines Tages hörte der König ihr Spiel und war sofort von der Zauberkraft der eifersüchtigen Rivalin befreit. Er heiratete Wen Cheng und öffnete sein Land dem Buddhismus.

Zu dieser Legende, die den Kampf zwischen den Religionen in eine zarte, melancholische Liebesgeschichte umdichtet, stehen die Aussagen der tibetischen Annalen im Widerspruch. Sie berichten, daß 637 die nepalesische Prinzessin Bhrikuti als Braut des Königs Srong Tsan Gampo nach Lhasa gekommen sei und ein heiliges Buddhabild als Mitgift bei sich hatte, das später im Ramochhe aufgestellt wurde. Erst vier Jahre später kam, so lesen wir in der offiziellen Darstellung, Prinzessin Wen Cheng, eine Tochter des in Changan residierenden chinesischen Kaisers, mit großem Gefolge nach Lhasa und wurde gleichfalls mit dem inzwischen zum Buddhismus bekehrten König getraut.

Sie brachte das berühmte gekrönte Buddhabild – den Jo bo – mit nach Lhasa, das heute noch im Jokhang als heiligstes Bildnis des Lamaismus in Tibet verehrt wird.

Vom Ramochhe hatte ich in einer deutschen Illustrierten gelesen, daß er zerstört sei. Der alte Mann, der jetzt mit einem ständig wiederholten »Ramochhe« auf den Lippen vor mir herschlurft, scheint deutsche Presseweisheit Lügen strafen zu wollen. Denn verstanden hat er mich, wie sein Flüstern verrät.

Und dann stehe ich wirklich vor der breiten, wenn auch arg verwitterten Vorderfront des Tempels. Den alten Pilgerweg säumen Fahrzeugwracks, zwischen denen Kinder spielen, die sich der historischen Bedeutung des Ortes sicher nicht bewußt sind. Ich finde auch sonst niemand, der etwas über den Tempel zu sagen weiß. Die Türen sind geschlossen. Durch Holzritzen kann ich erkennen, daß die große Tempelhalle bis auf einige Holzbänke ganz leer ist. Von der Rückwand hängen die Fetzen eines Maobildes herab. Der Bau hat während der Kulturrevolution als Versammlungsstätte gedient. Das alte Kupferdach ist durchlöchert. Ob auch hier Restaurierungsabsichten bestehen, vermag ich bei meinem ersten Besuch 1981 nicht zu erkunden.

Durch ineinandergeschachtelte Höfe, die wohl früher teilweise zum Tempel gehört haben, versuche ich an ein offenes Tor zu gelangen. Vergeblich!

In einem dunklen Raum, der nur durch ein paar Kerzen spärlich erleuchtet ist, hocken junge Tibeter. Als sie mich sehen, treten sie heraus und nehmen eine drohende Haltung an. Aus reichlicher Tibetlektüre weiß ich, daß dieses fromme Volk zugleich ein Volk von Räubern ist. Auch hier wieder dieses uns schwer verständliche Sowohl-Als-auch. Meine Bedränger scheinen sich freilich durch mich nur bei ihrer Zusammenkunft gestört zu fühlen. Ihre grimmigen Gesichter hellen sich auf, als ich ihnen andeute, daß ich sie fotografieren möchte. Sie gestatten es. Doch darauf folgt die zweite drohende Gebärde. Seit viele Touristen mit Polaroidkameras durch die Welt ziehen, erwartet man überall sofort das eigene Konterfei. Und wo es nicht aus der Kamera gezogen werden kann, fühlen sich die Menschen betrogen. So ist hier aus einer an sich begrüßenswerten Erfindung ein neuer Quell des Mißtrauens zwischen Bevölkerung und Fremden geworden, den ich gerade in Tibet immer wieder als störend empfunden habe.

Nachdem die jungen Tibeter von mir abgelassen haben, gelange ich endlich mit Mühe aus dem Labyrinth der Höfe heraus und erreiche die Rückseite des Ramochhe. Von hier aus kann man die das frühere Zentralheiligtum des Tempels krönende Dachkonstruktion recht gut erkennen. Es ist ein Baustil, wie man ihn sonst in Lhasa nicht findet.

Als ich im Oktober 1985 nach Lhasa zurückkehre, hat sich der noch vor vier Jahren so verwahrloste Ramochhe völlig verändert. Der Vorplatz ist gesäubert, im Innern wird gebaut. Und zwei Kapellen des Erdgeschosses sind bereits wieder mit neuen Figuren ausgestattet, vor denen Butterlampen brennen und Mönche ihre Dienst versehen.

Hier wird deutlich, wie abwegig Heinrich Harrers häufig zitierte Behauptung ist, es werde nur zum Schein repariert und die Mönche in den wiedereröffneten Klöstern seien in Wirklichkeit politische Spitzel, die Pilger und Touristen zu überwachen hätten.

Gerade an den wenigen Mönchen, die heute wieder im Ramochhe leben, erkennt man, mit welcher Freude und Begeisterung die in der Kulturrevolution Vertriebenen an die Stätte ihres einstigen Wirkens zurückgekehrt sind.

Vom Dach des Tempels sehe ich in der Ferne, wie fast von jedem erhöhten Platz dieser zum Berg der Gottkönige hin orientierten Stadt, den Potala. Obwohl dieser in seiner heutigen Form, gemessen am Ramochhe, ein verhältnismäßig junges Bauwerk ist, umgibt auch ihn eine Legende, die ihn mit dem Potala-Berg, dem sagenumwobenen Roten Berg Marpori, verbindet. Soll doch König Srong Tsan Gampo dort 637 einen Palast für seine nepalesische Gattin Bhrikuti errichtet haben. Legende und Geschichte, Traum und Wirklichkeit – wie überall in Tibet, in den weiten Gebieten von Himalaya und Transhimalaya, gehen sie ineinander über, bedingen sich gegenseitig, entsprechend der fantasievollen, aus Götter- und Dämonenvorstellungen gespeisten Einbildungskraft der dort lebenden Menschen.

Als ich nachdenklich ins Zentrum von Lhasa zurückkehre und die Menschen beobachte, die da neue Häuser bauen, mit Traglasten unterwegs sind, Wasser schleppen oder gemütlich in der Haustür sitzen, frage ich mich, wie sie wohl die

Veränderungen empfinden, die hier stattgefunden haben. Denn eines wird mir klar: Vom alten Lhasa ist weniger als das Skelett übriggeblieben.

Vergeblich sucht man nach der Schule der Tantriker und den vielen kleine Klöstern und Herbergen, auch nach so manchen berühmten Adelshäusern, die man aus den genauen Beschreibungen früherer Besucher kennt. Was nicht abgerissen wurde, ist bis zur Unkenntlichkeit verändert – Wohnhaus mit vielen Familien oder Warenlager geworden.

Nur dort, wo die Töpfer ihre Werkstätten haben – nordöstlich vom Parkhor – stapeln sich auch heute noch die ziegelroten, dickbäuchigen Erzeugnisse ihres Fleißes, die allerdings nicht wie früher auf den Märkten, sondern im staatlichen Warenhaus zum Verkauf angeboten werden.

Trotzdem hat Lhasa seit der Liberalisierung des Handels auch in seinen Hauptstraßen etwas von der bunten Vielfalt seines früheren Geschäftslebens zurückgewonnen. An besonders lebhaften Tagen entsteht durch die Pilger, die, in ihre Felle gehüllt, zwischen den Verkaufsständen und Karren der freien Märkte dahinziehen, sogar der Eindruck, als sei es wieder das Lhasa von damals – eine Stadt zwischen Himmel und Hölle, vor deren Toren die Räuber lagerten und in deren Gassen so manche unbuddhistische Aktivität entfaltet, so mancher unredliche Handel getätigt wurde, ohne daß es die frommen Mönche störte, die daneben ihre Mantras rezitierten.

Heute ist das Odium des Bedrohlichen, des Kriminellen, das in Tibet als Kehrseite tiefer Religiosität immer vorhanden war, von Lhasa genommen. Während im übrigen China die Kriminalität als Folge von Liberalisierung und Arbeitslosigkeit wieder beängstigend ansteigt, wirkt sich die Strenge des Besatzungsregimes in Tibet noch immer verbrechenshindernd aus. Hinzu kommt freilich, daß es mit Ausnahme der wenigen das Land bereisenden Touristen für Räuber kaum noch lohnende Opfer gibt. Das vornehme reiche Tibet hat mit dem Dalai Lama und in der Zeit unmittelbar nach seiner Flucht das

Land verlassen und lebt heute, über die ganze Welt verstreut, im Exil.

Einen Vertreter des traditionellen Tibet – wenn auch keinen der alten Oberklasse – lerne ich in der Nähe der Moschee von Lhasa kennen – einem bescheidenen Bauwerk, das die ladakhischen Moslems, die hier leben, vor mehr als hundert Jahren errichtet haben. In der Umgebung der Moschee befinden sich Werkstätten von Schneidern, Schustern und Pelznähern.

Über eine schmale Treppe gelange ich in die Wohnung eines Thangkamalers, der nach Jahren des Berufsverbots heute seine feinsinnige religiöse Kunst wieder ausüben darf. Er malt Rollbilder für die wenigen erhaltenen Tempel und Klöster, in denen vieles ergänzt werden muß, was durch zeitlichen Verfall oder Zerstörung in den großen Zyklen der Buddhas, Bodhisattvas und Gurus fehlt.

Im Hause dieses Thangkamalers, der mit Kindern und Enkeln ein für tibetische Verhältnisse recht gutes Leben führt, sehe ich zum ersten Male in Tibet eine private Hauskapelle. Zu Füßen einer schönen alten Buddhafigur brennen wie in den Tempeln die Butterlampen. Das ist zweifellos ein Zeichen der Wohlhabenheit. An den Wänden hängen sehr subtil gemalte Thangkas. Ich erkenne Avalokiteshvara in seiner tausendarmigen Form, den rostroten Amitayus als Buddha des ewigen Lebens, der die Vase des heiligen Wassers in den zur Meditation zusammengelegten Händen hält, und endlich die über einen Blutsee reitende Lhamo, die nur mit einer Kette aus frisch abgeschlagenen Menschenschädeln bekleidete Schutzherrin Lhasas.

In diesen Thangkas, deren Darstellungen zwischen himmlischem Frieden und äußerster Grausamkeit wechseln, ist das ganze Geheimnis des alten Tibet bildhaft eingefangen. Es spannt sich zwischen der rauschhaften Ursprünglichkeit und wilden Bestialität, die immer ein Kennzeichen der auf dem Dach der Welt lebenden Stämme war, und dem beruhigenden Einwirken buddhistischer Heiliger, die sich ohne äußere

Anerkennung des anderen Elements hier nicht hätten durchsetzen können.

Um diesen Gegensatz auch im heutigen Tibet zu erkennen, bedarf es nur des Vergleichs zwischen dem vergeistigten, von einem milden Lächeln beherrschten Gesicht meines Gastgebers und so manchem Nomadengesicht, dessen verschlagener Ausdruck sich auch im Schein der Butterlampen neben den sanften Buddhagesichtern nicht verändert.

Tibet ist ein Land, das wird immer wieder deutlich, in dem sich die beiden Komponenten seiner früheren gesellschaftlichen Situation mit dem Auseinanderklaffen von ganz reich und ganz arm, von hinterhältig, verbrecherisch und sehr fromm, bis in die Gegenwart physiognomisch spiegeln. Dabei ist es interessant zu beobachten, wie sich bei längerem Blickkontakt selbst das grimmigste, verschlossenste Nomadengesicht aufhellen kann, während ihm die goldenen Statuen im Tempel allenfalls ein verständnisloses Staunen abzugewinnen vermögen, das im weit geöffneten Mund und starren Blick seinen Ausdruck findet.

An den Wänden der kleinen Hauskapelle des Thangkamalers, die eine gute Vorstellung vom Leben und Wohnen im alten Tibet gibt, stehen auf Holzregalen die Bronzestatuen vieler Buddhas und lamaistischer Gottheiten, darunter Figuren aus dem frühen Ladakh, die wahrscheinlich schon vor langer Zeit durch ladakhische Pilger oder Händler nach Lhasa gekommen sind. Sicher gelangten sie als Tauschobjekte in die Hände meines Gastgebers, der liebevoll an seinem kleinen Pantheon zu hängen scheint.

Als ich mich von dem freundlichen Mann verabschiede, fragt er mich, ob ich schon im Jokhang gewesen sei. Ich bejahe und sage, es sei selbstverständlich mein erster Gang in Lhasa gewesen.

»Gehen Sie noch einmal hin«, sagt er und macht eine segnende Geste. Dann fragt er mich, ob ich die heilbringende Wirkung von Jokhang-Besuchen kenne. Als ich verneine, klärt er mich auf: »Nawang Lobsang Gyatso, der große

5. Dalai Lama, hat niedergeschrieben, was König Srong Tsan Gampo einst den Pilgern gesagt hat: ›Wenn ihr den Jokhang besucht und alle seine Malereien und Skulpturen ehrfürchtig betrachtet, ist die Gefahr einer schlimmen Wiedergeburt von euch genommen. Wenn ihr aber ein zweites Mal kommt, ist euch die Wiedergeburt als Mensch oder gar als Gottheit sicher, und ihr könnt zur Erlösung gelangen.‹ – Deshalb«, so schließt er lachend seine Erklärung, »sollen Sie noch einmal hingehen und alles genau anschauen.« Er wird wieder ernst. »Man kann wirklich nicht oft genug hingehen«, sagt er, »denn der Jokhang steckt voller Geheimnisse und Wunder.«

Vorhergehende Seite:
In den Tempeln Tibets finden sich Bilder Buddhas und
der von Padmasambhava in
den Dienst des Buddhismus
gezwungenen Dämonen
– wie hier im Potala –
oft dicht beieinander

Oben: Der riesige Grab-
chorten des 5. Dalai Lama
im Potala

Unten: Seit 1980 vollziehen die Tibeter im Vorhof des Jokhang wieder ihre Niederwerfungen

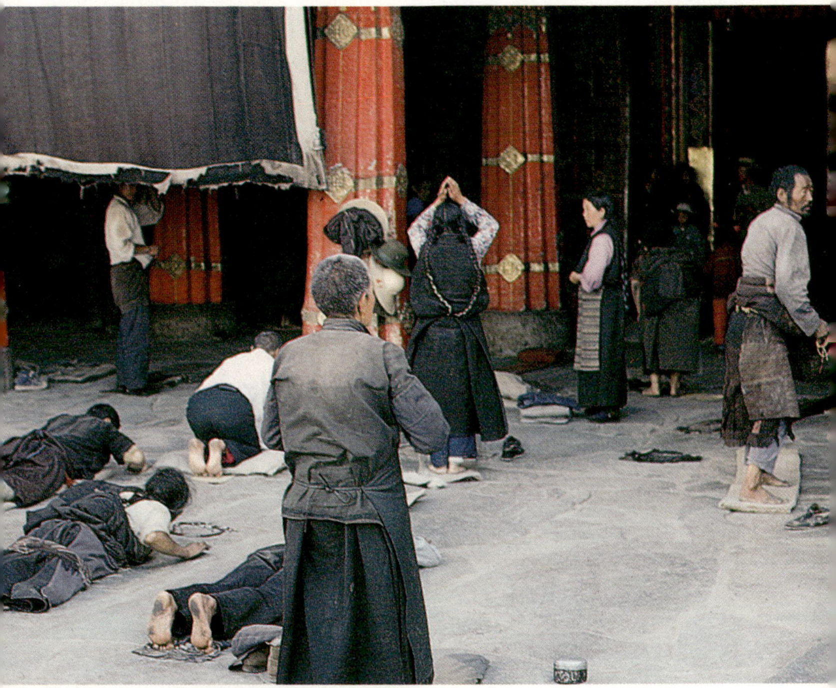

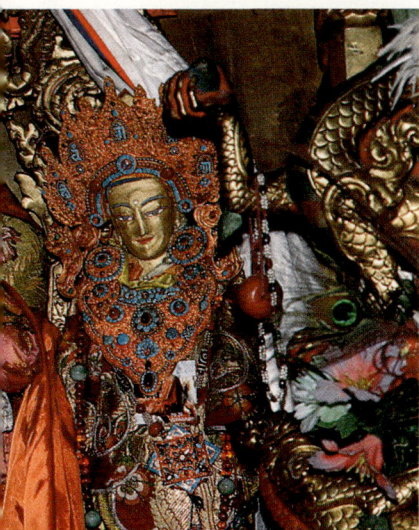

Links: Im Potala begegnen wir diesen drei Bodhisattvafiguren, von denen die Legende erzählt, sie hätten sich selbst erschaffen

Das heiligste Bild Tibets: der Jo-bo-Buddha im Jokhang von Lhasa

Oben: Der elfköpfige Bodhisattva Avalokiteshvara im Jokhang gilt den Tibetern als Nothelfer unserer Zeit

Links: Alte Tibeterin mit einer Butterlampe

Unten: Pilger aus Nordtibet

Tibetische Nomadenfrau vor dem Jokhang in Lhasa

Links: Der wiederhergestellte Grabchorten des Tsongkhapa im Kloster Ganden, davor eine Skulptur des großen Heiligen

Unten: Im Aufgang zu den tantrischen Räumen des Jokhang befindet sich diese Statue der Schutzgöttin von Lhasa: Palden Lhamo

Am Anfang war das Ei

Ramochhe und Jokhang sind steinerne Zeugen für den Eintritt Tibets in die Geschichte. Im Jokhang spiegelt sich das noch heute sehr deutlich. Sein überlieferter Entstehungsbericht ist eine für Tibet sehr typische Mischung aus Historie und Legende, aus Wirklichkeit und Mythos.

Wo tibetischer Mythos letztlich gründet, wissen wir nicht. Doch wir kennen einige seiner den Anfang von Welt, Göttern und Menschen beschreibenden Dichtungen. Sie greifen weit hinter buddhistischen Glauben und buddhistisches Denken zurück. Da werden die Erde und unser Dasein nicht als anfang- und endelos beschrieben wie bei Buddha. Es gibt vielmehr Vorstellungen vom Ursprung.

Entsprechend der Weiträumigkeit und dünnen Besiedlung des zentralasiatischen Hochlandes zwischen Himalaya und Gobi sind sie in sehr unterschiedlichen Erzählungen überliefert. Niemand weiß, bei welchem der zahlreichen Stämme, die sich schon früh in nördliche Nomaden und südliche Ackerbauern schieden, die ältesten Mythen entstanden sind. Interessant aber ist die häufige Erwähnung eines riesigen Meeres, aus dem die Welt hervorgegangen sein soll. Hier treffen sich Erdgeschichte und Mythos.

Da die einzelnen Schichten der Mythen und ihre Entstehung heute kaum noch festzustellen und zu entwirren sind, lassen sich in Tibet einwandfrei nur zwei vorbuddhistische Überlieferungskerne isolieren, von denen der eine Entsprechungen bis in die indonesische Inselwelt hat.

Es ist die Geschichte von der aus dem Urmeer auftauchenden, Erde und Himmel bildenden Schildkröte, der wir schon in frühgeschichtlicher Zeit als kosmogonischer Macht begegnen. Sie wird dann in der vedischen Epoche Indiens mit dem

Schöpfergott Prajapati in Verbindung gebracht, aus dem die Welt hervorgegangen sein soll. Als Tier, das in seiner Form für den frühgeschichtlichen Menschen Himmel und Erde symbolisiert, begegnen wir der Schildkröte auch im Weltentstehungsmythos der Balinesen.

Es kann kein Zweifel sein, daß diese Weltschöpfungsvorstellung, der eine riesige Wasserschildkröte als mythisches Urbild dient, nicht in den Bergen des Himalaya entstanden ist. Selbst die mit diesem Weltbild zusammenhängenden Wassergeister, deren wichtigste und verbreitetste die Nagas sind, entstammen nicht den Flüssen und Seen Tibets, sondern sind als indischer Religionsexport, wahrscheinlich lange vor dem Buddhismus, zum Dach der Welt gelangt.

Auch Balis Weltenschildkröte ist von der Weltenschlange Naga umwunden, was nichts anderes als den Glauben an den Ursprung der Erde aus dem Wasser und die fortdauernde Macht der Wassergeister symbolisiert. Heißt es doch selbst in der ältesten Überlieferung Tibets: »Die Meere strömten durch ein Wasserungeheuer zusammen. Zur Zeit des mächtigen Wasserdämons Tzug Na Rinchen flossen sie ineinander.« Darauf folgt eine buddhistische Erklärung für die anschließende Erdauftürmung: »Tob Chen hat den riesigen königlichen Berg nach Art eines Chorten mit fünf Stufen und einer goldenen Spitze geschaffen.«

Hier mündet der altindische Weltschöpfungsmythos von der Wassergeburt der Erde in die lamaistisch-tantrische Vorstellung vom Weltenberg Meru – dem Kailas in Westtibet – und den fünf Meditationsbuddhas – entsprechend den fünf Stufen –, die das Zentrum und die vier Himmelsrichtungen des Universums beherrschen.

Auch die andere Version tibetischen Weltentstehungsglaubens mündet in die kosmische Vorstellung der Tantriker. Sie gehört zweifellos zu den interessantesten Schöpfungsmythen dieser Erde. Es ist die Vorstellung der Erd- und Menschheitsentstehung aus dem Urei. Zu diesem Weltbild gehört in Tibet der Vogel, der als Vogelherrscher – Bya rje – das Gegenstück zur Naga bildet und im indischen Garuda seine göttliche Ausprägung erfahren hat, der wir in Gestalt eines aufgerichteten Adlers in allen Tempeln und Klöstern Tibets als Zentralfigur über den Kronen der Buddhas und Bodhisattvas begegnen.

Doch am Anfang war, so weiß es die tibetische Überlieferung, nicht der Vogel, sondern das Ei, aus dem die Welt und der Mensch hervorgekommen sind. Hier faßt der Mythos Welt- und Menschenentstehung zusammen.

Den Ursprung der Mythe finden wir in Indien, im Urkeim Hiranyagarbha – dem »Goldkeim« –, aus dem nach vedischer Überlieferung alles hervorgegangen ist. In einem berühmten Sanskrittext heißt es, daß aus den Wassern ein Keim hervorgekommen sei, der bei seiner Entstehung von einer goldenen Hülle umschlossen war. Hier hat der Eimythos seine ebenfalls in vorgeschichtliche Zeit zurückweisende erste Formulierung gefunden.

Weltentstehungsmythen, die von einem Ei oder auch zwei Eiern als Ursprung allen Seins berichten, sind auch in einigen frühen indischen Stammesreligionen überliefert. Ob sie auf den tibetischen Mythos vom Urei eingewirkt haben, wissen wir nicht. Wir finden ihn aber auf dem Dach der Welt sowohl in der südlichen Bon-Tradition als auch in nomadischen Stammesüberlieferungen des Nordens.

Matthias Hermanns, ein verdienter Forscher-Missionar, hat mehrere dieser Entstehungsmythen übersetzt. Eine, die mit dem Hinweis auf fünf ursprüngliche Elemente schon die Bedeutung der Fünfzahl für den tibetischen Glauben erkennen läßt, die wohl später zur Lehre von den fünf Meditationsbuddhas, auch Tathagatas genannt, führte, geht auf einen aus der Bon-Zeit stammenden Bericht des Po ti bse ru zurück. Dort lesen wir: »Der fünf Elemente Wesenskern wurde zu einem großen Ei. Aus der äußeren Schale wurde der weiße Geisterfels erschaffen. Aus dem inneren Eiwasser wallte das muschelweißglänzende Meer auf. Aus den mittleren kräftigen Eiteilen wurden die sechs Lebewesen erschaffen. Das Ei wurde in achtzehn Schichten erschaffen. Die mittleren der achtzehn Schichten kamen in dem Muschelei nach oben. Das wird so erklärt: In dem Muschelei streckten sich die fünf Sinnesorgane und die sämtlichen Glieder eines nach dem anderen hervor. So kam ein wundervolles Knäblein zur Welt von der Art, wie das Herz es sich wünscht, und wurde mit dem Namen Ye smon rgyal po benannt.«

Für einen Bon-Text ist es auffallend, daß aus dem Ei nicht Götter und Dämonen entstanden sind, sondern ein »wundervolles Knäblein« – der Mensch.

In einem weiteren Bon-Werk – dem »Tzan ma klu abum« – lesen wir es anders: »Das unerschaffene Wesen hat ein weißes Licht hervorgebracht. Aus der Essenz dieses wirklichen Lichtes kam ein vollkommenes Ei hervor. Dieses war außen lichtstrahlend und vollkommen gut. Es hatte weder Teile noch Hände, noch Füße. Es war jedoch mit der Kraft der Bewegung erfüllt. Es hatte zwar keine Flügel, vermochte jedoch zu fliegen. Es hatte weder Kopf, noch Mund, noch Augen. Aber eine Stimme kam aus ihm hervor. Nach fünf Monaten zerbrach dieses wunderbare Ei. Ein Mensch kam aus ihm hervor. Dieser Mensch gab sich selbst einen Namen. Er lautet den verschiedenen Sprachen entsprechend verschieden. Er saß auf einem goldenen Thron, der auf einer Insel inmitten eines großen Meeres stand. Er ordnete das Universum, regelte die Verehrung der Geister und unterdrückte die Dämonen.«

Hier sind Geister und Dämonen vorhanden. Doch der Mensch hat, so heißt es, Macht über sie.

Das Wasser, die Schildkröte, das Ei, der Vogel, die Schlange sind Elemente der tibetischen Weltschöpfungsidee. Von wo immer sie als Symbole zum Dach der Welt gelangt sein mögen – aus westlichen Regionen, dem alten Iran, aus dem vedischen Indien oder aus dem nördlichen Zentralasien –, sie haben das Weltbild und den Glauben der Tibeter entscheidend geprägt. Von der Schildkröte und der Schlange versteht man das in Tibet weniger als vom Ei und vom Vogel.

Doch wer Tibet erlebt hat, begreift auch die mythische

Bedeutung des Wassers, obwohl das Meer nicht einmal als Erinnerung in den Vorstellungen der Tibeter gegenwärtig sein kann. Riesige Seen und gewaltige Flüsse stehen im tibetischen Bewußtsein an seiner Stelle. Aber so wie das Wasser des Meeres nicht gleichbedeutend ist mit der Fruchtbarkeit schenkenden Kraft des Regens oder eines guten Grundwassers, so bedeutet auch der Wasserreichtum weiter Teile Tibets – besonders im Süden – nicht selbstverständlich Fruchtbarkeit und reiche Ernte. Regen ist in vielen Gebieten selten und das Wasser der Seen oft salzig. Sümpfe und weite Flachwasser machen das Land unfruchtbar und erschweren den Bau von Siedlungen. Das ist auch ein Problem für Lhasa, wo weite Flächen um den Potala sumpfiges Wiesengelände sind, das man weder landwirtschaftlich noch als Baugrund nutzen kann.

Die Legende berichtet, daß selbst das Zentrum Lhasas früher von einem flachen See bedeckt war. Damit sind wir wieder beim Ursprung des Jokhang. Seine Entstehung ist ein Stück tibetischer Mythologie – gespiegelt in tibetischer Geschichte.

Es entspricht ältester tibetischer Vorstellung, daß die ersten Menschen auf dem Dach der Welt aus der Vereinigung eines Affen mit einem weiblichen Felsen-Dämon hervorgegangen sind. Davor hätte ein Titan im menschenleeren Tibet gehaust, so lesen wir es bei dem berühmtesten tibetischen Historiker Buston.

Die Idee, daß Lebendiges, daß Menschliches aus Dämoninnen geboren wird, finden wir auch in der Ursprungslegende Lhasas. Sie erzählt, daß an der Stelle, wo sich heute Tibets Hauptstadt erhebt, in uralten Zeiten eine riesige Dämonin auf dem Rücken gelegen habe, aus deren Herzblut ein See entstanden sei, über dem sich die Brüste der Dämonin als die zentralen Hügel erhoben hätten, auf denen später Potala und Medizinschule entstanden.

Keine Geringere als die chinesische Prinzessin Wen Cheng habe die damals befremdend wirkende Anregung zum Bau des Jokhang inmitten des Sees gegeben, der die Ebene von Lhasa bedeckte. Da böse Geister die Trockenlegung des gewaltigen Sees verhinderten, glaubte König Srong Tsan Gampo zunächst, daß seine chinesische Gattin ihm einen undurchführbaren Vorschlag unterbreitet habe. Erst als der König einen Ring ins Wasser warf und die guten Geister des Buddhismus gegen die Wasserdämonen und ihre mächtige Herrin aufbot, gelang es, den See trockenzulegen. Damit war das Gelände für den Jokhang, den heiligsten Tempel Tibets – das »Haus des Meisters« – gewonnen, und man begann mit dem Bau.

Affe und Dämonin waren samt ihren unwissenden, nach Wen Chengs chinesischer Meinung barbarischen Kindern überwunden. Es begann ein neues Kapitel tibetischer Geschichte, das erste, das auch schriftlich überliefert wurde dank des Alphabets, das König Srong Tsan Gampo aus dem Sanskrit der späten Guptazeit für sein Volk, vor allem aber für seine Beamten und seinen Klerus entwickeln ließ.

Der Jokhang hatte eine wechselvolle Geschichte. Der Buddhistenverfolger König Langdarma, der im 9. Jahrhundert über Tibet herrschte, ließ ihn schließen. Die heiligsten Bilder mußten versteckt oder vergraben werden, um sie dem Zugriff der Feinde des Buddhismus zu entziehen. Der Buddhismus aber blieb in Tibet schließlich Sieger im Kampf zwischen Bon und Buddha, wie auch zwischen weltlicher Herrschaft und geistlicher Macht.

Mit dem 5. Dalai Lama war das Gottkönigtum auf dem Dach der Welt gesichert, so starken Verfolgungen und Bedrohungen einzelne Dalai Lamas im Zuge hinterhältiger Machtkämpfe auch ausgesetzt waren. Einige wurden vor Erlangung der Volljährigkeit ermordet. Doch das Prinzip, das der Große Fünfte begründet und gefestigt hatte, blieb bestehen, fand im Dreizehnten zu Anfang unseres Jahrhunderts noch einmal einen tatkräftigen Vertreter, bevor dann die Chinesen seinen Nachfolger zur Flucht veranlaßten.

Der Jokhang ist Zeuge all dieser Ereignisse gewesen und von den Gläubigen auch immer als solcher betrachtet worden. So war es kein Zufall, daß der 5. Dalai Lama gerade diesen Tempel in den Mittelpunkt seines berühmten Gedichts über »Die Tempel Lhasas« gestellt hat, das er 1647 als Führer für die Pilger herausbrachte.

Der genaue Titel des Buches lautet: »Ein kristallheller Spiegel: Katalog des Tempelklosters, das durch überirdische Kraft Götterwohnung geworden ist.« Über die Gründungsgeschichte des Jokhang lesen wir dort in der Übersetzung von Albert Grünwedel: »König Srong Tsan Gampos nepalesische Gattin Bhrikuti hatte an die chinesische Gattin eine Zofe geschickt, um sich zu erkundigen, welche Lage und Bodenbeschaffenheit für den Tempelbau vorteilhaft wäre. Obwohl nun diese klar und deutlich über eine zum Erfolg führende Methode berichtete, hatte die Dienerin die Angaben nicht genau behalten. Obgleich nun Anstalten getroffen wurden, den See trocken zu legen, gelang doch die Trockenlegung nicht. Die Chinesin hatte, offenbar aus einem Gefühl eingefressenen Widerwillens heraus, nicht die Landesart beachtet und sogar, ohne dem König zu berichten, den Grundstein legen lassen. Als dieser zur Nachtzeit von bösen Mächten so zerstört worden war, daß keine Spur mehr übrigblieb und nun Grund und Anlaß zu den Ohren des Königs kamen, tat er, wenngleich er davon wußte, doch so, als wüßte er nichts, und stieg zusammen mit Bhrikuti zum Ufer des Sees von O-tan hinab. Nun befahl er einen Fingerring in die Luft zu werfen, und dieser fiel in den See. Da sahen die Edlen, die Minister, kurz alle hin, und es schien ihnen, als bilde sich dort eine aus buntfarbigen Strahlen bestehende Halle. Zusammen mit der feierlichen Gelübde-Erklärung des Königs warfen nun die Minister und alle Getreuen Steine hinein und infolge dieses Wetteifers entstand ein fester Steinhaufen und bildete eine haltbare Unterlage. Nachdem man nun Balken nach seinen Ecken gelegt hatte, wurde der See ohne jede Mühe und Plage trocken gelegt. Ortsgötter und Poltergeister hatten zwar den Bau eines Tempels vernichtet, infolge der Manier, die unmöglich war; so brachte man, weil sich die sonderbaren Angaben aus der Rechnungsthese der Chinesin ergeben hatten, dem König Bericht mit der Darlegung, wie auch mit einer astrologischen Tafel ein gutes Resultat erlangt, das Böse vermieden werden konnte. Das freute den König. Daraufhin machte der König mit seinen beiden Gattinnen in dem neunstöckigen Hause aus Stein, das er erbaut hatte, eine Woche lang Bannungen, sah das Antlitz des »Schutzgottes der drei Familien« und erhielt seinen Segen. Dann gründete er die vier Klostertempel des »Bekehrungsanfangs«, die vier der »Bekehrung« und die vier der »Bemeisterung«, und unter gesegneter Prognostik gegen alle etwa bösen Näherungen in bezug auf den gewählten Ort wurde auch das Tempelkloster Jokhang von dem Könige selbst ohne Anstand fertiggebaut, von ihm, dem unter so vielen keiner glich, weil er gewöhnliche und übernatürliche Tatkraft bewies, wenn er seine tibetischen Untertanen zur Arbeit antrieb. Auch das Tempelkloster von Ramochhe wurde in jener Zeit vollendet.«

In diesem Gedicht, das genau 1 000 Jahre nach der Errichtung des Jokhang entstanden ist, spiegelt sich die Zeit der buddhistischen Anfänge in Tibet sehr deutlich wider. Dabei ist es selbstverständlich, daß der Dalai Lama den Sieg des Buddhismus als das größte Ereignis in der Geschichte Tibets feiert.

Da lesen wir: »Als auf dem Pfade von Segen und Tugend für alle die massenhaften Lebewesen, die im einzelnen zu schildern ein Ding ohne Ende wäre, kraft ihrer Eigenart und kraft ihres Ursprungs die kostbare Lehre des an lenkender Liebe mächtigen Allerbarmers Avalokiteshvara und des Überwinders Gautama Buddha zur völligen Besserung der Wesenswelt, die Devas miteingeschlossen, überallhin sich verbreitete, wie ein Meer, wenn die Schleusenbretter weggenommen werden, so konnte es nur Aufgabe eines Königs sein, und zwar eines solchen, der dem Buddhismus zugetan, mit Wesensliebe dies ausgedehnte Land so zu regieren, daß er das Gedeihen just dieser Aufgabe förderte. König Srong Tsan Gampo war der die Religion beschützende König, der Interpret der Hymnen und Triumphtänze, den die Erkenntnis Padmapanis mit zauberhaftem Schleier umwob, als wahren geistigen Sohn des Überwinders, mit kräftiger Anlage von Liebe zu seinen Untertanen, heroisch, mächtig als Sieger und Bekehrer. Da der Ruhm seiner Glorie, gegen die andere nicht aufkamen, die weiten Länder im Umkreis allerwärts erfüllte, so brachten die Großkönige von Indien, China, Persien und selbst der Held Gesar in Devotion sich beugend kostbare Tributgaben. Der König sandte als Minister für die buddhistische Religion Tonmi Sambhota nach Indien und ließ aus der indischen Schrift die für das Tibetische benötigten Lettern so anordnen, daß es vierunddreißig waren. Kraft der mächtig disziplinierenden Lehre des Meisters, die basiert ist auf den zehn Vorschriften, ruhte er wuchtig wie ein goldenes Joch auf Hoch und Niedrig. Weil nun die Herrscher Chinas und Nepals in ihrem Hochmut sich auf drei Mächte stützten: die orthodoxen, heterodoxen und Geheimtantras, so durchschaute der Minister und Zaubermeister des Königs doch ihre Methoden, bereitete bannkräftige Mittel und benahm sie ihrer hochfahrenden Allüren. Und alle Landesteile wurden überflutet wie durch einen im Sommer angeschwollenen Fluß mit nicht geringem Gewinn: dem Regiment der buddhistischen Religion und dem ihres Schutzherrn.«

Hier wird deutlich, wie man die Rolle des ersten buddhistischen Königs in Tibet nicht nur religionsgeschichtlich, sondern auch politisch einschätzte. Das Selbstbewußsein eines Volkes, das zu seiner eigentlichen Bestimmung erwacht war, tritt hervor und macht den Stolz verständlich, mit dem sich die Dalai Lamas und ihre Umgebung trotz der geringen weltlichen Machtposition Tibets durch die Jahrhunderte gegen alle innere und äußere Bedrohung behauptet haben.

Das äußere Signum dieser Selbstbehauptung waren neben der Herrscherburg – dem Potala – immer der Jokhang, dessen heilige Hauptstatuen nicht zufällig neben dem historischen gekrönten Buddha – dem Jo bo – ein tausendarmiger Avalokiteshvara als Beschützer Tibets und ein Maitreya, der Buddha der Zukunft, sind. Daß Potala und Jokhang zudem alle Bedrohungen und Vernichtungsgefahren durch die Jahrhunderte – zuletzt in der Kulturrevolution – überstanden haben, ist für die Tibeter ein untrügliches Zeichen der wunderbaren Entstehung dieser Bauwerke und ihrer zeitlosen Bedeutung als kosmische Symbole der religiösen Wirklichkeit.

Das wenige, was wir über die Baugeschichte des Jokhang wissen, hat Michael Henss in seinem verdienstvollen Buch »Tibet – Die Kulturdenkmäler« zusammengetragen. Danach haben Ziegen das Bauholz für den Tempel herangeschafft, »weil sie dank ihrer Schlankheit die Wälder besser durchqueren konnten«. Ob das eine legendäre Erfindung oder ein Hinweis darauf ist, daß es damals in 3 500 Meter Höhe dichte Wälder gab, wird kaum zu entscheiden sein. Sicher ist nur, daß eine Reihe fein geschnitzter Säulen und Paneele, die im nepalesischen Stil ausgeführt sind, ins 7. Jahrhundert gehören und damit das frühe Gründungsdatum des Tempels durch erhaltene Teile bestätigen.

Wenn man heute vor dem Jokhang steht, gewinnt man von seiner Architektur kaum einen Eindruck. Das von Holzpfeilern getragene Portal mit dem rostroten Fries und den vergoldeten Dachsymbolen, den riesigen, aus Yak- und Ziegenwolle gewebten, dunklen Vorhängen sowie die beiden Fenster links vom Eingang, aus denen früher der Dalai Lama mit seinen höchsten Beamten die festlichen Prozessionen beobachtete, die an hohen Feiertagen, vor allem beim Neujahrsfest, zum Jokhang kamen – das ist alles, was man von Lhasas berühmtem Stadttempel von außen erkennen kann.

Die Dachdekoration mit den beiden zylinderförmigen Siegeszeichen und dem von zwei Gazellen flankierten Rad der Lehre in der Mitte ist eine Zutat unseres Jahrhunderts. Sie wurde, so berichtet man, 1927 vom mongolischen Abt des nahen Seraklosters anläßlich eines großen Tempelfestes gestiftet.

Dem Eingang gegenüber reckt der alte heilige Weidenbaum seine unbelaubten Äste, die nach der Legende aus dem Haupthaar Buddhas entstanden sein sollen, zum Himmel. Darunter steht die im 18. Jahrhundert errichtete Pockenstele, die ganz von Gebetsfahnen eingehüllt ist.

Die Wunder des Jokhang zeigen sich erst nach dem Durchschreiten des Portals und der Überquerung des quadratischen Lichthofes. Sie bilden eine großartige Einheit aus Architektur, Skulptur und Wandmalerei.

Es kann kein Zweifel sein, daß der ursprüngliche Jokhang wesentlich kleiner war als die heutige Riesenanlage mit ihren zahllosen Anbauten, die den ganzen Raum innerhalb des weiten Rundwegs des Parkhor einnimmt. Doch es ist unverkennbar, daß bereits der erste Jokhang, der im Kern der Anlage noch heute zu erkennen ist, ein für seine Zeit bedeutendes Bauwerk war, mit dem der Buddhismus in Tibet zum ersten Male sichtbar und repräsentativ in Erscheinung trat.

Dabei dürfte der Einfluß der beiden Königinnen aus Nepal und China von entscheidender Bedeutung gewesen sein. Sie machten dem für Neues aufgeschlossenen König Srong Tsan Gampo durch ihren Glauben und ihre Kultur deutlich, daß die fremde Religion inzwischen von Indien aus im weiten Umkreis viele Länder erfaßt und ihre Menschen verändert hatte. Er erkannte wohl auch, wie schon so mancher seiner Vorgänger im Glauben – allen voran der große indische Kaiser Ashoka –, daß der Buddhismus mit seiner friedlichen Lehre vorzüglich geeignet war, in einer Zeit andauernder Machtkämpfe ausgleichend zu wirken. Das konnte Srong Tsan Gampo nach seinen gewaltigen kriegerischen Erfolgen, besonders in Westchina, genauso gebrauchen wie seinerzeit – 1 000 Jahre früher – Ashoka, der gleichfalls zum Buddhismus übergetreten war, nachdem er sein Haus politisch bestellt hatte.

So ist der Jokhang zugleich ein Sieges- und Einigungszeichen – ein Bau, der den Eintritt Tibets in die damalige zivilisierte Welt symbolisiert. Er wurde, wie wir aus der Legende erfahren, über einem trockengelegten See errichtet, nachdem die darin herrschenden, das menschliche Leben bedrohenden Wasserdämonen überwunden waren. Der tiefste Sinn dieses Vorgangs ist die Herstellung einer kosmischen Weltordnung über dem Chaos, als welches die ungebändigten Wasser in der Frühzeit galten.

Die Lamas des Jokhang sind davon überzeugt, daß selbst heute noch ein mächtiger Wasserdämon mit seinem Gefolge unter dem Jokhang haust. In der Nordostecke des alten Zentralbaus befindet sich eine Othangtso genannte, seit langem geschlossene Kapelle, von der aus man angeblich zu einem Rest des ehemaligen Sees gelangen kann. Die alten Lamas berichten, daß früher einmal jährlich hohe Regierungsbeamte Opfergaben ins unterirdische Wasser warfen, um die eingeschlossenen Dämonen zu besänftigen und Stadt und Tempel so vor Überschwemmungen zu bewahren.

Daß der Befriedungsgedanke in einer kriegerischen, von gewalttätigen Auseinandersetzungen beherrschten Welt für Srong Tsan Gampo wichtig war, zeigt das von Michael Henss zitierte Gründungsgedicht:

»Über einem quadratischen Grundriß im Einklang mit den Menschen,
in Schachbrettmuster-Aufteilung im Einklang mit den Mönchen,
an einem swastika-artigen Bauplatz im Einklang mit den Bon-Gläubigen,
als Mandala in Einklang mit den Tantrikern.«

Um Einklang geht es nach diesem Text selbst mit den Bon-Gläubigen, die der Errichtung eines buddhistischen Tempels im Zentrum von Lhasa wahrscheinlich mit gemischten Gefühlen zuschauten. Handelte es sich bei den Bon-Anhängern doch offenbar in erster Linie um die Mächtigen und Reichen im Lande, um alle die, denen schon Srong Tsan Gampos militärische Erfolge als Bedrohung ihrer eigenen Stellung im Staate erscheinen mußten. Wenn sie nun auch noch eine fremde Religion, repräsentiert durch einflußreiche Ausländerinnen, die zu Königinnen des Landes geworden waren, samt ihrem Gefolge akzeptieren sollten, bedeutete das für sie soviel wie die Selbstaufgabe ihrer jahrhundertealten familiären Machtpositionen.

Sie mußten sich trotzdem in die neue Ordnung fügen, wenngleich die folgenden Jahrhunderte von immer neuem Aufbegehren dieser Schichten gegen die Herrschaft des schon von Srong Tsan Gampo bevorzugten und dann immer mächtiger werdenden Mönchtums begleitet waren.

Auch die Anwesenheit fremder, besonders nepalesischer Handwerker und Künstler muß von einem traditionsbewußten Volk als störend empfunden worden sein, zumal jene nun maßgeblich an der Gestaltung des wichtigen neuen Heiligtums beteiligt waren. Die Frage, ob Srong Tsan Gampo ein ausgeprägtes Stilgefühl für künstlerisch Hochwertiges hatte oder ob der Einfluß seiner nepalesischen Gattin so stark war, daß sie ihren Willen auch in gestalterischen Dingen widerstandslos durchsetzen konnte, bleibt offen. Unbestreitbar aber ist, das zeigt auch der Text des 5. Dalai Lama sehr deutlich, daß der Einfluß der beiden ausländischen Königinnen nicht nur bei der Einführung des Buddhismus, sondern am Hofe überhaupt außerordentlich groß gewesen sein muß. Da gesellschaftliche Spannungen aus allen diesen Gründen in Lhasa niemals auszuschließen waren, hat der Klerus versucht, mit Entstehungslegenden für die zentralen Buddhafiguren des Jokhang mäßigend zu wirken. Indem er ihre Erschaffung durch ein Wunder behauptete, wurde jede zeitgenössische Urheberschaft an den Statuen ausgeschlossen. Dadurch wurden nicht nur die zweifellos erhitzten Gemüter beruhigt; die Verbreitung dieser Legende trug auch zur Aufwertung und Durchsetzung der neuen Religion im Volke bei.

Leider ist die angeblich durch solch ein Wunder entstandene Figur des lebensgroßen, elfköpfigen Avalokiteshvara heute nicht mehr in ihrer ursprünglichen Form erhalten. Von der Selbsterschaffung dieser wichtigsten Statue neben dem Jo bo berichtet der 5. Dalai Lama wundergläubig und eindrucksvoll, als stünde er selbst mit einer Pilgergruppe vor der Statue: »Hier dieser elfköpfige Allerbarmer hat, als ein Gebet an ihn, den Schutzgott, gerichtet worden war um ein Mittel, die Vorwände wegzuschaffen, welche dem Bau des Tempelklosters im Wege standen, eine Stimme hören lassen: ›Wenn in der gleichen Größe, die der König hat, eine Statue des Allerbarmers hergestellt wird, so wird das gewünschte Ziel erreicht werden.‹ Daraufhin wurden Dinge, welche eine frühere Fleischwerdung des Königs als Mönch herbeigebracht hatten, nämlich ein Zweig des Bodhibaums, Gras von einer Meeresinsel, Sand vom Flusse Nairanjana, die Sandelholzart Drachenherz, Erde von den acht heiligen Orten, kurz mancherlei wunderkräftige Stoffe zusammengemischt, dann mit der Milch einer roten Kuh und einer weißen Ziege zu einer Masse geknetet und auf das Ruhebett des Königs gelegt. Nach einem Gebet an die Buddhas und Bodhisattvas der zehn Weltgegenden sah sie der König: alle Götter in gütiger und zorniger Form wie den Himmelsraum ganz ausfüllend sich in die Breimasse einsenken. Am Tage darnach, als es so aussah, als ob die früheren Materien sich in den elfköpfigen Avalokiteshvara verwandelt hätten, sagte der König zu dem Nepali-Künstler, als nach der Sitte, in Bilder Dinge einzulegen, die aus Indien herbeigebrachten Dinge, nämlich eine Sandelholz-Buddhafigur und sieben kostbare Reliquien noch eingelegt werden sollten: ›Das kommt mir vor, als ob es mit dieser Götterhülle etwas zu schnell zugegangen wäre.‹ Aber der Künstler antwortete: ›Diese Figur habe ich nicht gemacht; sie ist von selbst entstanden.‹ Kaum war das gesagt, da schlug sich das Untergewand der Statue bis zum Knie um, ein Lichtstrahl schoß heraus, zog die heiligen Objekte heran und absorbierte sie bis zur Brust herauf. Da nun ferner Gespenster und böse Wesen am Fuße eines Unglücksbaumes im Mondwald des Westens sich zusammentaten und allerlei anstifteten, der Religion Abbruch zu tun, so kamen aus des Allerbarmers lächelndem Gesicht zwei Lichtstrahlen hervor. Einer verwandelte sich in den Zürner Amritakunda, der den Schlupfwinkel der Hexen herunterschlug und ihn in fortwährenden Donnerschlägen umkreisend sühnte, der andere wandelte sich so, daß er wie ein Wetterstrahl auftrat, der aus einer Fülle von hintereinander folgenden Erscheinungen heraus in den Gestalten Hayagrivas die Geister und Hexengespenster über den Ozean wegtrieb. Innen in dieser Figur aber blieb ruhen der selbstentstandene Leib des Bodhisattva. Als später von der Figur auch Srong Tsan Gampo und seine beiden Frauen absorbiert wurden, erhielt sie den Namen: der Unerschaffene mit seinen fünf Begleitern.«

Die Legende des selbstentstandenen Bodhisattvabildes ist in der Frühgeschichte asiatischer Götterskulpturen keine Seltenheit. Sowohl die buddhistischen als auch die hinduistischen

Kunstwerke sind nach indischen Vorstellungen in ihren Ursprüngen nicht von Menschen geschaffen worden, sondern durch göttliche Kräfte entstanden. So erkennen wir auch hier bis in die jüngere Zeit hinein die Nachwirkung altindischen Wunderglaubens.

Das Gedicht des 5. Dalai Lama gibt eine Stimmung wieder, die nicht nur durch die von Wundern begleitete Einführung des Buddhismus in Tibet, sondern auch durch die unmittelbar darauf und daraus folgenden politischen und militärischen Erfolge des Landes begründet war.

Srong Tsan Gampo hatte mit der Ausdehnung seines Reiches bis nach Westchina, Nepal und zum Kuku-Nor-See im Norden die Voraussetzungen für die Großmachtpolitik seiner Nachfolger geschaffen. Straßen, Brücken und Kanäle, die er bauen ließ, ermöglichten den Vorstoß der auf ihn folgenden tibetischen Könige nach Zentralasien sowie nach Ferghana und Kashmir.

Im Jahre 763 eroberte König Trisong Detsen die damalige chinesische Hauptstadt Changan, das heutige Sian. Zu dieser Zeit umschloß das tibetische Großreich bereits weite Teile Chinas, ganz Zentralasien, Nordindien bis zum Golf von Bengalen, Kashmir, das heutige Pakistan und weite Teile Afghanistans bis Kabul sowie Ostturkestan bis Taschkent.

Die militärischen Erfolge der buddhistischen Könige Tibets machten es der Bon-Opposition im Lande immer schwerer, sich zu behaupten. Trotzdem hat die außenpolitische Machtentfaltung des jungen Weltreichs, für die man im Jokhang große Opferfeste beging, den Einfluß der Bon im Innern nicht völlig beseitigen können. Wie anders wäre es sonst zu verstehen, daß König Tisong Detsen nach der Eroberung Changans den großen indischen Guru und Magier Padmasambhava nach Tibet rief, um die bösen Geister und Dämonen zu bannen, die den inneren Frieden des Landes bedrohten. Hier ging es offensichtlich unter dem Deckmantel der Dämonenüberwindung um die Niederwerfung eines inneren Widerstandes konservativer Adels- und Priesterfamilien, die mit der Drohung der Macht schrecklicher Bon-Geister den Buddhismus und damit das herrschende Königshaus beseitigen wollten. Doch Padmasambhava besiegte den Widerstand und zwang die Bon-Dämonen, wie die Legende berichtet, in die Abhängigkeit der Buddhas. Sie wurden von Padmasambhava als Helfer und Schützer in den Dienst der buddhistischen Lehre gezwungen.

Das war die Zeit, als die ersten Dharmapalas und Yidams als neugewonnene Schutzgottheiten, vielarmig, mit mehreren grimmigen Dämonengesichtern, in Gestalt von schrecklich anzusehenden Großfiguren ihren Einzug in den Jokhang hielten.

Die Macht des Buddhismus schien damit für Tibet gesichert. Er wurde 779 Staatsreligion. Der Jokhang war zum geistlichen wie auch zum machtpolitischen Zentrum eines Weltreiches geworden.

Um die Wende zum 9. Jahrhundert besetzten tibetische Truppen Samarkand. Verträge mit China sollten das Gleichgewicht zwischen den beiden Staaten, die sich nun die Macht in Ostasien teilten, sichern. König Ralpatschan, der diesen klugen Vertrag mit China schloß, war der letzte große buddhistische Herrscher des alten Tibet. Auf ihn folgte als König Langdarma, sein älterer Bruder, der offenbar ganz unter dem Einfluß mächtiger Bon-Priester und konservativer Adelsfamilien stand. Er schloß die buddhistischen Tempel und Klöster, ließ an das Tor des Jokhang einen weintrinkenden Mönch malen. Er gab damit den ersten deutlichen Hinweis auf eine Entwicklung, die, trotz eines Wiedererstarkens des Buddhismus im 10. Jahrhundert, bis zum Auftreten des großen Reformators Tsongkhapa – des Begründers des Gelbmützen-Ordens – in der Mitte des 14. Jahrhunderts andauerte. Es war die zunehmende Verweltlichung des Mönchslebens in den großen Klöstern. Da die unreformierten Sekten des Lamaismus – die sogenannten Rotmützen – heiraten und in gewissem Umfang auch privaten Besitz haben durften, war diese Verweltlichung für die Mehrzahl der Mönche nicht auszuschließen. Zudem sahen viele in der sexuellen Symbolik der tantrischen Kulte nicht nur die Rechtfertigung, sondern zum Teil geradezu die Aufforderung zu sexuellen Orgien, die dann in gewissen Klöstern zum festen Bestandteil des Ritus wurden.

In der gleichen Zeit – um die Jahrtausendwende – entstand von Indien her eine Gegenbewegung zu diesem Treiben aus tantrischem Geist, die zur Vertiefung seiner kosmischen Lehren führte. An ihrer Spitze stand der große indische Guru Tilopa, der erste von 84 Mahasiddhas – bedeutenden Lehrern des tantrischen Buddhismus –, deren Wirkung und Verehrung in Tibet bis heute andauert. Auf Tilopa folgten Naropa, Marpa – ein Tibeter, der die berühmte Kargyutpa-Sekte gründete – und schließlich dessen Schüler Milaraspa, Tibets großer Dichter.

Es war die Blütezeit des tibetischen Tantrismus, der in diesen bewegten Jahrhunderten aber auch in ständig wachsendem Maße fragwürdige Erscheinungen unter den Lamas und Äbten hervorbrachte, von denen viele nur noch rein weltlichen Interessen folgten. Der Grund dafür waren wohl vor allem die bis ins 10. Jahrhundert andauernden Glaubenskämpfe zwischen Buddhisten und Bon sowie die fortschreitende, sehr unterschiedliche Ausbildung tantrischer Riten. Diese führte einerseits, zum Beispiel in der Kargyutpa-Schule, zu höchster Vergeistigung, andererseits aber auch zu einer Verflachung und Entartung des Lamaismus.

In diesen Jahrhunderten der Kämpfe zwischen Bon und Buddhismus, aber auch zwischen den buddhistisch-lamaistischen Sekten selbst, die sich aus äußerer Rivalität, vor allem aber aus der unterschiedlichen Auffassung der Lehre Buddhas entwickelten, hatte der Jokhang ein wechselvolles Schicksal. Er war längst nicht mehr das zentrale Heiligtum des tibetischen Buddhismus und verlor deshalb mehr und mehr an Bedeutung.

TSONGKHAPA UND DIE EINSETZUNG DES MONLAM-FESTES

Der Verfall des Jokhang dauerte an bis ins späte 14. Jahrhundert. Über Tibet war nach 1200, wie über fast ganz Asien, unter Dschingis Khan der Mongolensturm hinweggegangen. Dadurch brach das tibetische Großreich zusammen. Aber die Mongolen kamen in Berührung mit dem lamaistischen Buddhismus, dem sie bis in unser Jahrhundert treu anhingen. Der Kommunismus hat seine Position natürlich geschwächt. Doch es gibt noch heute im tibetischen Ritus wirkende Lamaklöster in der äußeren wie in der inneren, von den Chinesen beherrschten Mongolei.

Auch in China wuchs der Einfluß des Lamaismus unter den mongolischen Kaisern der Yuan-Dynastie. In Tibet selbst gewannen die Lamas mehr und mehr an politischer Macht. Einer von ihnen, Phogba, der Oberlama der Sakyapa-Sekte, wurde 1260, unter dem Mongolenkaiser Kubilai Khan, Herrscher von Tibet.

Das macht die Tendenz der damaligen Entwicklung deutlich. Die äußere Ausdehnung und Machtentfaltung des Lamaismus als Staatsreligion unter politischer Zielsetzung hatte gleichzeitig seine Verflachung und Verweltlichung zur Folge. Die hohen Lamas kümmerten sich nicht mehr um ihre Klöster. Sie entwickelten politischen Ehrgeiz und erstrebten unter Anwendung von Intrigen hohe Regierungsämter in Lhasa. In den führungslosen Klöstern verbreitete sich ein sittenloses Treiben, dem die Obrigkeit tatenlos zusah.

Zu den Hauptbeschäftigungen der Mönche zählten jetzt Wahrsagen, Zauberei und Schwarze Magie. So gelangten sie zu beachtlichen Einnahmen und erlangten die Bewunderung des Volkes. Selbst Marco Polo berichtet in seinen Reiseerinnerungen, wie die tibetischen Lamas am Hofe des Mongolen-

Khans Schüsseln mit Milch und Wein vom Boden durch die Luft auf den Tisch des Herrschers fliegen ließen und dafür den Beifall des staunenden Hofes ernteten.

An die religiösen Pflichten dachte kaum noch jemand, und um den Zustand der Tempel samt ihrer Buddhabilder kümmerte sich keiner. So geriet auch die einst zentrale Bedeutung des Jokhang in Vergessenheit. Händler, Bettler, Diebe trieben sich in den verräucherten, verfallenden Räumen herum. Wertvolle Dinge verschwanden, andere wurden bis zur Unkenntlichkeit entstellt. Es war die Zeit, in der wohl die gesamte Erstausstattung des Jokhang an wertvollen Skulpturen und Malereien – darunter auch der ursprüngliche Jo bo – schwer beschädigt oder ganz vernichtet wurde.

So hatte die siegreiche Ausdehnung des Lamaismus bis nach Ostchina und in die Mongolei seinen Verfall als Religion in Tibet zur Folge. Machtkämpfe zwischen den einzelnen Sekten führten zur Zersplitterung des Landes unter regionalen Fürsten, die sich der mächtigen Lamas als ihrer Parteigänger versicherten und ihnen dafür Zahlungen leisteten sowie ihren Klöstern Sonderrechte und einträgliche Pfründen verschafften.

Das war, kurz skizziert, die Situation in Tibet, als im Nordosten des Landes – dort, wo heute das prachtvolle Kloster Kumbum steht – 1357 ein Kind geboren wurde, das schon bald große religiöse Fähigkeiten zeigte, die deutlich erkennen ließen, daß es sich um einen Menschen von außergewöhnlicher Art handelte.

Tibets Geschichte ist voll von solchen Erzählungen über aufsehenerregende Geburten. Sie kommen aus dem uralten indischen Glauben an die Reinkarnation großer Heiliger und haben im Lamaismus Tibets bis in die Gegenwart ihre Bedeutung behalten.

Der 1357 geborene osttibetische Bauernsohn, von dem hier die Rede ist, stellte aber selbst innerhalb dieses Wiedergeburtsglaubens etwas Einmaliges dar. Blieb ihm, dem großen Tsongkhapa, doch vorbehalten, das morsche Gefüge des tibetischen Lamaismus zu erneuern und damit auch dem tibetischen Staat eine neue Grundlage zu geben.

Ähnlich wie sich Martin Luther in Rom vom Treiben des katholischen Klerus angeekelt fühlte und den Widerspruch zwischen christlicher Lehre und weltlichem Leben der Mönche bitter empfand, erkannte auch Tsongkhapa auf seinen Reisen durch Tibet, die ihn schon früh ins Zentrum der Macht, nach Lhasa, führten, daß Staat und Lamaismus trotz äußeren Glanzes vom Verfall bedroht waren.

Tsongkhapa war sicher nicht der einzige in seiner Zeit, der die Überwucherung der buddhistischen Lehre mit falschen Thesen, das Überhandnehmen fremder Einflüsse und den dadurch beschleunigten Untergang des echten Mönchtums erkannte. Doch im Gegensatz zu vielen, die sich entweder in eines der wenigen strengen Klöster oder auch ganz in die Einsamkeit eines abgeschiedenen Eremitenlebens zurückzogen, entschloß sich Tsongkhapa zur Konfrontation. Er war ein hervorragender Diskussionsredner und ging gegen die verweltlichten Äbte und Lamas jener Klöster vor, die er auf seinen Reisen in bedenklichen Verhältnissen antraf. So wie Luther mit seinen berühmten Thesen, die er am Hauptportal der Schloßkirche zu Wittenberg anschlug, die Gläubigen aufrüttelte und Fronten schuf für und gegen eine Erneuerung, so verfaßte auch Tsongkhapa Bekenntnisschriften, an denen sich die Geister schieden.

Viele hohe Lamas sahen ihre gesellschaftlichen Positionen und vor allem ihren Besitz, ihr weltliches Wohlleben, bedroht und nahmen gegen den jungen Eiferer, wie sie Tsongkhapa nannten, Stellung. Sie wollten nichts von einer Erneuerung der Religion, von einer Wiederherstellung geordneter Klosterverhältnisse wissen. Doch viele an den Glaubensregeln festhaltende Mönche bemerkten im Gespräch mit Tsongkhapa voller Schrecken, wie weit sich die Klosterpraxis von der Lehre Buddhas entfernt hatte. So gab es eine große Anzahl vor allem junger Mönche, die an Tsongkhapas Lippen hingen, seine Schriften studierten und mit ihm das Verlangen nach einer neuen strengen Klosterordnung teilten. Sahen sich doch gerade die heranwachsenden Mönche, die zum Teil noch immer mit großen Erwartungen ins Kloster eintraten, von den Oberen im Stich gelassen. Die Ausbildung der Novizen bestand in vielen Klöstern nur noch aus der Vermittlung des äußeren Rituals, aus verfälschten tantrischen Praktiken und aus dem Mummenschanz von Zauberei und Schwarzer Magie.

Tsongkhapa hatte die großen indischen Gurus sowie die berühmten alten tibetischen Schriftensammlungen, die nahezu 300 Bände des Kanjur und Tanjur studiert, bevor er mit eigenen kritischen Schriften hervortrat. Seine »Übersicht über den Kanjur« – eine kommentierende Zusammenfassung dieses 108-bändigen Werkes, in dessen Mittelpunkt die Darstellung der Ordensdisziplin steht – machte ihm den Gegensatz zwischen Lehre und Wirklichkeit deutlich. Darum legte er in seinen Werken wie in seinen zahlreichen Reden vor Lamas und Mönchen größten Wert auf die Darstellung der Ordensdisziplin und des Kultus. Es ging ihm vor allem um die Wiederherstellung mönchischer Zucht und mönchischen Vertrauens in die Redlichkeit der Oberen, um die Förderung von Gemeinschaftsgeist und buddhistischer Haltung. Er machte wieder Ernst mit der Aufforderung Buddhas, »Zuflucht zu nehmen zu Buddha, zu seiner Lehre und zu seiner Gemeinde«.

Tsongkhapas eigener Studiengang, der ihn bereits mit 25 Jahren Vollmönch werden ließ, beweist, daß es trotz aller Verweltlichung in Tibet noch genügend Klöster gab, in denen man sich unter kompetenter Leitung mit der Lehre Buddhas und den esoterischen Grundlagen des Tantrismus vertraut machen konnte.

Dort, wo Tsongkhapa studiert hatte, fand er nun auch seine treuesten Anhänger. Da ist vor allem sein Ordinationskloster Yar-kung-nam-gyal in Südtibet zu erwähnen, mit dem die Legende die Entstehung der Gelbmützen-Bewegung – der Gelugpa – zusammenbringt. Heißt es doch, bei der Ordinationsfeier seien die traditionellen roten Baretts ausgegangen, und so hätte man Tsongkhapa mit einer gelben Kopfbedekkung geweiht. Nach einer anderen Version sollen von einem Blumenkranz, mit dem man Tsongkhapa schmückte, alle Blüten ausgefallen sein mit Ausnahme der gelben. Sicher ist, daß schon zu Tsongkhapas Lebzeiten die gelbe Mönchskappe für die Gelugpas verbindlich wurde, womit sich die »Gelbe Lehre« oder die »Gelbe Schule« auch im äußeren Erscheinungsbild von den Rotmützen unterschied.

Tsongkhapa, der schon früh als eine Inkarnation des Bodhisattvas der göttlichen Weisheit, Manjushri, angesehen wurde, berief sich bei vielen seiner reformatorischen Entscheidungen auf seinen göttlichen Ahnherrn. So lesen wir in seiner Lebensgeschichte, die Rudolf Kaschewsky unter dem Titel »Quellort allen Glücks« in deutscher Übersetzung herausgebracht hat: »Als der heilige Tsongkhapa in seinem 52. Lebensjahr, in den Sommermonaten des Mausjahres, zu den Regenzeitfasten im Kloster Sera weilte, verkündete Manjushri: Wenn man die Gotteshäuser des Jo bo in Lhasa als Verehrungs- und Glaubensobjekt erneuere und dann die jahreszeitlichen Wunder-Opfer darbringe, so sei dies von großem Heil für die Lehre und für alle Wesen. Da dachte der Heilige bei sich über die Tatsache nach, daß die Verehrungsgegenstände des Buddha Jo bo von Lhasa und auch die anderen vom lebendigen Buddha wesenhaft nicht verschieden sind und somit große Segenskraft besitzen, und daß daher, wenn diese Verehrungsgegenstände wieder verehrt würden, das Juwel der Lehre sich nach allen Zeiten und Räumen hin entfalten und für immer gegenwärtig sein würde. Das aber bedeutete allgemein für alle Wesen, die jetzt oder in Zukunft der Lehre des heiligen Tsongkhapa Folge leisten, Ursache unablässigen allerhöchsten Glückes und Heils. So faßte er den Entschluß, das unter der Bezeichnung Großes Monlam des ewigen Jo bo von Lhasa bekanntgewordene Fest einzusetzen.«

Hier werden zwei Dinge, die Tsongkhapa als wichtige Fundamente seines Reformplans ansah, als direkte Anregungen des großen Bodhisattva Manjushri ausgegeben. Das steigerte natürlich die Autorität des Reformators und verhalf ihm zugleich zu sichtbaren Ergebnissen seiner Bemühungen. Das eine war die Wiederherstellung der verfallenden Tempel Lhasas, besonders des Jokhang und des Ramochhe. Damit knüpfte Tsongkhapa an eine uralte im Lande verwurzelte Tradition an und konnte der Zustimmung vieler, vor allem aber der führenden Familien sicher sein, die schon seit langem unter dem Niedergang des lamaistischen Lhasa, in dem Neureiche triumphierten, litten.

Die zweite Reformtat war die Einsetzung des Monlam-Festes. Damit hatte Tsongkhapa mit sicherem Instinkt etwas ins Leben gerufen, was nicht nur seine Reformbewegung stärkte, sondern vor allem auch den weithin geschwundenen Gemeinschaftsgeist der Mönche, das Gefühl der Zusammengehörigkeit in einem Orden, wiederherstellte.

Monlam heißt wörtlich »Wunschweg« und meint im von Tsongkhapa geschaffenen Ritus das große Wunschgebet der versammelten Mönchsgemeinschaft. Tsongkhapa sah in dieser Zusammenkunft der Mönche zum gemeinsamen Gebet eine Möglichkeit zur Wiederbelebung des klösterlichen Gruppenrituals als Vorstufe der Meditation für alle.

Die Voraussetzung dafür waren intakte Tempel und Versammlungshallen in den Klöstern. An den Anfang stellte Tsongkhapa dabei die glanzvolle Wiederherstellung des Jokhang als Pilgerziel und geistliches Zentrum Lhasas und damit ganz Tibets.

In der Lebensgeschichte Tsongkhapas ist diese, die Restaurierung des Jokhang betreffende Anweisung und ihre Durchführung in aller Ausführlichkeit beschrieben: »Er ließ in Lhasa viele Künstler versammeln. Unzählige Mengen von Farbe, Lack, Blattgold und anderem Material wurden zusammengeschafft. Der Glanz aller Buddhabilder und Wandmalereien in den beiden Jo-bo-Klöstern war hinfällig geworden und verblaßt, ja bei einigen Buddhafiguren war es schwer festzustellen, welche Farben sie überhaupt hatten. Da ließ er sie mit Duftwasser und dergleichen ordentlich abwaschen und reinigen, so daß kein Flecken mehr an ihnen blieb. Dann ließ er sie mit kostbaren Farben streichen, mit Blattgold und Goldstaub verzieren und aufs neue wieder so ausstatten, wie sie einst errichtet worden waren. Viele Künstler wurden dann berufen und richteten alles her, wie es erforderlich war. Verschiedene Arten von Ziergegenständen, womit das Gotteshaus innen und außen geschmückt wurde, wie aus der Menge von Gläubigen geopferter Seide hergestellte Buddhagewänder, Flaggenbänder, Fahnen, Schirme und verschiedene Opfergaben.«

Ein Jahr nach dem Beginn der Restaurierungsarbeiten traf Tsongkhapa in Lhasa ein. Er veranlaßte den weiteren Ausbau des Jokhang und seine Ausstattung mit vielen neuen Buddha- und Heiligenbildern.

Es war der erste Schritt der Erweiterung des Jokhang zum Zentralheiligtum des Gelbmützen-Lamaismus. Den zweiten Schritt vollzog 300 Jahre später der 5. Dalai Lama, unter dem der Tempel seine jetzigen Ausmaße erlangte.

Geschickt verband Tsongkhapa das von ihm gestiftete Monlam-Fest der Mönche mit Losar, dem tibetischen Neujahrsfest, das jedes Jahr Tausende von Pilgern und Mönchen nach Lhasa bringt und die Stadt auch heute wieder in einen wahren Festtaumel versetzt.

Wie sich Tsongkhapa selbst das Monlamfest vorstellte und wie er es 1409 in eigener Regie zum ersten Male in Lhasa gefeiert hat, lesen wir gleichfalls in seiner Lebensgeschichte: »Am letzten Tag des zwölften Monats versammelte sich eine Gemeinde von über 8 000 Mönchen und opferte dem Jo-bo-Shakyamuni und den drei in den zehn Gegenden weilenden Kostbarkeiten der Zuflucht; sie priesen sie mit Lobeshymnen und verrichteten Bittgebete, indem sie das große Wunschgebet der Wunder-Opfer erschallen ließen und rezitierten. Dieser Gemeinde war der heilige Tsongkhapa mitsamt seinen Schülern Gabenherr. Allen Klerikern gewährte er nach Lhasamaß vier Portionen Butter, zusammen mit 180 Gramm von dem, Weißer Tee genannten guten Tee, zu trinkfertigem Tee gekocht. Und so beging man das Fest des Neubeginns. Da eine Portion der handelsüblichen Butter zirka 150 Gramm ausmachte, teilte er also jedem Mönch in dieser Versammlung ca. 600 Gramm Butter zu.

Er legte somit in seinem 53. Lebensjahr, einem Ochsenjahr, die wirkliche Grundlage für die Feierlichkeiten der großen Mysteriumsfestzeit vom 1. bis zum 15. Tag des ersten Monats.

Um nun, da er des Lehrers Buddha wundervolle Weisheit erkannt hatte, dafür zu sorgen, daß ihr auch gläubiges Vertrauen entgegengebracht wurde, lehrte er vor der Gemeinde am Vormittag jeden Tag einen Teil aus den 34-teiligen Geburtsgeschichten des Buddha. Am Nachmittag erschien der Heilige vor der Gemeinde bei dem heiligen Jo bo und verweilte dort. Zusammen mit einer an die 10000 zählenden Schar von Klerikern segnete er die bereiteten Opfer mittels Meditation und sakralen Gesten. Dann vollzogen sie entsprechend dem richtigen Ritual, das in den Sutras und Tantras dargelegt ist, die Opfer. Aus dem wirkmächtigen Wunsch heraus, stets das Wohl von Lehre und Wesen zu erwirken, vollzog er so jeden Tag das Monlam.

Dann, am 1.1., präsentierte er dem großen Heiligen Jo bo ein vorher bereitetes und aufgestelltes Diadem. Sein Antlitz umkleidete er mit Gold. Ferner stellte er vor das Bild eine silberne Almosenschale, ein silbernes Mandala und eine silberne Schale mit einem Pferdekopf, die aus einem Versteck in den Bergen herbeigeholt worden war. Außerdem setzte er den beiden Jo bo sowie dem elfgesichtigen Avalokiteshvara vergoldete Diademe auf ihr Haupt. In dieser Weise wurden die Antlitze der drei Gottheiten vergoldet. Am 8.1. sowie am 15.1. wurden schließlich die ganzen Körper mit Goldfarbe versehen.

Jeden Abend wurden Opferhandlungen vollzogen. Da nun der Heilige die Opfer dargebracht hatte, wobei er hinsichtlich des Segensglückes und der Leerheit über jene Gottheiten meditiert hatte, die Gegenstand der Verehrung und der gesamten dargebrachten Opfer waren, sagten sie alle: Es ist offenkundig, daß im Denken dieses Heiligen Tsongkhapa unfehlbare Erkenntnis sowohl des Segensglücks als auch der Leerheit herrscht.

Als danach die Sündenbekenntnisse rezitiert wurden, sah Tsongkhapa klar die 35 Buddhas, die große Strahlen aussandten, am Himmel einhergehen, ferner die sieben Medizinbuddhas, Maitreya, den Buddha der Zukunft, Amitayus, den Buddha des ewigen Lebens, die Göttin Tara und andere Gottheiten.

Zu dieser Zeit hatte einer der großen Lamas eine Vision: Auf dem Haupte des heiligen Tsongkhapa seien Manjushri, Avalokiteshvara und Vajrapani erschienen, und er sah, wie sich der größte Teil der die weiße Himmelsrichtung beschützenden Dharmapalas versammelte. Es geschahen noch viele andere Wunder. Da kam Gott Indra leibhaftig herbei und brachte Weihrauch dar. Vaishravana, in der Gestalt des ›Hausherrn‹ verkörpert, kam und bereitete für die Gemeinde Tee.

In dieser Weise hatte sich der größte Teil des gesamten Klerus von Tibet an einem Orte zusammengefunden und verrichtete – gleichsam ein See – völlig eins mit dem Herrn der Lehre, Buddha, vor dem Tempel des heiligen Jo bo das große Monlam, und indem sie sich in sechzehn Gruppen einteilten, verrichteten sie bis zum Neumond die Opferhandlungen wie Lampenopfer und Speiseopfer. Es ist allgemein bekannt, daß eine so große Versammlung von Lamas mit reinen Gelübden in Tibet bis dahin noch nie zustandegekommen war.«

Hier zeigt sich, daß Tsongkhapas Plan zur Wiederherstellung der religiösen Intensität und Einheit für Tibet in Erfüllung gegangen war. Klug genug, um nicht alle traditionellen Formen der Magie und des tantrischen Rituals zu beseitigen, so zweifelhaft sie ihm in ihrer Wirkung auch erschienen sein mögen, verstand es Tsongkhapa, eine bis in unsere Tage bestehende Verbindung zwischen angestammten Glaubensformen und reiner buddhistischer Lehre zu schaffen.

Von den Zauberbräuchen ließ er die bestehen, ohne die sich ein Tibeter, besonders auf dem Lande, sein Leben auch heute noch nicht vorstellen könnte. Dazu gehört insbesondere der für Tibets stets gefährdete Landwirtschaft unerläßlich scheinende Regenzauber. Wie Tsongkhapa ihn in sein weitgespanntes Gelbmützen-Ritual einfügte, zeigt die nachstehende, von ihm selbst formulierte magische Anweisung: »Nahe einem Ort, wo Wassergeister in einer Quelle, einem Fluß oder einem See hausen, soll auf ebene Erde ein Mandala gezeichnet werden, zunächst ein ›Feuerkreis‹ und dann ein ›Luftkreis‹. Die Mitte des Mandala muß das Bild einer achtblättrigen Lotosblüte zeigen, aus deren Kelch der Gott Klu mit acht Wassergeistern aufsteigt. Vor dem Mandala müssen die Opfer zur Aufstellung gelangen, eine blaue Schale, gefüllt mit blauem Wasser, blaue Blumen, eine Butterlampe, weiße Senfkörner und ein Teig aus Milch und Zucker. Der Wetterzauberer taucht ein Schwert in das blaue Wasser und formt im Mandala ein Rad, dessen Mitte der Mantrasspruch ›om-shu-li-ni-sva-ha‹ ausfüllt. Der Priester nimmt zum blauen Gott Zuflucht, dann streut er das Mehlopfer in alle Weltgegenden, auch nach Nordosten, Nordwesten, Südosten, Südwesten und in die Mitte. Er singt die Formel ›dzva-la-ram-ram-phat‹ und schüttelt achtmal in jede Richtung die Zauberglocke. Dann wird der Regen fallen.«

Tsongkhapa unterschied streng zwischen den Praktiken der Weißen und der Schwarzen Magie. Allen schwarzmagischen Zauber, der in den Jahrhunderten vor ihm eine große Rolle gespielt hatte, verbannte er aus den Klöstern. Er verbot den Mönchen, Aufträge zum Schaden anderer anzunehmen und auszuführen. Hatten sich doch viele Familien des Zaubers gegen unliebsame Familienmitglieder bedient. Magische Tötungen, die in Wirklichkeit meist durch Gift erfolgten, waren an der Tagesordnung, und das Anhexen tödlicher Krankheiten stand hoch im Kurs. Konnte Tsongkhapa dieses verbrecherische Treiben auch nicht ganz beseitigen, so wirkten seine Anordnungen doch im Sinne des Guten, und viele Mönche, die vorher das Üble ihres Tuns gar nicht erkannt hatten, folgten seinen Weisungen.

Um Pflanzstätten des rechten Mönchtums zu schaffen, gründete Tsongkhapa eine Reihe großer Klöster, die bis in unser Jahrhundert als geistige Zentren des Gelbmützen-Lamaismus bestanden haben und ihre alte Bedeutung jetzt zum Teil zurückgewinnen. Das älteste dieser Klöster, das er noch im Jahre des großen Monlamfestes stiftete, ist das nordöstlich von Lhasa gelegene Ganden – das »Freud-Erfüllte« –, dessen erster Abt Tsongkhapa wurde. Als Grablege, wo seine sterblichen Überreste in einem goldenen Chorten beigesetzt sind, ist Ganden das bedeutendste der großen Staatsklöster. Das mag auch der Grund für seine völlige Zerstörung durch die Roten Garden in der Kulturrevolution gewesen sein. Inzwischen hat man Teile der Klosterstadt, die auf den Besucher wie Ruinen nach einem Luftangriff wirkten, wieder aufgebaut. Gilt doch Ganden für jeden Tibeter als eine der heiligsten Stätten des Landes, von der die Legende erzählt, daß sich Tsongkhapas Leichnam, der die Verbrennung unversehrt überstanden haben soll, zuweilen erhoben und, in der Luft schwebend, besonders frommen, eifrigen Lamas Unterweisungen erteilt habe.

Im Oktober 1985 konnte ich auch Ganden zum ersten Mal besuchen. Es liegt 55 Kilometer nordöstlich von Lhasa auf 4 200 Meter Höhe hinter einem Bergrücken versteckt hoch am Hang, inmitten dunkelroten Buschwerks, das die Tibeter als eine Art Weihrauch verwenden.

Das Bild, das sich dem Besucher bietet, der über viele Serpentinen den steilen Weg hinaufsteigt, ist noch immer von den schrecklichen Verwüstungen entstellt, die das Wüten der chinesischen Kulturrevolutionäre, die auch Tibeter in ihren Dienst zwangen, hinterlassen hat.

Aber auch hier und besonders hier ist der tibetische Aufbauwille, der sich vor allem der zerstörten Heiligtümer annimmt, unverkennbar. Nicht nur der dunkelrote, das Ganze überragende Zentralbau mit dem Chorten Tsongkhapas ist wiederhergestellt. Gästehäuser für Mönche aus den verschiedensten Landesteilen, auch außerhalb der Autonomen

Region Tibet, stehen zur Verfügung und scheinen den Ruinen rundum ein entschlossenes »Trotzdem« entgegenzusetzen. Dreihundert Mönche leben heute wieder in Ganden. Und viele Pilger steigen wie einst den steilen Weg hinauf zum Kloster.

In einer von Schwarzgrundmalereien dämonischer Gottheiten beherrschten tantrischen Kapelle schlägt ein Lama die große Trommel zu Beschwörungsformeln für die Schutzgottheiten, denen er Ganden von neuem anbefiehlt, während draußen in der großen Halle noch die Handwerker am Sägen und Hobeln sind, um die Schäden zumindest im Hauptheiligtum des Klosters so schnell wie möglich zu beseitigen.

So laufen Aufbau und heilige Handlung nebeneinander her. Das Improvisierte stört die Lamas nicht. Sie sind ganz ihrem Dienst hingegeben und offensichtlich glücklich, wieder in Ganden, dem Gründungskloster ihres Ordens, wirken und meditieren zu dürfen. Es ist, als seien die umgebenden Trümmer für sie nicht mehr vorhanden.

Ich bin im rechten Augenblick gekommen. Denn in der Vorhalle des Grabchortens, der in alter Pracht erglänzt und so vom Opferwillen der Tibeter für ihren Buddhismus zeugt, wird die Begrüßungszeremonie für einen hohen geistlichen Würdenträger aus der Provinz Tsing-hai vorbereitet.

Die Mönche haben in der Halle vor dem Chorten Platz genommen und rezitieren heilige Texte. Draußen hält ein alter, fast zahnloser Lama in einem feingearbeiteten silbernen Kästchen die Zahnreliquie des Tsongkhapa, diesen wie durch ein Wunder erhalten gebliebenen größten Schatz Gandens, bereit, um das Reliquiar in feierlicher Prozession wieder an seinen Platz im Chorten zurückzubringen.

Ein Mönch geleitet mich nach der Zeremonie, deren Zeuge ich sein durfte, in die wenigen alten, erhalten gebliebenen Räume des Klosters, wo auch eine vollständige Sammlung der Heiligen Schriften Gandens der allgemeinen Vernichtung entgangen ist.

Als ich dem Mönch zum Abschied ein Foto des Dalai

Lamas schenke, leuchten seine Augen, dann werden sie feucht. Darin drückt sich wohl ein verbreitetes tibetisches Grundgefühl aus: die Freude darüber, daß der Dalai Lama lebt und daß es viele Menschen gibt, die den Tibetern seine Grüße bringen, aber auch die Trauer, daß er nicht in ihrer Mitte ist – Gottkönig aller Tibeter, als den sie ihn noch immer verehren.

Die Geschichte der alten Klöster Tibets ist noch nicht geschrieben. Wir wissen aber, daß der Buddhismus nach seiner Einführung durch König Srong Tsan Gampo dem Land nicht nur außenpolitisch zu vielen Erfolgen, sondern auch religiös zu einer Stabilisierung verholfen hat, deren Fundament die frühen Klöster waren.

Nach der Legende war es der große Dämonenbezwinger Padmasambhava, der um 770 den Bau des ersten buddhistischen Klosters in Tibet – Samye – durch Überwindung aller bösen Geister ermöglicht hat. Das geschah zur Zeit der größten militärischen Machtausbildung Tibets. Hatte doch König Trisong Detsen 763 die chinesische Hauptstadt Changan, das heutige Sian, erobert.

Zwölf Jahre dauerte die Errichtung von Samye, das unter der Bauleitung seines späteren ersten Abtes, des indischen Guru Santiraksita, in Form eines riesigen Mandala am nördlichen Ufer des Tsang Po, südöstlich von Lhasa, entstand.

Dieser Komplex hat, wie der Jokhang, einen quadratischen Zentralbau als Mittelpunkt und wiederholt von der Mandalamitte her architektonisch dessen Baukonzeption. Doch ist der Tempel hier nicht kultisches Zentrum einer Stadt wie in Lhasa, sondern einer flachen, freien, unbebauten Landschaft, die es zuließ, innerhalb weiter Ringmauern Mönche anzusiedeln, und damit ein Bezugssystem zwischen Heiligtum und Benutzern zu schaffen, wie man es bis dahin in Tibet nicht gekannt hatte.

Das Vorbild kam aus dem mit solchen Klöstern übersäten Nordosten Indiens, wo die Universitätsstadt Nalanda Ausbildungsstätte für die zahllosen Mönche war, von denen nun so mancher den Weg in das dem Glauben neu erschlossene Tibet fand.

Doch schon in Samye zeigte sich, wie später überall in Tibet, daß die Gründung und der Ausbau von Klöstern keine rein religiöse Angelegenheit war. Auch machtpolitische Überlegungen spielten dabei von Anfang an eine Rolle. Das hing zunächst mit Tibets wachsender Bedeutung zwischen drei alten Kulturnationen – Indien, China, Nepal – zusammen.

Vom 13. Jahrhundert an spielte der mongolische Einfluß eine große Rolle. Wenn man bedenkt, daß nach Dschingis Khan die Mongolen das Land zwar politisch beherrschten, aber die Mongolen-Khane durch die Übernahme des Buddhismus von den hohen tibetischen Lamas und damit von den Machtzentren der Klöster Tibets mehr und mehr abhängig wurden, erkennt man die frühe Wechselwirkung von Politik und Religion in Zentralasien.

Darum war auch die Auseinandersetzung zwischen weltlicher und geistlicher Macht in Tibet nicht nur eine innenpolitische, sondern, aus seiner Sicht, eine weltpolitische Angelegenheit. Sie wurde erst unter dem 5. Dalai Lama im Sinne des Gottkönigtums und damit der geistlichen Vorherrschaft beendet, was allerdings, wie wir noch sehen werden, nicht etwa den Sieg der Klöster, sondern vielmehr den einer Mönchselite im Potala bedeutete.

So wie König Srong Tsan Gampo die Bon-Mönche überwinden mußte, um den Buddhismus durchzusetzen, mußte der Gottkönig im Potala die Jahrhunderte währende Macht der Klöster brechen, um die Zentralgewalt über Tibet zu erlangen. Vor ihm waren, zuerst in der Glanzzeit der Rotmützen, dann durch die gewaltigen Neugründungen Tsongkhapas, die Klöster Säulen des Staates gewesen. Sie überzogen das Land, so wie wir es heute noch in Bhutan finden, nicht nur als religiöse Refugien, sondern auch als ein Ordnungssystem, von dem aus der Zusammenhalt des Staates besser gewährleistet war als von den wenigen Städten und Siedlungen her, in denen zumeist die örtlichen Adelsfamilien dominierten, die nicht immer im besten Einvernehmen mit Lhasa standen.

Insofern müssen wir die Gründung von Samye als eines der

wichtigsten Ereignisse der tibetischen Geschichte ansehen. Die damit begonnene Aufteilung des Landes an Klöster blieb vorherrschend bis ins 17. Jahrhundert und hat auch dann noch, in der Auseinandersetzung zwischen den Dalai Lamas und den Mönchshierarchien, eine entscheidende, wechselvolle Rolle gespielt.

Betrachtet man die ausführliche Gründungslegende von Samye, die, ähnlich wie beim Jokhang, von der Bannung der Wasserdämonen und der Heiligung des Klosterbezirks erzählt, etwas genauer, so wird klar, daß in der Vorstellung der Tibeter der Bau der ältesten buddhistischen Stätten mit einer »magischen Verwandlung« des Landes einherging, die mit heiligen Personen wie dem König Srong Tsan Gampo und seinen beiden Frauen sowie dem großen Padmasambhava verbunden ist.

Es ist ein welthistorisch wohl einmaliger Vorgang, daß ein großes Land durch religiösen Einfluß innerhalb eines Jahrhunderts aus völliger Bedeutungs- und Kulturlosigkeit nicht nur zu einem Kulturstaat, sondern zu einem wirklichen Weltreich wurde. Denn der Bericht von Padmasambhavas Wirken bei der Gründung von Samye, wie seine Überwindung der Tibet beherrschenden Dämonen, ist nichts anderes als die in eine Legende gekleidete Darstellung der Kultivierung und Staatwerdung Tibets. Dabei spielten rationale Momente eine ebenso große Rolle wie das magische Wirken des großen Heiligen.

Wir lesen im Gründungsbericht, wie das Kloster als Abbildung des heiligen Berges Meru entstand und die fünf Weltenparadiese der Meditationsbuddhas, welche die Himmelsrichtungen und das Zentrum des Universums beherrschen, umschloß. Wir lesen aber auch, wie man die ersten zwölf Mönche berief, »um auszuprobieren, ob die Tibeter zum Mönchsleben geeignet seien oder nicht«.

Eine realistische Haltung zur Umwelt zeigt auch das älteste Dokument über den ursprünglichen Zentralbau des Klosters, von dem es heißt, daß seine drei Stockwerke in indischem, chinesischem und tibetischem Stil errichtet worden seien. Nepalesische Formen herrschten offenbar bei der Figurengestaltung vor. Da es sich hier sicher nicht um Unterwürfigkeit gegenüber Nachbarländern gehandelt hat, war doch Tibet inzwischen selbst ein machtvoller, kulturbewußter Staat geworden, so dürfen wir wohl auch in dieser Formenwahl vor allem politisch kluges Verhalten sehen angesichts von Kräften, mit denen man rechnen und mit deren Repräsentanten man ständig umgehen mußte.

Entscheidungen, die durch das tibetische Selbstbewußtsein bestimmt waren, wurden meist religiös begründet. So lesen wir in der Klosterchronik von Samye, daß es eine Auseinandersetzung über die Frage gegeben habe, ob man indische, chinesische oder nepalesische Künstler zur weiteren Innenausstattung des Klosters heranziehen und welchen Stil man für die Skulpturen wählen solle. Hier greift nun der König selber in den Streit ein und schlägt vor, man möge den tibetischen Stil wählen, weil er sich davon einen guten Einfluß auf den Glaubenseifer seines Volkes verspreche. Von da an wurden, so erfahren wir, Tibeter als Modelle für die Buddha-, Götter- und Heiligenbilder gewählt.

Wir haben es hier wahrscheinlich mit der Geburtsstunde des eigenen tibetischen Kunststils zu tun, den wir sowohl in der Plastik als auch in der Malerei beim Vergleich mit indischen, chinesischen oder nepalesischen Arbeiten nachweisen können, obwohl der nepalesische Einfluß in Südtibet und der chinesische in Osttibet immer zu erkennen blieben.

Mit der Gründung von Samye wurde der Buddhismus in Tibet zur Staatsreligion. Nach einem öffentlichen Disput zwischen Vertretern der indischen und der chinesischen Glaubensauffassung entschied man sich für die indische, aus der sich dann durch die Verbindung mit dem angestammten Glaubensgut der Volksreligion der Rotmützen-Lamaismus entwickelte. Damit war nicht nur der Buddhismus als Religion in Tibet etabliert. Durch seine Vormachtstellung im

Lande wurden auch die staatliche Ordnung und die Besitzver-
hältnisse verändert.

Samye erhielt vom König Land zugeteilt, das nun nicht
mehr staatlicher Kontrolle unterlag und für das auch keine
Abgaben zu leisten waren. Damit wurde der Grund für den
umfangreichen Landbesitz der Klöster und für ihre Steuer-
freiheit gelegt. Es entstand die in jeder Hinsicht bevorrech-
tigte Stellung der Klöster, die später für Tibet zu einem
sozialen Problem und für seine Bauern zu einer schweren
wirtschaftlichen Belastung werden sollte.

Die Basis für diese neue, der Religion und ihren Institutio-
nen den ersten Rang einräumenden Ordnung schuf König
Trisong Detsen, indem er 150 Bauern aus der Umgebung von
Samye zum Unterhalt des Klosters und seiner Mönche ver-
pflichtete. Sie mußten die Klosterinsassen nicht nur verkösti-
gen, sondern auch für ihre Kleidung sorgen. So hatte allein der
Abt von Samye jährlich Anspruch auf neun Kleidungsstücke,
ein Pferd, 75 Maß Gerste und 1 100 Unzen gewürzte Butter
sowie auf Papier und Tinte.

Man kann sich vorstellen, wie stark diese Vorrechte der
Klöster, besonders als sie dann im Lande nach Tausenden
zählten, von denen die größten bis zu 10 000 Mönche beher-
bergten, die Volkswirtschaft Tibets belastet und die Entwicklung des Landes gehemmt haben. Auch die fromme Hoffnung
des Königs, mit der Gründung von Samye dem Buddhismus
eine reine Wirkungsstätte mit idealen Voraussetzungen zu
schaffen, hat sich weder in Samye selbst noch in den meisten
der später gegründeten Klöster erfüllt. Hätten doch sonst
wohl nicht so viele Mönche den Klöstern den Rücken
gekehrt, um in der Einsamkeit von Höhlen und Eremitagen
dem Buddhismus zu leben, dessen Grundhaltung in den
Klöstern schon wegen der Menschenfülle nur bedingt und
unter äußerster Konzentration des einzelnen verwirklicht
werden konnte.

Auch muß hier bereits der Meinung entgegengetreten werden, daß es bis zum Eintreffen der chinesischen Truppen in

ganz Tibet nur intakte Klöster gegeben habe, die erst unter der Spitzhacke der Roten Brigaden zerfallen seien. Viele Klöster, unter ihnen auch Samye, das inzwischen restauriert worden ist, waren schon vorher vom Verfall bedroht oder bereits untergegangen. Die Gründe dafür werden im einzelnen Fall schwer festzustellen sein. Viele Klöster konzentrierten sich in und um Lhasa sowie in Shigatse und Gyantse, aber auch im Nordosten des tibetischen Siedlungsgebiets, wo Labrang und Kumbum berühmte Beispiele intakter Klosterkultur bis in die jüngste Zeit bieten.

Samye war bis 1959 ein Rotmützen-Kloster der auf Padmasambhava zurückgehenden Sakyapa-Sekte. Darin mag der Grund für seinen Geltungsverlust und allmählichen Verfall zu sehen sein. Obwohl man seine Hauptgebäude, eingedenk ihrer Bedeutung für den Buddhismus in Tibet, öfter restauriert hat, fand Alexandra David-Neel das Kloster bereits 1920 in einem bejammernswerten Zustand vor. Die Aufgabe, Säulen des Staates zu sein, war längst, wenn auch nur bedingt, auf die großen Gelbmützen-Klöster übergegangen.

Samye lag nicht nur räumlich, sondern auch geistig im Abseits. Kein Wunder, wenn man erfährt, zu welcher Stätte absonderlichen Geschehens es inzwischen geworden war. Einer seiner Tempel – Ugs khang – galt als Haus des Lebensodems, wo der Odem der Verstorbenen hingebracht und von einem Magier, der zugleich einer der berühmtem Orakelpriester Tibets war, in Empfang genommen wurde. Dämoninnen, die Singdongmos, herrschten in einem der Räume über Hackblock und Hackmesser, mit denen sie den Odem der Verstorbenen nachts zerstückelten.

Alexandra David-Neel schreibt über das nächtliche Zerstörungswerk, das offenbar letzte Funktion des einst so wichtigen Staatsklosters gewesen ist: »Hackblock und Messer bleiben ein Jahr lang in der Höhle der Singdongmos, dann werden sie gegen neue ausgewechselt. Wie es heißt, kann man dabei immer feststellen, daß das Messer dünn und schartig und der Block eingekerbt und durch den Gebrauch abgenutzt worden ist. Die Einwohner von Samye wollen nachts oft Seufzer und Stöhnen, Lachen und Weinen und den dumpfen Ton, mit dem das Messer auf den Hackblock aufschlägt, aus der Richtung von Ugs khang kommend, gehört haben.«

Der Bedeutungswandel von Samye und sein Verfall als Heiligtum – Alexandra David-Neel hat 1920 nur noch 30 Mönche in dem Kloster angetroffen – ist kein Einzelbeispiel in der tibetischen Geschichte. Trotz der tiefen Verwurzelung des tibetischen Volkes in traditionellen Formen haben Machtkämpfe und Machtwechsel doch immer wieder zu Veränderungen geführt, die sich auch im äußeren Bild des Landes und seiner Kultstätten nachweisen lassen.

Seit 1980 gibt es im völlig verfallen geglaubten Samye, das schwer zugänglich in einem rechten Seitental des Tsang Po liegt, wieder Mönche, und seit 1985 kann es auch von Ausländern besucht werden. Man muß von Tsetang aus einige Kilometer flußaufwärts fahren, bis hin zur Anlegestelle einer Fähre, die dann, in vielen Schleifen die Sandbänke umschiffend, nach 45 Minuten am anderen Ufer anlegt, wo ein Traktor oder ein Kleinbus den Weitertransport zum flußabwärts gelegenen Kloster übernimmt.

Blendend weiße Chorten säumen den Weg nach Samye, das wie ein riesiges Mandala mit quadratischem Zentralbau innerhalb einer weitgezogenen Rundmauer zwischen den umgebenden Bergen liegt.

Auf dem Dach des vorgelagerten Gästehauses weht die rote Fahne Chinas. Man erwartet den Panchen Lama, der, wie man mir sagt, als Mitglied des chinesischen Volkskongresses mit diesem Flaggengruß geehrt werden soll.

Bricht hier Widerspruch auf in einer Welt, die sich dem Betrachter so geschlossen und einheitlich wie nur möglich darstellt in Rezitation, Gesang, Verehrung, Niederwerfung und Meditation?

Die Frage nach der Rolle des Panchen Lama, der heute in Peking wieder einen gewissen Einfluß besitzt, nachdem er in den Kerkern der Kulturrevolution gesessen hat, drängt sich auf, angesichts der ständig und überall wiederholten Bitte nach einem Foto des Dalai Lama, das nicht nur an allen Buddhabildern und Schreinen, sondern auch in den Amuletten wie in den zerfurchten Händen des Volkes erscheint.

Der Dalai Lama ist die Hoffnung und auch das Idol dieses Volkes – nicht der Panchen Lama, der zwar seinem Rang entsprechend geachtet, nicht aber bewundert und von jedem ersehnt wird wie der Dalai Lama. Das spüre ich auch in Samye, wo man den Panchen erwartet. Seit Tagen sind die Klostertore wegen der Vorbereitung dieses Besuches für Fremde geschlossen. Doch mit einem Foto des Dalai Lama schließe ich sie mir auf.

Samye ist für den heutigen Besucher Geheimnis und Überraschung zugleich. Überraschung, weil das schon vor mehr als einem halben Jahrhundert von Sandmassen bedrohte, totgesagte Kloster so lebendig ist – Geheimnis aber, woher es diese Lebendigkeit bezieht.

Als Rotmützen-Kloster ist es nicht selbstverständlich in das Wiedererwachen des reformierten Lamaismus Tsongkhapas eingeschlossen. Oder doch? Zeigt sich gerade hier Tibets Bereitschaft zum Synkretismus, zur Toleranz im Religiösen, die nur das Fremde, das Bedrohliche verabscheut und ausschließt – den reinen Materialismus, wie er ideologisch von den Kommunisten, aber praktisch auch vom westlichen Kapitalismus ausgeht? Mit beiden hat tibetischer Buddhismus, wie ich in vielen Gesprächen mit Lamas erfahren habe, nichts zu tun. Doch dieser Buddhismus wird sich heute erneut seiner Wurzeln bewußt, und die liegen hier in Samye.

Dieses Kloster ist angesichts der wiedergewonnenen Religionsfreiheit kein Ort im Abseits mehr wie zu Anfang des Jahrhunderts. Es ist deutlich wieder ins Zentrum einer Tradition gerückt, die, wie man heute begreift, nicht allein auf Tsongkhapa zurückgeht, sondern weiter reicht, in eine religiöse Tiefe, die man nach überstandener Bedrohung und Gefahr neu als Basis tibetischen Seinsgefühls wiederentdeckt hat.

Das ist eine Erfahrung, die sich im Laufe der Jahrhunderte in Tibet schon mehrfach wiederholt hat. Denn der Kommunismus war nicht der erste Feind des tibetischen Buddhismus. Immer wieder gab es im Lande, aber auch von China her Versuche, die friedliche Religion dieser Menschen auszulöschen.

Den ersten schweren Schlag gegen die damals noch jungen buddhistischen Klöster führte vor mehr als tausend Jahren König Langdarma, dessen Ziel es war, alle Spuren der neuen Religion zu beseitigen. Doch dazu blieb ihm nicht viel Zeit. Im vierten Jahr seiner Regierung – 842 – erschien bei einem großen Fest auf schwarzem Pferd ein Bonpriester, den der König huldvoll heranwinkte. Aus nächster Nähe schoß der Fremde einen Pfeil auf den König ab und tötete ihn. Dann galoppierte er davon, durchquerte mit seinem Pferd, das ein schwarzgefärbter Schimmel war, den Lhasafluß und entkam auf diese Weise unerkannt in die Einsamkeit, aus der er – ein geflüchteter buddhistischer Mönch – gekommen war.

Nach Langdarmas kurzer Schreckensherrschaft erstarkten die Klöster von neuem und wurden in zunehmendem Maße Stützen, aber auch Machtpositionen des Staates. In ihren Mönchskollegien mit oft bedeutenden Rinpotsches, wie man die Reinkarnationen wichtiger Äbte und Großlamas nennt, wuchsen ja nicht nur die Würdenträger des Lamaismus, sondern auch die politisch einflußreichen Berater und Helfer der Könige, wie später der Dalai Lamas, heran. Waren doch die Klöster nun Schulen, Hochschulen, geistliche Zentren und Meditationsstätten in einem. Selbst im Zustand zunehmender Verwilderung und Entartung waren sie immer noch die einzigen Plätze im Lande, wo gelernt und studiert wurde, wenn sich auch in den meisten der Stoff verändert und die Intensität der Studien nachgelassen hatte.

Hier nun setzt Tsongkhapas machtvolles Wirken ein. Er begründete die drei großen Gelbmützen-Klöster in den Bergen um Lhasa, die als die »drei Säulen des Lamaismus« zu

Keimzellen und später zu den wichtigen Zentren der Gelbmützen-Bewegung wurden.

Von Tsongkhapas erster Gründung, dem Kloster Ganden,
das dann zu seiner Grabstätte wurde, haben wir schon
gehört. In dieser Anlage wird ein Bauprinzip sichtbar, das
sich in Drepung und Sera wie auch im fernen Tashilumpo
von Shigatse wiederholt. Es ist die amphitheaterähnlich an
einem Berghang aufsteigende Terrassenanlage, die vom alten
kosmischen Baugedanken des Mandala abweicht, wenngleich
Chorten und zentrale Heiligtümer, die meist dem Buddha
der Zukunft, Maitreya, geweiht sind, das Mandalaprinzip
innerhalb der Gesamtanlage wieder aufnehmen.

Die bedeutendste und zugleich größte Klosterstadt dieser Art
ist das etwa acht Kilometer westlich von Lhasa an einem
gewaltigen Bergrücken angelehnte, 1414 im Auftrag Tsongkhapas gegründete Drepung, das »Reishaufenkloster«. Tsongkhapa selbst sagte voraus, daß sich dieses Kloster zur wichtigsten
Pflegestätte seiner reformierten Lehre entwickeln werde.

Tatsächlich gab es 1958 zur Zeit der vom 14. Dalai Lama
durchgeführten letzten Mönchsprüfungen fast 10 000 Mönche
in Drepung, von denen über 8 000 ständig im Kloster lebten.
3 000 flüchteten im Frühjahr 1959 nach Nepal und Indien, wo sie
zum Teil neue kleine Klöster gründeten, die sich inzwischen zu
beachtlichen Zentren des Lamaismus entwickelt haben.

Bei meinem ersten Besuch in Drepung, im September 1980,
gab man die Zahl der wieder im Kloster lebenden Mönche mit
250 an und betonte, daß es auch einige neu aufgenommene
Novizen gebe. Der Unterrichtsbetrieb im Kloster sei nun
wieder gewährleistet.

Tatsächlich gehört Drepung seit seiner Gründung zu den
wichtigsten Bildungsstätten des Landes. Man studierte hier
die Lehren Buddhas und der bedeutendsten Gurus, die
umfangreichen tibetischen Schriftensammlungen Kanjur und
Tanjur sowie Sutras und Tantras, wobei den tantrischen Texten und Kulthandlungen auch hier im Gelbmützen-Bereich
größte Bedeutung beigemessen wurde.

Viele kleinere Klöster des Landes schickten ihre begabtesten und eifrigsten jungen Mönche nach Drepung, wo sie nach langer, intensiver Ausbildung gute Chancen hatten, in der Mönchshierarchie aufzusteigen oder Lehrer zu werden.

Die Bedeutung Drepungs in der Geschichte der Gelben Kirche Tibets erkennt man schon daran, daß es der 5. Dalai Lama bis zur Fertigstellung der Erweiterungsbauten des Potala als Residenz wählte. Seine Vorgänger, der 2., 3. und 4. Dalai Lama, sind in Drepung beigesetzt worden und haben hier ihre Grabchorten.

Ganz in der Nähe des Klosters liegen am Hang in einem Pappelhain die rotgetünchten Gebäude des Staatsorakels von Nechung, das bis in die jüngste selbständige Zeit Tibets eine große Bedeutung gehabt hat.

Drepung blieb auch in der Chinesenzeit unzerstört und wurde in den letzten Jahren sorgfältig restauriert, so daß man hier das unverfälschte Bild eines der großen tibetischen Klöster vor sich hat. Weißgetüncht ziehen sich die Mönchswohnungen, Verwaltungsgebäude und Tempel am Berghang hin. Rostrote Friese begrenzen die trapezförmig ansteigenden Sakralgebäude in ihrer Dachregion. Auch die dunkel umrandeten Fenster haben Trapezform. Das ist der tibetische Baustil, wie wir ihn monumental ausgeführt am Potala finden.

Viele der Heiligtümer tragen vergoldete Dächer, die den Einfluß der chinesischen Architektur erkennen lassen. Von den Dächern hängen weiße Vorhänge herab, die mit einem der acht glücksbringenden Zeichen – dem ewigen Knoten – bestickt sind. Diese Symbole sollen, so wie auch die vergoldeten zylinderförmigen Trishulas auf den Dächern der Heiligtümer, Unheil vom Kloster und seinen Mönchen fernhalten.

Es ist das bezwingende Gefühl des Eintritts in eine andere Welt, das mich überkommt, als ich langsam die Stufen zur Klosterstadt hinaufsteige. Schon oft habe ich Lamaklöster besucht. Doch hier ist etwas Besonderes.

Fernab vom geschäftigten Lhasa, in der völligen Stille einer herben, von Licht überfluteten Landschaft, wird mir zum ersten Male bewußt, was es bedeuten kann, hier Mönch zu sein, hier die heiligen Schriften zu studieren und danach zu leben. Ich weiß, daß es nur wenigen gelungen ist. Aber ich kann jetzt verstehen, daß es hier möglich war und noch immer möglich sein könnte.

Der unten in Straßennähe vor dem Kloster angelegte chinesische LKW-Parkplatz bleibt hinter mir. Ich habe die ersten schmalen, steil ansteigenden Klostergassen, die zwischen den Mönchsbehausungen und Wirtschaftsgebäuden aufwärts führen, erreicht. Hier scheint die Zeit stehengeblieben zu sein.

Ich höre Stimmen, trete in den ersten Innenhof. Im Schatten türmen sich gewaltige Butterballen. Mönche sind damit beschäftigt, sie zu zerkleinern und Brocken abzuwiegen. In einer anderen Ecke des Hofes stehen die hohen, schlanken, mit Silberreifen beschlagenen Butterfässer. Ein Mönch ist beim Buttern. Er lacht und streckt mir die Zunge heraus, wie es der in Tibet übliche Wilkommensgruß ist.

Ein Lama – man erkennt ihn an Blick und Kleidung – ist unter der Tür des Verwaltungsgebäudes mit der Abrechnung beschäftigt. Es ist ein Bild wie vor hundert Jahren. Hier kann man die Zeit vergessen, auch die Veränderungen der letzten Jahrzehnte, die vieles vernichtet haben und doch diesen Geist des Platzes nicht zerstören konnten, der so lebendig ist wie eh und je.

Alte Mönche steigen mit schwerer Butterlast langsam höher hinauf zu den Tempeln, wo die Butterlampen wieder brennen und ständig frischer Nahrung bedürfen.

Das Kloster in seiner Gesamtheit wirkt auf mich, da ich es Stunde um Stunde durchwandere, wie etwas Lebendiges, wie ein Organismus, der durchpulst ist vom tantrischen Geist der hier überall erkennbaren und fühlbaren kosmischen Bezüge. Sie finden ihre bildhafte Spiegelung in den Wandmalereien der Vorräume der Tempel und großen Versammlungshallen, die in allen Lamaklöstern ähnlich wiederkehren.

Diese Bilder sollen den Mönch, aber auch den Pilger in jene Welt einstimmen, die sie vielgestaltig und symbolträchtig im Halbdunkel der innen nur von Butterlampen erleuchteten Tempel und Versammlungshallen erwartet.

Vor der 1735 neu errichteten Hauptversammlungshalle von Drepung begrüßen den Eintretenden die vier Himmelskönige, die auch als Weltenhüter bezeichnet werden. Im gesamten Bereich des nördlichen Buddhismus, bis nach China, Korea und Japan, finden wir sie als Wächter der Zugänge zu Tempeln und Heiligtümern. Sie sind zugleich die Beherrscher der vier Himmelsrichtungen: Dhritarashtra, der König mit der Laute, steht für den Osten, Virupaksha mit dem Stupa in der Linken für den Westen, Virudhaka mit Langschwert und Elefantenhelm für den Süden und Vaishravana mit dem Siegesbanner und der goldspeienden Ratte für den Norden. Er ist zugleich der auch in Tibet hoch verehrte Reichtumsgott.

Neben diesen Vieren findet man fast an jedem Tempeleingang, so auch hier in Drepung, das Rad des Lebens, das Yama, der Totengott, in seinen Krallen hält. Es symbolisiert in eindrucksvollen Szenen den ewigen Kreislauf der Wiedergeburten, zu dessen Überwindung der Eintritt in den Tempel der erste Schritt sein kann.

Im innersten Kreis versuchen sich ein Schwein, ein Hahn und eine Schlange gegenseitig aufzufressen. Die drei Tiere verkörpern die Hauptübel menschlichen Verhaltens, die zu den ständigen Wiedergeburten führen. Das Schwein vertritt die Dummheit, der Hahn Wollust und Gier, die Schlange Haß und Zorn. Das nächste Rund zeigt Auf- und Abstieg der Wesen im Kreislauf der Wiedergeburten je nach ihrem Verhältnis zu den Übeln, denen sie frönen oder die sie zu überwinden suchen. Sechs von diesen Zentren ausgehende Speichen teilen das Rad des Lebens in sechs Lebensbereiche zwischen Himmel – der Welt der Götter – und Hölle – dem Reich des Totengottes und seiner Gehilfen. Dazwischen liegen Titanenwelt, Menschenwelt, Tierwelt, Reich der Hungergeister – der Pretas –, in dem wir eine Art buddhistisches Fegefeuer sehen dürfen.

Doch in jedem dieser Bereiche finden wir auch einen Buddha zum Zeichen dafür, daß kein Abstieg endgültig sein muß, daß es immer einen Weg zur Erkenntnis, zur Erleuchtung und damit ins Nirvana gibt.

Der äußerste Kreis des Rades stellt in zwölf Stationen die zwölf Ursachen von Leben und Leiden dar. Sie reichen von der Zeugung bis zum Tod und zur Wiedergeburt.

Eindringlicher als hier habe ich die Fragwürdigkeit unseres Daseins nie empfunden. Das Rad des Lebens ist flankiert von Symbolen ganz anderer Art, die zu verstehen es schon eines tieferen Eindringens in die buddhistische Lehre bedarf.

Da ist über einem geometrischen Feld, das den Kosmos symbolisiert, das Zeichen der »Mächtigen in zehn Gestalten« dargestellt – eine Zusammenfassung der zehn wichtigsten und wirksamsten Mantras, jener heiligen Silben, deren Rezitation die Befreiung aus dem Kreislauf der Leiden und der Wiedergeburten beschleunigen soll.

Eine andere Malerei hat das Schwert des Bodhisattvas Manjushri zum Zentrum, das alle unsere Wünsche und Triebe abschneiden und damit die Bereitschaft zum meditativen Leben fördern soll.

Ich erkenne diese symbolträchtigen Bilder als Vorbereitung auf das, was das Tempelinnere dem Eintretenden vermittelt. Außenseite und Innenseite des Daseins – Aktivität und Meditation –, hier werden sie als menschliche Alternative sichtbar. Und man begreift, daß es eine Entscheidung zu treffen gilt für jene, die auf eine Begegnung mit den jenseits der Schwelle waltenden esoterischen Kräften eingestellt sind.

Ich verweile an der Schwelle der großen Versammlungshalle und betrachte lange die Kommenden und die Gehenden – Lamas, Mönche, Pilger, Alte, Frauen, Kinder, Kranke, Gebrechliche.

Es ist, als ob das Rad des Lebens mit all seinen Erscheinungen hinein- und herausrolle, als ob es Wirklichkeit geworden sei an dieser Tempeltür. Sie ist wie ein Tor vom äußeren zum inneren Leben, und ich suche nach Spiegelungen dieses Durchgangs in den Gesichtern.

Bei den alten Mönchen werde ich das Weltabgewandte, das Jenseitige gewahr. Für sie ist dieses Leben längst abgeschlossen. Das Höchste, was sie erhoffen konnten, haben sie erreicht: die Nähe des Buddhas und der Gottheiten. Wie mögen sie, die sich damals nicht zur Flucht entschließen konnten, unter der Vertreibung während der letzten Jahrzehnte gelitten haben? Was war ihr Schicksal in der Zeit des strengen Religionsverbots? Antworten sind aus ihren Gesichtern nicht zu lesen. Sie sind in sich gekehrt. Das Lächeln, mit dem mich einige, die Hände leicht zusammengelegt erhebend, begrüßen, mag Güte ausdrücken, vielleicht sogar eine gewisse Sympathie mit dem, der von fernher gekommen ist, um die Wunder vom Dach der Welt kennenzulernen.

Die Pilgergesichter wechseln zwischen Stumpfheit und Erstaunen. In manchen scheint sich das Glück auszudrücken, erstmals oder noch einmal in Lhasa, in Drepung, an den heiligen Plätzen sein zu dürfen. Kinder kommen, in deren Blick sich etwas vom erkannten Geheimnis spiegelt. Sie könnten eines Tages als Mönche hier eintreten und die Lehre weitertragen ins Land und – wie es heute schon der Fall ist –, über seine Grenzen hinaus, in die Welt.

Das heiligste Bild von Drepung ist, wie in den meisten Gelbmützen-Klöstern, eine große vergoldete, prächtig gekrönte Figur des Buddhas der Zukunft – Maitreya –, die sich 15 Meter hoch über den auf Altären flackernden Butterlampen ins Halbdunkel erhebt. Im Innern der Statue sollen sich, wie die fromme Legende berichtet, eine Reliquie des historischen Buddha und ein Haar Tsongkhapas sowie eine aus seinem Besitz stammende Muschel befinden.

Maitreya ist das Ziel, nicht nur für die vielen, die hierher kommen, sondern auch für alle, die in Zukunft an Erlösung denken. Ihm als der Hauptskulptur von Drepung sind zahllose Buddhastatuen, Bodhisattvas, Schutz- und Initiationsgottheiten mit ihren weiblichen Entsprechungen sowie Göttinnen – die Taras und Dakinis – zugeordnet: das ganze reiche, fast unübersehbare Pantheon des Lamaismus, an dem im Halbdunkel der Tempel und Kapellen vorüberzuziehen allein schon Verdienst ist, der zu einer besseren, künftigen Wiedergeburt führt, so jedenfalls glauben und erwarten es die Pilger.

Die eingeweihten Mönche und Lamas sehen es anders. Für sie sind die Gottheiten und Buddhas Begleitfiguren ihres eigenen Daseins. Sie sind visualisierter Teil ihres persönlichen Mühens um Teilhabe am göttlichen Sein oder besser noch – und eine Stufe höher – um Bodhisattva- oder Buddhaschaft. Denn auch Götter lassen nach in ihrer Göttlichkeit, werden wiedergeboren auf niederer Stufe. Nur Buddhaschaft bedeutet Ruhe und Bodhisattvaschaft das selbstgewählte Wiedergeborenwerden als Rinpotsche, als Inkarnation des ewig Gleichen.

Von den Lamas und Mönchen höherer Grade weiß sich jeder einer der Gottheiten, die hier im Dämmer weilen, besonders verbunden. Es ist sein Yidam, seine Initiationsgottheit, die nur er kennt, die ihm vom Lehrer bestimmt wurde anläßlich der höheren Weihen. Sie wurde für ihn ausgewählt auf Grund seiner Eigenschaften, auch seiner persönlichen Schwierigkeiten, um ihm Begleiter zu sein auf dem schweren Weg zur erhofften Erleuchtung.

Die Buddhas, Bodhisattvas oder Götter, die hier versammelt sind, gelten nicht als Objekte der Anbetung, wenn ihnen auch Opfer dargebracht werden. Die Verehrung, die sie von den Gläubigen erfahren, ist eine Hinwendung zur geistigen Kraft, die sie verkörpern, die sie als ein Aspekt der gesamten, der kosmischen Kraft, darstellen.

Diese Hinwendung geschieht mit dem Eintritt ins Kloster. Es ist der Schritt über die Schwelle, der Versuch einer Überwindung der Scheinwirklichkeit des Lebensrades, der fast alle Menschen ihre ganze Kraft opfern, ohne daß sie ihnen wirklich Gewinn bringt. Insofern ist die innere Wirklichkeit des Klosters auch der Gegensatz zur Scheinwirklichkeit des äußeren Lebens, das nach buddhistischer Lehre nur Täuschung, nur Wahn ist und in seinem Ablauf nur Leid bringt.

Von daher wird es verständlich, weshalb früher in Tibet so

viele junge Menschen ins Kloster drängten. Sie folgten damit dem Glauben ihrer Eltern, für ihre Zukunft nichts Besseres tun zu können. Zugleich aber barg die große Zahl der Eintretenden die Gefahr von Fehlentscheidungen.

Bei vielen Novizen und ihren Familien war der Entschluß zum Eintritt ins Kloster die Folge eines Mißverständnisses. Sie meinten den äußeren, weltlichen, nicht den geistigen Erfolg. So wurden viele Klöster zu Stätten der Ruhmsucht, des Gewinnstrebens, des Machthungers, die keinen Platz mehr für die wirklich Strebenden boten. Diese zogen, wie einst Buddha selbst, aus in die Hauslosigkeit, wurden Eremiten und sicherten damit bis heute die schmale Basis echter Esoterik, die auch in Tibet immer nur wenige Anhänger hatte, die aber der Klöster als ihres Fundaments bedurfte.

Auch Tsongkhapa konnte mit seiner Reformbewegung an dieser allzumenschlichen Entwicklung und ihrem Ablauf nichts ändern, wie die Geschichte von Drepung und Sera, seinem Schwesterkloster, beweist.

Äbte und hohe Lamas befanden sich in einer ständigen Auseinandersetzung mit den politisch Mächtigen in Lhasa. In jedem der großen Klöster bemühte man sich um einen unmittelbaren Einfluß auf die Staatsführung. Eifersüchtig beobachtete man von Ganden, Drepung und Sera aus die Entwicklung in Lhasa und stellte sich jeder, auch der unbedeutendsten Neuerung, vor allem jedem Versuch der Zulassung von Fremden, nachdrücklich entgegen.

Sera – der »Wildrosenhof« – ist das jüngste der drei Hauptklöster der Gelbmützen. Es entstand nach dem Tode Tsongkhapas, aber noch unter seinem unmittelbaren Einfluß. Sein Gründer Dschamchen Tschordje, ein Schüler Tsongkhapas, war in dessen Auftrag 1414 zum Ming-Kaiser Yung lo nach Peking gereist und hatte damit entscheidend zur Verbreitung des Lamaismus in China beigetragen.

Äußeres Zeichen für diese Hinwendung Chinas zum Lamaismus sind die heute noch in großer Zahl vorhandenen Bronzefiguren der Ming-Zeit, die den stilistischen Einfluß

Tibets auf eine höfische und klerikale chinesische Kunst zeigen, die wir seither als sinotibetisch bezeichnen.

In Peking entstand in dieser Zeit der berühmte Lamatempel, der seit 1980 wieder geöffnet ist und erneut die religiöse Verbindung mit Tibet dokumentiert. In späterer Zeit bauten die chinesischen Kaiser in ihrer Sommerresidenz Chengde, in den Bergen nördlich von Peking, einen kleinen Potala und lamaistische Heiligtümer, um ihre Verbundenheit mit Lhasa zu demonstrieren und für hohe Gäste vom Dach der Welt geeignete Unterbringungs- und Meditationsmöglichkeiten bereitzuhalten.

Es ist die Zeit, in der sich der religiöse Einfluß Tibets auf China im gleichen Maße verstärkt und bis zum Ende der chinesischen Kaiserherrschaft 1912 anhält, in dem der politische Einfluß Chinas auf Tibet wächst, ohne daß es von Lhasa her je zu einer Anerkennung der chinesischen Ansprüche gekommen wäre.

Trotzdem hat es auch in Tibet immer Vertreter einer engeren Bindung an China gegeben, da sich besonders die konservativen Kreise gegen jede Öffnung des Landes nach Westen und damit vor allem gegen jede Kooperation mit dem indischen Kolonialherrn England wandten. Welche Rolle dabei die Klöster spielten, zeigt ein Ereignis aus der jüngeren Geschichte des Klosters Sera, dessen führende Lamas immer in einem besonderen Maße politisch engagiert waren. Das konnte – wie unser Beispiel zeigen wird – zu Konfrontationen der Klöster mit der Regierung in Lhasa führen.

Nach dem Tode des 13. Dalai Lama war 1933 der Reting-Rinpotsche – so genannt nach seinem Herkunftskloster Reting – als Regent gewählt worden. Solche aus den Kreisen der höchsten Lamas kommenden Regenten herrschten über Tibet in den Zeiten zwischen dem Tod eines Dalai Lamas und der Inthronisierung seiner nächsten Wiedergeburt.

Zu den Trauerfeierlichkeiten für den 13. Dalai Lama sandte der damalige chinesische Staatschef Tschiang Kai-schek eine mit Funkgerät ausgerüstete Regierungsdelegation nach Lhasa, die sich dann als ständige Mission im Lande niederließ, so wie es bereits diplomatische Vertretungen von Nepal, Bhutan, Sikkim und – seit 1904 – von Großbritannien in Lhasa gab.

Der Regent unterhielt enge Verbindungen zu den Chinesen. Er war es auch, der 1939 mit Ernst Schäfers Expedition die ersten Deutschen offiziell in Lhasa empfing. Seine Politik richtete sich deutlich gegen eine einseitige Vormachtstellung Großbritanniens in Tibet, genauso aber gegen eine völlige Isolierung des Landes, wie sie besonders konservative lamaistische Kreise weiter zu betreiben versuchten.

Unter dem Vorwurf prochinesischer Politik wurde der Regent von der Regierung in Lhasa 1941 zum Rücktritt gezwungen. Man warf ihm vor, von den Chinesen Geld genommen zu haben, was sicher nicht auszuschließen ist, war er doch nicht nur als ein äußerst geldgieriger, sondern auch als ein wankelmütiger Mann bekannt, der wenig Rückhalt beim Volk hatte.

Nach einem versuchten Staatsstreich wurde er 1947 in seinem Stammkloster Reting festgenommen. Daraufhin stellten sich die als prochinesisch geltenden Lamas von Sera hinter ihn. Es kam zur offenen Rebellion des Klosters gegen den neuen Regenten, Taktra Rinpotsche, der 1941 gewählt worden war und als ein erzkonservativer Herrscher galt. Die Machtlosigkeit Chinas und die Unbotmäßigkeit eines Klosters, das nach der Überlieferung zu den drei Säulen des Staates gehören sollte, veranlaßten Taktra Rinpotsche, gegen Sera mit Waffengewalt vorzugehen. Das Kloster wurde von Artillerie beschossen und teilweise zerstört, wobei viele Mönche ihr Leben verloren. Die anderen flohen, soweit sie nicht in Gefangenschaft gerieten, nach China. Reting-Rinpotsche starb unter ungeklärten Umständen in den Gefängnissen des Potala.

Erreicht man heute Sera, das fünf Kilometer nördlich von Lhasa vor einer Felswand liegt, ist im Klosterzentrum von den Schäden jener Tage nichts mehr zu sehen. Mag sein, daß die prochinesische Haltung der Sera-Mönche von damals das

Kloster selbst nach der chinesischen Besetzung und auch während der Kulturrevolution vor der Zerstörung bewahrt hat, wenngleich Teile der Wohnstadt des Klosters verfallen sind.

Seras Umgebung hat trotz der Nähe Lhasas und der chinesischen Barackenlager vom ursprünglichen Tibet hier im Hauptstadtbereich am meisten bewahrt. Der Fels, an den sich die Klostergebäude mit den großen, breit hingestreckten Hallen anlehnen, ist mit Großfiguren von Buddhas, Bodhisattvas und Yidams bemalt, die 1980 eine Auffrischung erhalten haben.

Hinter dem Felsen werden nach wie vor die »Himmelsbestattungen« nach lamaistischem Ritus ausgeführt, die für Buddhisten den sinnvollsten Übergang der körperlichen Reste eines Verstorbenen in andere Formen darstellen. Die Leichen werden, in Embryohaltung zusammengeschnürt, hinausgetragen, um hier, in der Einsamkeit hinter dem Kloster, zerstückelt und den Geiern zum Fraß dargeboten zu werden. Es ist die Situation, die wir auf vielen tantrischen Malereien dargestellt finden, wo Mönche nachts zwischen den Leichen meditieren, um so den ersten Schritt des Loslassens vom Lebenswillen und damit zur Erkenntnis der Sinnlosigkeit des Daseins zu tun.

Sera beherbergte bis zu seiner Beschießung 1947 mehr als 6 000 Mönche. Nach dem großen politisch bedingten Aderlaß hat sich das Kloster nie mehr erholen können. 1976 gab es noch 55 Mönche. 1980 nannte man mir die Zahl von 140, wovon 20 Novizen waren. Vier davon habe ich kennengelernt. Sie begründeten ihren Eintritt ins Kloster mit dem Wunsch nach Geborgenheit in einer »unruhigen, haßerfüllten« Zeit. Ihr Ziel sei es, so sagten sie, zum Besseren zu wirken, um damit ein Beispiel für andere zu geben. Die Aufgabe, die sie sich gestellt haben, heißt Studium und Meditation. Einer von ihnen hoffte, eines Tages die Reife für ein Einsiedlerdasein in einer der Höhlen oberhalb des Klosters im Felshang zu erreichen – »wenn es die Chinesen zulassen«.

Zwei der jungen Mönche begleiten mich durch die Klosteranlage. Eindrucksvoll ist vor allem die große Versammlungshalle der Seramad-Fakultät, wo früher Hunderte von Novizen den Eingangsunterricht in die Lehre des Buddha erhielten. Eine weitere Halle ist den zahlreichen Wander- und Gastmönchen vorbehalten, die Sera bis 1947 in großer Zahl zur Weiterbildung besuchten. Der wichtigste Raum aber war im alten lamaistischen Bildungssystem die den tantrischen Mysterien geweihte Nagpa, wo Lamas die letzten Vorbereitungen auf die höheren Weihen erhielten.

Die Ausstattung der Hallen und der miteinander verbundenen rückwärtigen Kapellen, die ein Umwandeln der Zentralfiguren ermöglichen, reicht von frühen Malereien aus der Buddhalegende und zahlreichen Skulpturen des lamaistischen Pantheons bis zu den großen Gurus der Gelbmützen mit Tsongkhapa und seinen wichtigsten Schülern im Zentrum.

Doch auch hier in Sera begegne ich dem Reformgedanken Tsongkhapas nicht in jener Eindringlichkeit, die man erwarten sollte, bedenkt man die harten Auseinandersetzungen zwischen Rotmützen und Gelbmützen im alten Tibet. Spielen doch in Sera wie in Drepung, sowohl in der dargestellten Götterwelt als auch in der Lehrtradition, die Elemente des ursprünglichen tantrischen Buddhismus und der unverkennbaren Bon-Einflüsse mit Wunderglauben und Zauberei eine so wesentliche Rolle, daß sie vielleicht – auf die Zukunft gesehen – sogar nachhaltiger wirken als Tsongkhapas tugendhafte Lehre selbst, der diese Plätze ja schließlich geweiht sind.

Inwieweit Klöster vom Range Gandens, Drepungs und Seras seit ihrer Gründung unter dem großen Heiligen wirklich Stützen des Staates gewesen sind, mag nach dieser Darstellung eine Frage bleiben. Gewiß aber ist, daß sie, im ganzen gesehen, weder als ausschließliche Orte religiösen Ernstes und esoterischer Vertiefung gelten dürfen, als die sie Tsongkhapa gemeint hatte, noch daß sie wirklich verläßliche Stützen der Lhasa-Regierung sein konnten, da zuviel Eigeninteresse der Äbte und hohen Lamas im Spiele war.

Wenn man das Labyrinth eines Klosters wie Drepung oder Sera durchschreitet, fragt man sich, wie haben die Mönche hier gelebt, und wie leben sie heute? Man möchte eine Vorstellung vom Klosterbetrieb haben.

Bedenkt man, daß es in Tibet bis zur Mitte unseres Jahrhunderts mehr als 3 000 Klöster gegeben hat, in denen zeitweilig bis 300 000 Mönche lebten – das ist etwa ein Viertel der männlichen Bevölkerung – so wird deutlich, welche zentrale Bedeutung das Klosterleben für den Tibeter gehabt hat. Es war Zentrum tibetischer Wirklichkeit, zumal ein großer Teil der übrigen, besonders der ländlichen Bevölkerung für die Klöster arbeitete oder doch zum Unterhalt der Klöster beizutragen hatte.

So konzentrierte sich alles Leben in Tibet auf das Kloster als gesellschaftliche Einrichtung und einzige Bildungsstätte des Landes. Der Widerspruch, der sich aus der Idee des Klosters, wie sie Tsongkhapa formuliert hat, und seiner Bedeutung als gesellschaftsbildendem Faktor ergibt, ist dabei unübersehbar. War doch der Ort religiöser Einkehr und weltüberwindender Meditation zugleich der einzig mögliche Platz der Ausbildung für das weltliche Leben sowie ein Forum sozialer und machtpolitischer Auseinandersetzungen.

Kaum irgendwo auf der Welt dürfte der interne, geheime Kampf um Erfolg und Aufstieg härter und unerbittlicher gewesen sein als in einem tibetischen Kloster. Niemals wird man erfahren, wieviele begabte Novizen dabei auf der Strecke blieben. Auch die letzten Geheimnisse um die Auffindung von Wiedergeburten hoher Lamas und Äbte bis hin zu den Dalai Lamas werden sich wohl nie entschleiern lassen.

Bekannt ist, daß der 6. Dalai Lama ermordet, der 9. vom

Regenten vor erreichter Volljährigkeit erdrosselt, der 10., einundzwanzigjährig, unter seinem gewaltsam zum Einsturz gebrachten Schlafzimmer begraben und der 12., neunzehnjährig, vom Regenten vergiftet wurde. Nur durch Vorsicht und äußerste Achtsamkeit gelang es dem 13. Dalai Lama, der 1876 inthronisiert worden war, bis zu seinem natürlichen Tode 1933 an der Macht zu bleiben und dem Intrigenspiel der hohen Lamas zu trotzen.

Angesichts dieser erschreckenden Verhältnisse ergibt sich die Frage, mit welchem Recht Tibet als Land der Religion und der Verwirklichung innerster Träume und Ziele vieler Menschen, die es nur von ferne kennen, angesehen wird. Ist es eine fromme Täuschung, der wir unterliegen? Interpretieren wir sinnsuchenden Menschen des Westens etwas in das Land am Dach der Welt hinein, das es gar nicht gibt und das es uns deshalb auch nicht bieten kann? Sind nur Tibets Abgelegenheit und schwere Zugänglichkeit, verbunden mit den Wundern, die man von dort berichtet, Anlaß für Faszination und Zauber, wie sie etwa von den Büchern Alexandra David-Neels oder Lama Govindas ausgehen?

Ich glaube nicht!

Doch dieses Nein gilt es angesichts der gravierenden Tatsachen zu begründen.

Schauen wir noch einmal zurück auf das vorbuddhistische Tibet. Es war ein Land, bevölkert von rauhen, kulturlosen Nomadenstämmen, die ein ärmliches, wildes Leben führten. Die wenigen, die sich seßhaft machten und Ackerbau betrieben, hatten es schwer, sich damit zu ernähren. Das Klima war mörderisch. Naturkatastrophen bedrohten ständig den Alltag.

An diesen Voraussetzungen hat sich auch nach der Einführung des Buddhismus, wie jeder Tibetreisende feststellen kann, selbstverständlich nichts geändert. Wohl aber wandelte sich die Gesellschaftsstruktur durch die Gründung von Städten, größeren Siedlungen und vor allem von Klöstern. Diese Klöster waren zunächst schützende und behütende Refugien in einer bedrohlichen Umwelt. Und fast ein jeder drängte danach, in einem solchen Refugium unterzukommen. Es waren die Plätze, wo man selbst in Notzeiten dank gegenseitiger Unterstützung und vor allem dank der gesetzlich geregelten Hilfe von draußen überleben konnte. Zudem lernte man lesen und schreiben sowie das Verstehen religiöser Zusammenhänge, was ein Gefühl der Überlegenheit gegenüber den Laien gab.

Die Lehre selbst, wie sie Buddha verkündet hatte und wie sie im Kloster von mehr oder weniger inspirierten Mönchen weitergegeben wurde, war sicher nicht geeignet, alle Klosterinsassen zu erreichen oder gar zu überzeugen. Doch das hatte Buddha auch nicht angenommen. Er betrachtete seine Lehre als eine Lebensinterpretation und als ein Angebot, die Schwierigkeiten und Leiden dieses Lebens zu erkennen und durch vernünftiges Verhalten zu überwinden. Ihm war klar, daß er damit nur wenige erreichen würde.

So ist das, was in den Klöstern geschah und noch immer geschieht, nichts anderes als das von Buddha erkannte und analysierte Leben. Warum sollte es innerhalb der Klostermauern anders sein als außerhalb? Gelübde sind schon oft leichtfertig, wenn auch meist im besten Glauben, abgelegt und später gebrochen worden. Das gilt nicht nur für den Lamaismus in Tibet.

Die Möglichkeit, im Kloster Wissen zu erlangen und durch Wissen aufzusteigen in der Hierarchie der Mönche, war sicher auch nicht die beste Voraussetzung, um Ehrgeiz, Neid und Machthunger von den Mönchsschülern abzuwenden. So kamen schon früh unheilvolle Einflüsse in die Klöster, die um so stärker wurden, je mehr die Zahl der Mönche und ihr Einfluß im Lande wuchs. Diese Situation blieb durch die Jahrhunderte erhalten und trug zur Ausbildung des tibetischen Gesellschaftssystems mit allen seinen Schattenseiten und Fragwürdigkeiten bei. Doch das ist, so nahe der Gedanke liegen mag, nicht Schuld der Klöster als Einrichtung, sondern vielmehr der Menschen, die darin leben, die sie benutzen.

Von seiner Struktur her ist das Kloster zweifellos geeignet, dem willigen Novizen alle Voraussetzungen für den Eintritt in die Geisteswelt Buddhas zu bieten. Sie ergeben sich sowohl aus seinen Räumlichkeiten als auch aus der Begegnung mit der bildhaften mystischen Wirklichkeit der Buddhas und Bodhisattvas, auf die der Novize in seinem Ausbildungsgang zuzugehen gelobt hat. Hinzu kommt die besondere Art der Zusammenkünfte in den Klosterhallen mit Musik, Rezitations- und Meditationsübungen, die der Einstimmung des Novizen in den klösterlichen Lebensablauf dienen und ihn auf die weiteren Stufen des Mönchtums vorbereiten.

Der Tag der Novizen, Mönche und Lamas ist so eingeteilt, daß er eigentlich keine Zeit für weltliche Gedanken oder gar Betätigungen lassen sollte. Außerdem sind die Essensrationen so gering, daß sie für Sinnenlust und böse Pläne, wie sie in den Klöstern nur allzu oft geschmiedet worden sind, kaum die Kraft vermitteln können. Doch die Vorschrift ist das eine, und die Wirklichkeit etwas ganz anderes.

Betrachten wir zunächst Lebensweg und Alltag der Mönche nach der Klosterordnung des Tsongkhapa. Vom vollendeten siebenten Lebensjahr an kann ein Kind – Junge wie Mädchen – als Grva-pa, was man Trapa ausspricht, mit Zustimmung der Eltern, meist wohl auf Grund ihres Wunsches, ins Kloster eintreten. Allerdings sind Nonnenklöster im gesamten buddhistischen Bereich, vor allem aber in Tibet und in den Himalayaländern äußerst selten, so daß über fünfundneunzig Prozent der Grva-pas von Jungen gestellt werden.

Das Kind muß vierzig Grundfragen beantworten und wird, wenn die Antworten befriedigend ausfallen, von einem Mönch nach der dreifachen Erklärung der Zuflucht zum Buddha, zur Lehre und zum Orden und nach dem Versprechen, die Gebote des Buddha zu halten, als Schüler ins Kloster aufgenommen. Es wird ihm ein Büschel Haare abgeschnitten und eine symbolische Waschung vorgenommen. Danach erhält der Schüler unter Gebeten und Segenssprüchen des ihm zugeordneten Mönches seine Kleidung und seine Bettelschale ausgehändigt. Er wird eingekleidet und bekommt seinen Klosternamen.

Der Anfangsunterricht umfaßt Lesen, Schreiben und Rechnen wie in jeder Grundschule. Gleichzeitig müssen die ersten Lehrtexte des Buddhismus auswendig gelernt und täglich rezitiert werden. Außerdem hat der junge Grva-pa eine Reihe täglicher Klosterpflichten zu erfüllen, die ihn zum Dienen anhalten sollen.

So vergehen mindestens acht Jahre, bis der etwa fünfzehnjährige Grva-pa Novize werden kann und damit seinen eigentlichen Eintritt in den Orden vollzieht. Zur Weihehandlung verlangt man das Versprechen der Weltentsagung und der Verpflichtung auf die strengen Ordensregeln des Tsongkhapa.

Wieder vergehen Jahre des ständigen, wenn auch nicht allzu intensiven Studiums, nehmen doch die festliegenden Rituale die meiste Zeit des Tagesablaufs ein.

Man verlangt das Studium der Lehre des Buddha, der kanonischen Schriften, der Ordensregeln samt ihrer Auslegung und der lamaistischen Kommentare.

Frühestens Anfang der Zwanzig kann der Novize dann eine strenge, ziemlich umfangreiche Prüfung ablegen und notfalls auch dreimal wiederholen. Viele Mönche legen diese Prüfung nie ab oder bestehen sie doch erst im fortgeschrittenen Alter. Die anderen überschreiten gewissermaßen nie den Novizenstand und stellen die große Zahl der Arbeitsmönche, die auch die niederen Weihen nicht erlangen. Sie bleiben immer vor der Tür der Geheimnisse, die den Erfolgreichen nun Stück für Stück durch weitere Studien und anschließende Initiationen geöffnet wird.

Die Erfolglosen sind die am wenigsten Gefährdeten, wenngleich ihr Leben keinen Anlaß zur Bewunderung bietet. Ihre Stumpfheit ist meist erschütternd, und man fragt sich, welchen Sinn ein solches Dasein ohne alle Einsicht und ohne jedes Ziel hat. Doch der Tibeter sieht das anders. Ein wenn auch auf niedrigster Stufe im Kloster verbrachtes Leben bietet trotzdem die Chance, wenn nicht sogar die Gewißheit, bei der nächsten Wiedergeburt mit den Geisteskräften ausgestattet zu werden, die dann ein Aufsteigen in der Mönchshierarchie ermöglichen.

Keiner ist zu niedrig, keiner zu sündhaft, um nicht eine bessere Wiedergeburt erwarten zu dürfen. Diese beruhigende Gewißheit läßt die Tibeter auch angesichts der vielen Verbrechen und Missetaten, die in ihrem Land geschahen und vermindert auch heute noch geschehen, nicht verzweifeln. Selbst wenn ein im Glauben fortgeschrittener Mönch oder gar ein hoher Lama strauchelt, nimmt man das hin als schicksalsbedingtes, karmisches Ereignis, das nicht zu ändern ist, das man aber im künftigen Leben wieder gutzumachen und auszugleichen vermag. Freilich wiegen Verstöße um so schwerer, je weiter man in der Erkenntnis aufgestiegen ist. Doch scheint es, daß so mancher hohe und höchste Lama bei solchem Erkenntnisstand die Wahrhaftigkeit der Lehre aus dem Auge verliert und den Verführungen seines Intellekts erliegt.

Hier haben wir die Wurzel all der Übel, die sich auch in Tibet im Laufe der Jahrhunderte ereignet haben. Ihre Verursacher waren meist Männer mit den höchsten lamaistischen Würden, die den Sinn ihrer Gelöbnisse und Weihen angesichts der täglichen Versuchungen des äußeren Lebens mit seinen Annehmlichkeiten längst vergessen hatten. Auch hier entfernen sich Weg und Ziel weit voneinander.

Wer die geistliche und wissenschaftliche Prüfung bestanden hat, wird zum Vollmönch – zum Gelong. Damit stehen ihm alle Ämter und Würden offen, die durch weitere Studien, oft aber auch durch persönliche Beziehungen und Bestechungen erreicht werden können.

Besonders begabte und vielversprechende Gelongs wurden von den Äbten auf die Klosteruniversitäten Deprung oder Sera geschickt, wo sie sich vertiefenden Studien des Kanjur, des Tanjur, der Sutras und der Tantras hingeben konnten, um schließlich selbst Lehrer zu werden oder aber auch den Weg in die Schlüsselpositionen der Klöster und des Staates zu versuchen. Doch bis dahin sind es für die meisten Mönche viele harte Jahre, bestehend aus Tausenden gleichförmiger, vom Ritual beherrschter Klostertage.

Den Ablauf eines solchen Klostertages habe ich selbst oft miterlebt. Er hat nichts in seinem streng geregelten Ritus, was auf Entwicklung oder Lernerfolg hinweisen könnte. Darin ist er von einem Schul- oder Hochschultag bei uns grundsätzlich verschieden. Es geht nicht darum, sich lernend Wissen anzueignen, als vielmehr um Einsicht, um Erkenntnis. Meditatives Verhalten steht im Vordergrund. Das Ziel ist nicht Wissensansammlung, sondern Wissensüberwindung durch Erfahrung der Unbeständigkeit und Leiderfülltheit des menschlichen Daseins. Dem entspricht das am Hingang des Tages, also an der Vergänglichkeit, am Wandel orientierte Ritual, dem sich die Mönche täglich zu unterziehen haben.

Vor Sonnenaufgang erklingen die langen, Alphörnern ähnlichen Trompeten und die Muschelhörner, um die Mönche zu wecken. Nachdem sie sich gewaschen, angekleidet und die 108 Perlen ihrer einem Rosenkranz gleichenden Perlenkette im Gedanken an Buddha oder an ihren Yidam – ihre Initiationsgottheit – haben durch die Finger gleiten lassen, schreiten sie auf ein zweites Signal hin gemessenen Schrittes zur Versammlungshalle, wo sie streng nach Rang und Alter in langen Reihen auf flachen Kissen an schmalen Brettern im Lotossitz Platz nehmen.

Vor jedem Mönch liegen Vajra und Ghanta – Diamantzepter und Glocke –, die Symbole des Männlichen und des Weiblichen im kosmischen Allzusammenhang, sowie eine Schädeltrommel. Das sind die Ritualobjekte für den tantrischen Kult. Außerdem stehen vor jedem Mönch eine Holzschale für den Buttertee, der zwischen den Zeremonien gereicht wird, sowie ein Gefäß für geweihtes Wasser.

Einige Mönche, die als Vorbeter bestimmt sind, haben außerdem Blätter der zwischen zwei Brettern aufbewahrten Sutra- oder Tantratexte vor sich, aus denen für das Ritual rezitiert wird.

Die Themen der Zusammenkünfte der Mönche wechseln nach dem komplizierten tibetischen Kalender, der verschiedenartige Hinwendungen zu Buddhas, Bodhisattvas, Taras und Schutzgottheiten vorschreibt. Danach richten sich auch die das Ritual einleitenden und begleitenden Mönchsgesänge, die meist in einer ungewöhnlich tiefen Stimmlage vorgetragen werden. Bei vielen Morgenzusammenkünften werden die vorgeschriebenen Einführungstexte nach der einleitenden Sakralmusik im Wechselgesang von zwei Chören dargeboten. Darauf folgen die Bitten in gemeinsamer Rezitation. Anschließend wird das Mandalaopfer an das Universum dargebracht. Dabei werden über einem mandalaförmigen mystischen Kreis, der den heiligen Berg Meru und damit das Zentrum des Universums symbolisiert, von amtierenden Priestern Gerstenkörner als Opfergaben ausgestreut.

Nach weiteren Rezitationen von Dank- und Wunschgebeten wird den Mönchen von Schülern und Novizen zum ersten Mal am Tage Buttertee ausgeschenkt. Dann sprechen sie die besonderen Wunschgebete – die sogenannten Monlams – für alle Wesen – Lebende wie Tote –, denen man den rechten Weg zur Erleuchtung oder aber die beste aller möglichen Wiedergeburten wünscht. Bei dieser Zeremonie, die den ersten Ritualzyklus des Tages abschließt, soll in jedem Kloster zur gleichen Zeit aller in der Welt lebenden Wesen gedacht und zu ihrer Erlösung beigetragen werden. Dabei steht der tantrische Gedanke der Allverbundenheit, des unlösbaren Zusammenhangs aller Dinge, im Mittelpunkt.

Die zweite Zusammenkunft der Mönche, die gegen neun Uhr stattfindet, ist den schrecklichen Gottheiten geweiht, die als Henker der feindlichen, alles Leben bedrohenden Dämonen angerufen werden. Einer der Lamas des Klosters trägt bei dieser Zeremonie als Wortführer eine fünfteilige Krone, auf der die fünf Tathagatas – die Meditationsbuddhas des Lamaismus – dargestellt sind. An besonders wichtigen Beschwörungen der schrecklichen Gottheiten nehmen oft mehrere Lamas mit dieser fünfteiligen Krone als Fürbitter teil.

Das Zeremoniell beginnt mit einer Einstimmung durch Intonierung heiliger Silben – der Mantras –, das von der Ausführung beschwörender Handhaltungen – der Mudras – begleitet wird.

Danach werden die angesprochenen Gottheiten genau beschrieben, herbeigerufen und an ihre seinerzeit vor Padmasambhava abgelegten Gelübde zum Schutze des buddhistischen Glaubens erinnert. Mit diesem Ritual reicht das alte Rotmützentum noch voll in den späteren Gelbmützen-Ritus hinein. Das zeigt vor allem die nächste Handlung. Der sie zelebrierende Lama nimmt eine Schädelschale – die Kapala –, die mit einer Blut symbolisierenden roten Flüssigkeit gefüllt ist, und läßt sie dreimal über den Köpfen der vor ihm sitzenden Mönche kreisen. Dazu erklingen meist Hörner, Flöten, Becken und Trommeln sowie Glocken, die das Geschehen mit einprägsamen Rhythmen begleiten. Oft kommt es beim Kreisen der Schale zu einem wilden Fortissimo, das die Unheimlichkeit und Dynamik der beschworenen Gottheiten charakterisieren soll. Danach bringen Schüler und Novizen wieder Buttertee für die Mönche, die bis zu diesem Zeitpunkt außer dem Tee nichts zu sich genommen haben.

Die einzige größere, aber auch nur aus einer Art Gerstenbrei – dem Tsampa – bestehende Mahlzeit nehmen sie nach der aus Rezitation bestehenden Mittagsandacht, die den Bodhisattvas, diesen Helfern aller Wesen, geweiht ist, gegen 14 Uhr ein. Von dem einfachen Mahl soll immer etwas für die Hunde und für die Vögel übrigbleiben.

Die erste Nachmittagszusammenkunft der Mönche – sie findet nach 15 Uhr statt – ist in ihrem Ablauf der Morgenandacht sehr ähnlich. Nur tritt an die Stelle des kosmischen Mandalaopfers, das täglich nur einmal ausgeführt wird, die Darbringung der acht Opfergaben für Buddhas, Bodhisattvas und alle guten Gottheiten, die in dieser Zeremonie herbeigerufen werden, um die ihnen zugedachten Opfer zu sehen und persönlich entgegenzunehmen.

Ähnliche Einladungen an die Götter ergehen bei den Tempelfesten auf der Insel Bali, wo ich viele Parallelen zum lamaistischen Kult feststellen konnte. Das tibetische Nachmittagsopfer, in dessen Mittelpunkt, ähnlich wie auf Bali, geweihtes Wasser steht, macht das besonders deutlich.

Die Handlung dient der inneren Reinigung des ständig mit dem Lebensschmutz in Berührung kommenden Menschen. Dabei spielt in Tibet, wo Wasser sehr rar ist und die klimatischen Verhältnisse ein häufiges Waschen kaum zulassen, die innere Reinigung eine wesentlich größere Rolle als jene Reinigung, die wir unter dem Kennwort Hygiene zur absoluten Notwendigkeit unserer Gesellschaft gemacht haben. Von daher kommen bei uns die meisten Vorbehalte und kritischen Äußerungen gegenüber tibetischer Lebensart. Man nennt die Tibeter, ohne allzusehr über ihre ganz anderen Lebensbedingungen nachzudenken, schmutzig und amüsiert sich über die symbolische Waschung, die der amtierende Lama vor dem Eintritt in die Opferhaltung des Nachmittags vornimmt. Auf diese Waschung folgen Reinigungsgebete für die versammelte Mönchsgemeinde, die den zu erwartenden Buddhas, Bodhisattvas und Gottheiten rein und ohne Sünden gegenübertreten soll.

Zu den acht Opfergaben, die dargebracht werden, gehören neben Musik, Rezitation und brennenden Butterlampen Blumen, Weihrauch, Reiskuchen und geweihtes, wohlriechendes Wasser. Sie werden unter Lobgesängen für die anwesenden Gottheiten dargeboten. Zum Schluß erhalten die Mönche kleine Portionen des heiligen Wassers zugeteilt, das für sie eine Art Lebenselexier darstellt.

Die fünfte und letzte tägliche Zusammenkunft der Mönche findet nach Einbruch der Dunkelheit gegen 19 Uhr statt. Danksagungen und Bitten für das Wohlergehen aller Lebewesen beschließen den Tagesablauf der Mönche. Noch einmal wird Buttertee gereicht. Die Schüler und Novizen erscheinen vor ihren Lehrern, um ihre tägliche Lektion aufzusagen. Oft wird diese auch in der Abendversammlung gemeinsam rezitiert, wie ich es Abend für Abend im tibetischen Flüchtlingskloster von Lumbini, dem Geburtsort Buddhas in Südnepal, erlebt habe.

Nach der Abendandacht fordert der Klang eines Gongs oder der tiefe Ton eines Muschelhornes zum Schlafengehen auf. Die Mönche, Novizen und Schüler begeben sich in ihre meist sehr einfachen, von zwei bis sechs Personen bewohnten Unterkünfte mit harten, niedrigen Lagern, wie sie Buddha für Mönche vorgeschrieben hat. Nur Lamas haben etwas besser ausgestattete Einzelräume. Als gut eingerichtet kann man allenfalls die Abtswohnungen bezeichnen, obwohl auch dort kein Luxus in unserem Sinne herrscht.

Der ewig gleiche Rhythmus dieser Mönchstage wird etwa einmal wöchentlich durch die große Wasserweihe unterbrochen, die der Segnung des Wassers dient und oft im Freien ausgeführt wird. Dieses Ritual vergegenwärtigt die zentrale Bedeutung, die man dem Wasser in Tibet beimißt.

Die Wasserweihe spielt in Tsongkhapas Hauptwerk »Stufenweg der Erkenntnis« eine entscheidende Rolle. Deshalb nehmen alle Insassen des Klosters einschließlich des Abtes und aller Lamas nach Möglichkeit an diesem Fest teil.

Günther Schulemann hat in seiner verdienstvollen »Geschichte der Dalai Lamas« eine solche Wasserweihe nach dem Ritus der Gelbmützen beschrieben: »Auf das Zeichen des Muschelhorns begeben sich die Priester nach dem Tempel, in den sie in Prozessionsordnung einziehen. Nachdem sie sich vor dem höchsten Priester, der auf einem Thron neben dem Altar sitzt, verneigt haben, nehmen sie mit gefalteten Händen auf den ihnen zukommenden Sitzen Platz. Gemeinsam werden die Zufluchtsformel und einige andere Glaubensformeln und Segenswünsche gesprochen, worauf der Chorpriester mit Assistenz von wenigstens fünf Geistlichen die Opferfeier mit den gewöhnlichen Vorbereitungen beginnt. Nach einem Glockenzeichen hebt der feierliche Gesang an, der um die Gegenwart aller Buddhas in den Statuen des Altars fleht. Darauf werden die himmlischen Mächte ebenso feierlich begrüßt und sodann die gewöhnlichen acht Opfergaben dargebracht. Nachdem sie gesegnet sind, ertönen Lobeshymnen. Dann spricht der Priester ein langes Weihegebet über Wasser, welches mit Safran, Zucker und wohlriechenden Essenzen vermischt ist und in ein Gefäß gegossen wird. Die assistierenden Priester ergreifen hierauf ihre Geräte und stellen sich vor dem Altar auf, während die übrigen Geistlichen eine Hymne mit zwei Chören singen, wobei in den Zwischenpausen lauter und leiser die Musik ertönt. Inzwischen hat ein Priester einen Spiegel erhoben, unter den ein Mandalateller gehalten wird. Nun wird aus dem ersten Gefäß vorbereitetes Wasser mehrfach über den Spiegel gegossen, der von einem anderen Mönch mittels eines Seidentuches getrocknet wird. Das Wasser fließt über den Spiegel und das Weltsymbol und wird in einem Becken aufgefangen. Etwas von der Wesenheit der Buddhas, deren Bild im Spiegel festgehalten wurde, ist nun nach der Meinung der Lamas in die Flüssigkeit übergegangen, die darum sorgfältig in einem neuen Gefäß gesammelt wird. Nach einigen Dank- und Bittgebeten trägt ein Priester dieses Gefäß zu der anbetenden Geistlichkeit und träufelt jedem der Anwesenden einige Tropfen des geheimnisvollen Nasses auf die Hand, worauf die Mönche dieselben verschlucken und Scheitel, Hals und Brust damit berühren. Nach kurzen Segenswünschen verläßt die Priesterschaft, wie sie gekommen, den Tempel.«

Viele andere, an bestimmten Tagen des Jahres wiederkehrende Feste und Zeremonien beherrschen den Jahreslauf eines Klosters und seiner Mönche. Neben Mandalafeiern und tantrischen Kulthandlungen sowie Lesungen aus dem Kanjur, die sich über Wochen hinziehen können, gibt es klosterinterne Festveranstaltungen wie die Abtsinthronisation, Weihen hoher Lamas, Initiationsfeiern für Mönche und Einführungsfestlichkeiten für Schüler und Novizen. Auch kommen auf die Mönche eines Klosters immer wieder Aufgaben außer Hause zu. Denn es gibt kaum ein Ereignis im tibetischen Leben, das nicht die hilfreiche Anwesenheit eines Mönches verlangt, ob es sich um die Weihe eines Hauses, die Geburt eines Kindes, eine schwere Krankheit oder um den Tod eines Familienmitgliedes handelt.

Bei Todesfällen können Mönche bis zu 49 Tage – das ist nach der Lehre des Bardo-Thödol, des tibetischen Totenbuches, der sogenannte Zwischentotzustand vom Ableben bis zur Wiedergeburt – im Haus des Verstorbenen als Rezitatoren anwesend sein. Ihre Aufgabe ist es dort, der herumirrenden Seele des Verstorbenen den rechten Weg zwischen den vielfältigen Gefahren und Verführungen des Bardo-Thödol zu weisen.

Aus all diesen Aktivitäten der Mönche bezieht das Kloster zusätzliche Einnahmen, die allerdings zum Teil auch den Mönchen selbst zufließen, vor allem dann, wenn sie solche Pflichten längere Zeit vom Kloster fernhalten. Es gibt Mönche, die oft jahrelang unterwegs sind und dem Volk ihre Hilfsdienste bei allen Vorkommnissen anbieten, die religiösen oder auch magischen Beistand erfordern.

Doch die Darstellung des Alltags tibetischer Mönche, wie er sich in der Zeit vor 1959 abspielte, wäre nicht vollständig, ohne auf ein lebensbestimmendes Privilegium der Mönche von Ganden, Drepung und Sera hinzuweisen, das im Zusammenhang mit dem von Tsongkhapa zur Vertiefung des Gemeinschaftsgeistes und der Mönchszucht eingeführten alljährlichen Monlam-Fest steht.

Der 5. Dalai Lama hatte nach Tsongkhapas genialer Einführung eines Gemeinschaftsereignisses für alle Mönche als Rückgrat seiner geistlichen Herrschaft das alte Monlam in Form eines »Lhasa Monlam Tchempo«, des »Großen Betens von Lhasa« erneuert und zum Mittelpunkt des jährlichen Neujahrsfestes gemacht. Der 5. Dalai Lama sah darin nicht nur die Möglichkeit einer Festigung seiner Stellung, sondern erhoffte auch eine fruchtbare, heilbringende Wirkung des großen Mönchsgebets auf die übrige Bevölkerung.

Um den Mönchen einen Ausgleich für den politischen Einfluß zu bieten, der ihnen durch seine zentralistische Herrschaft entgangen war, traf der 5. Dalai Lama eine für die

Zukunft Lhasas folgenschwere Entscheidung. Er entzog während der 21 Tage des Monlam-Festes seiner gesamten Regierung die Macht über Lhasa und legte sie für diese Zeit in die Hand der Mönche. Er ernannte zwei Äbte seines Stammklosters Drepung zu sogenannten Jasös – unumschränkten Zeitherrschern –, die mit den Mönchen der großen Klöster für drei Wochen die Alleinherrschaft in Lhasa ausübten.

Dieser Erlaß hat im Laufe der letzten Jahrhunderte zu einer zunehmenden Despotie der Mönche während des Monlam geführt. Aus dem großen Beten wurde ein großes Rauben. Denn nichts und niemand waren während der Monlam-Tage vor der Willkür der Mönche sicher.

Erst dem 13. Dalai Lama gelang es, die schlimmsten Auswüchse dieser Mönchsherrschaft zu beschneiden. Doch nach seinem Tode nahm die Macht der Mönche unter den vergleichsweise schwachen Regenten, die auf den 13. Dalai Lama folgten, wieder zu. Deshalb versuchten die Verantwortlichen, alle Fremden während der Neujahrsfeiern von Lhasa fernzuhalten.

Einer der ersten und zugleich einer der letzten, der als Ausländer Monlam in Lhasa miterlebt hat, war Ernst Schäfer. In seinem Buch »Fest der weißen Schleier«, das einen umfassenden Eindruck von Lhasa unmittelbar vor dem Ausbruch des Zweiten Weltkrieges vermittelt, beschreibt er die Vorgeschichte und seine eigenen Erlebnisse zu Monlam:

»Wie so vieles, das der Mensch zum Guten schuf, sich unter seinen Händen ins Gegenteil verkehrte, erwuchs auch aus dem wohlgemeinten Werke des großen Fünften in der Folgezeit eine beispiellose Gewaltherrschaft. Die Jasös nutzten ihre unumschränkte Gewalt in skrupelloser Weise aus und errichteten während der heiligen Monlamzeit ein Schreckensregiment, das ohnegleichen war. Krasser Egoismus, Habgier, Erpressung, Willkür und Verfolgung triumphierten. Im Schatten der Tempel feierten niedrigste Triebe billige Triumphe. Die Ernennung zum Jasö wurde käuflich. Riesige Summen von Bestechungsgeldern flossen in die Taschen der weltlichen Machthaber. Um sich schadlos zu halten, trieben die Jasös ein von unsäglicher Geldgier bestimmtes grausames Spiel, das Diebstahl und gemeinen Raub zu wahren Kinderspielen degradierte. Mit aller Tücke legten sie es darauf an, dem geplagten Volk in der kurzen Spanne der einundzwanzig Tage soviel Geld und Gut zu entwenden, um für ihr ganzes Leben gesichert zu sein. So wuchs sich die Herrschaft der priesterlichen Staatsparasiten während der Monlamzeit zu einer wahren Landplage aus. Und niemand stand auf, um dem verbrecherischen Treiben Einhalt zu gebieten. Geringste Gesetzesübertretungen und kleinste Vergehen wurden mit Folterqualen und höchsten Freiheitsstrafen belegt, die jedoch gegen Abgabe hoher Geldbeträge annulliert werden konnten. Alle Bürger, die die Grußpflicht verletzten, die im Streite angetroffen wurden, die Heiligtümer zu umwandeln vergaßen oder sich andere bedeutungslose Delikte zuschulden kommen ließen, wurden ebenfalls zu hohen Geldbußen verurteilt. Schuldnern gar, die sich in Zahlungsschwierigkeiten befanden, wurde das gesamte Eigentum in Bausch und Bogen konfisziert. Auf solche Weise verstanden es die Jasös, sich in Besitz von Häusern und Grundstücken zu bringen, die sie zu Wucherzinsen wieder verkauften.

Um ihren im einsamen Klosterleben aufgespeicherten Groll zu entladen, bedienten sich die Jasös bei der Durchführung ihrer grausamen Maßnahmen im Namen von Ordnung und Gerechtigkeit ganzer Hundertschaften rangmäßig gegliederter Mönchspolizisten, der ›Geiks‹ und der ›Dobdobs‹, deren alleinige Beschäftigung darin bestand, die Stadt zu patrouillieren, Geld zu erpressen und das Volk mit Geißeln, Peitschen und Stöcken zu foltern und zu züchtigen. Kein Wunder, daß es bei den verängstigten Bürgern von Lhasa aus Furcht vor dem Priestermob zu einer regelrechten Stadtflucht kam. Statt den Tag zu loben und sich des großen Festes zu erfreuen, verscharrten und vergruben die Aristokraten der heiligen Stadt ihre Wertgegenstände, überantworteten die Häuser der Obhut ihrer Dienerschaft und hielten sich bis zum Abzug der fanatischen Lamahorden auf dem Lande verborgen. Unterdessen randalierten die priesterlichen Drohnen in den verlassenen Häusern, stahlen, was nicht niet- und nagelfest war, und schleppten die Möbel davon. Dabei kam es häufig zu regelrechten Schlachten zwischen den marodierenden Schwärmen der einzelnen Klöster und Konvente, die alle das Beste zu ergattern versuchten. Die Unbotmäßigkeiten waren beispiellos.«

Kein Wunder, daß der Ernst Schäfer wohlgesinnte Regent lange zögerte, bevor er den deutschen Gästen den Aufenthalt in Lhasa während des Neujahrsfestes erlaubte.

Schäfer schreibt über diese Tage, die ihnen schließlich doch, samt Leibwache, bewilligt wurden: »Gleich nach dem Frühstück begeben wir uns unter dem Schutz unserer Diener und Leibgardisten auf die Lingkhor-Straße, um den Einfall der Zwanzigtausend zu erleben. Lawinenartig setzt der Überfall vom Westen, Osten und Norden fast gleichzeitig ein. Es ist fürwahr ein überwältigendes Bild, die kilometerlangen Schlangen wie hungrige Heuschreckenschwärme heranrücken zu sehen. In dichte Staubwolken gehüllt, rollen die Priesterhorden vorüber und werfen uns haßerfüllte Blicke zu. Übler aussehende Menschen kann man sich in der Tat kaum vorstellen, als diese von allen Seiten, auf allen Wegen, zu Fuß und zu Pferde, dicht an dicht herandrängenden Massen fanatischer, hochmütiger, undisziplinierter und von roher Habgier besessener Priester. Schon der erste Anblick der dunkelroten Massen ungewaschener Staatsparasiten erfüllt uns mit Abscheu und bestärkt den Verdacht, daß der eigentliche Beweggrund ihrer Reise nach Lhasa die Frömmigkeit nicht ist. Gier, Machtrausch und Weltlustbarkeit schauen ihnen aus den Augen. Sie muten an, wie in Käfigen übel zerfetzte Raubtiere, denen man für kurze Zeit Gelegenheit bietet, sich in Freiheit auszutoben. Von kleinen, acht- bis zehnjährigen Novizen, die noch von ihren Müttern Huckepack getragen werden, bis zu humpelnden Lamagreisen, von bresthaft zerlumpten Kranken bis zum halbnackten, am Straßenrand dahinkriechenden

Schwachsinnigen, drängen die freudlosen Massen im wilden Durcheinander heran und ziehen in nicht endenwollenden Reihen in die heilige Stadt hinein. Schwarz bemalte, teuflisch abschreckende Rowdys, die noch auf dem Marsche damit beschäftigt sind, ihre schweißglänzenden Gesichter mit Ruß zu beschmieren, schieben und drängen ohne Takt und Gehorsam die höchsten Staatsbeamten zur Seite und zwingen sie, weite Umwege zu machen. Riesige Stöcke, wehende Gebetsfahnen und ganze buntgeschmückte Flaggenbäumchen in den Händen schwingend, sind sie mit religiösen Insignien, Schlafdecken, Butterfässern, Kisten und Kästen schwer bepackt.

Als wir filmen wollen und zu diesem Zweck einen Schutzkreis um die Kameras bilden, versuchen unsere Diener, zitternd vor Angst, die Pflicht zu verweigern. Athletisch gebaute tierische Kerle mit schwarzen Gesichtern und bösen Augen greifen an. Steinhagel prasseln auf uns nieder, und die Knüppelgarde tritt zum ersten Male in Aktion.

Inmitten dieses wirren, wilden Trubels halten die ›Herren des Gesetzes‹, die allmächtigen Jasös, von schwarzgesichtigen Trabanten, vertierten Leibgardisten, Geiks und Dobdobs begleitet, ihren Einzug, um nach alter Sitte mit königlichen Ehren empfangen und von Weihrauchschwingern zur Stadtkathedrale geleitet zu werden. Als Insignien ihrer unumschränkten Macht führen sie vierkantige, meterlange, mit prächtigen Schmuckleisten verzierte metallene Züchtigungsstäbe mit sich und tragen über brokatbestickten, ärmellosen Westen panzerähnliche Togen mit mächtig ausgestopften Schultern und gelbe Raupenhelme.

Mit ihrem Erscheinen in Lhasa wird die Regierung automatisch außer Kraft gesetzt – und das Lamaregiment beginnt. Mitrengeschmückt folgen Geschés, hohe Äbte und lebende Buddhas. Auf stolzen Paßgängern gleiten sie dahin, strecken die Hände aus und segnen das Volk, das sich durch die Ameisenschwärme der Lamas zu ihnen herandrängt.

Unabhängig von den großen Staatsfeierlichkeiten, die während der Monlamzeit ihren Lauf nehmen, kulminiert das monastische Leben im zentral gelegenen Jokhang. Dort haben die Jasös ihren Sitz, und als Leihgabe des Klosters Sera ist dort der heiligste Donnerkeil Tibets zur Schau gestellt. Lamas und Pilger stauen sich tagein und tagaus in dichten schwarzen Scharen. Barhäuptig und barfüßig leiern sie in dauerndem Niederfall ihre Gebetsschnüre ab und drücken Tausende von Malen ihre zerschundenen Stirnen auf die glattgeschliffenen Steinplatten der Portale, ehe sie das große Gotteshaus betreten, um im schwelenden Qualm unzähliger Butterlampen unterzutauchen. Im geheimnisvollen Düster wandeln sie, eine unaufhörliche Schlange von Menschen, in der Richtung des Sonnenlaufs von Nische zu Nische und opfern allen Buddhas, Bodhisattvas, Göttern und Heiligen ihre weißen Schleier. Über steile, finstere Stiegen führt der Pilgerzug zu den goldenen Dächern und Altanen, die einen grandiosen Überblick auf die Stadt und das Meer der wehenden Flaggenbäumchen gewähren. Über allem aber funkelt, wie eine Gralsburg in den Himmel stoßend, der Potala.

Vom Morgengrauen bis tief in die Nacht hinein summt und rauscht der ganze Tempel wie ein Meer. Entferntem Donnerrollen gleich klingt dumpf das ununterbrochene Gemurmel der Gebete, und es ist, als ob das ganze riesige Gebäude wie das Gehäuse einer Geige in Schwingung sei.

Erdrückte Lamas werden hinausgetragen. Draußen vor den Toren der Stadt, unweit des Klosters Sera, werden ihre Leiber auf geheiligtem Fels wie ehedem zerstückelt und den Geiern zum schauerlichen Mahle hingeworfen. Während des Monlams im großen Haus der Götter zertrampelt zu werden, ist der schönste Tod. Man glaubt, daß die heiligen Geier auch die irdischen Überreste zum Himmel trügen, so daß die nächsten Wiedergeburten auf höherer Stufe beschleunigt werden.

Wahrhaft unheimlich ist das Bild, wenn die Lamas nach ihren morgendlichen Gottesdiensten aus der pulsenden Herzkammer ihrer Religion ins Freie strömen. Lawinenartig ergießen sie sich, ein blutigrotes Meer, und sammeln sich zur Massenfütterung um riesenhafte Kupferkessel, die, unterirdisch geheizt, auf der Parkhorstraße stehen. So, unter freiem Himmel, stürzen sich die roten Horden wie wilde Tiere, schlagend und sich drängend, über Buttertee und gräulich faden Tsampabrei. Abseits der Tempelportale haben sich auf hohen Steinsockeln die klösterlichen Schatzmeister postiert und drücken den herandrängenden Lamas die vom Volke erpreßten Münzen ihrer Festtagslöhnung in die Hand. Perlenbehängte Damen der besten Familien streuen Almosen in das rote Meer. Durch die freiwillige Entrichtung solcher Obuli hofft die friedfertige Bürgerschaft gegen weitere Erpressungen geschützt zu sein.«

Ein härterer Kontrast als der zwischen dem von Tsongkhapa gewollten großen Mönchsgebet und den von Ernst Schäfer erlebten, so drastisch beschriebenen Ausschreitungen der Mönche ist wohl kaum denkbar. Freilich darf man sich durch Schäfers Schilderung der Mönchsheere auch nicht zu der Auffassung verleiten lassen, das Mönchtum Tibets sei eben völlig entartet und eine Beendigung dieser Verhältnisse an der Zeit gewesen. Abgesehen davon, daß entfesselte Massen auf den Beschauer immer entsetzlich wirken, hat es natürlich auch eine große Zahl von Mönchen gegeben, die sich nie an diesen Scheußlichkeiten beteiligt haben und ihre Gelübde heute noch, trotz aller Wechselfälle – in Tibet oder im Exil – genau ernst nehmen wie am Tage, an dem sie abgelegt wurden. Das gilt vor allem für die Mönche vieler kleinerer Klöster, die sich von der Massenhysterie der Tausende nicht anstecken ließen, besonders aber auch für die vielen Einsiedler, die dem weltlichen Treiben in Lhasa und den Klöstern seiner Umgebung schon früh den Rücken gekehrt haben.

Daß aber auch die Eremitage nicht unbedingt ein sicherer Platz vor weltlichen Gedanken und Gelüsten und somit kein unfehlbarer Zugang ins Nirvana sein muß, zeigt eine kleine Legende, »Vom Jäger und vom Einsiedler«, die man sich in Tibet gern erzählt und die hier, als Text zum Nachdenken, am Schluß dieser kontrastreichen Seiten über den Alltag der Mönche stehen soll: »In einem tiefen, wilden Walde hauste ein Einsiedler (ein Tschamba-Lama) in einer vermauerten Felsgrotte. Ein Jäger, der in dem Wald tagtäglich jagte, brachte von jedem erlegten Tier einen Schlegel dem frommen Manne und schob diesen durch die kleine Fensterluke in des Heiligen Gelaß. Wenn dann der Knochen abgenagt war, warf ihn der Lama wieder aus seinem kleinen Fenster ins Freie. Nach Jahren fiel des Jägers Auge auf den großen Haufen abgenagter Knochen, die vor der Wohnung des Lama aufgehäuft lagen; Entsetzen faßte ihn, und er rief aus: ›Ich bin ein zu großer Sünder, ich habe zu viele Tiere umgebracht. Ich bin unwürdig, zu leben, und muß mir selbst das Leben nehmen.‹ Ganz nahe bei der Grotte des Lama war ein steiler Felsgrat. Von dem stürzte er sich hinab in den Grund. Doch im Sturz entschwand er den Blicken des Lama; er war in den Himmel entrückt worden. Da dachte bei sich der Tschamba-Lama: ›Wenn der Jäger, der große Sünder, der so vielen Tieren das Leben genommen hat, in den Himmel entrückt wird, muß ich, der ich mein ganzes Leben einsam betend in der Waldhöhle verbracht habe, vollends wert sein, in den Himmel zu kommen.‹ Er entstieg seiner Höhle durchs Fenster und stürzte sich dem Jäger nach vom Grate hinab – aber zerschmettert lag er unten in die Tiefe!«

Oft bin ich gefragt worden, was mich in Tibet am stärksten beeindruckt hat. Und immer wieder habe ich geantwortet: der Anblick des Potala von seiner Frontseite her. Wie er da über Lhasa aufragt und gleichzeitig hingestreckt liegt, ein blendendweißes Massiv, das sein Vorbild zweifellos in den umgebenden schneebedeckten Bergen hat, zählt er zu den bewundernswertesten Bauwerken dieser Erde. Sein rostrot getünchtes Zentrum, der Wohn- und Regierungstrakt der Dalai Lamas und die beschirmenden goldenen Dächer gliedern die Masse und machen aus dem riesigen, erdverbundenen Bau zugleich eine Art Luftschloß, das den himmlischen Räumen genauso zugehört wie den irdischen, aus denen es mit gewaltigen Treppenfluchten aufsteigt.

Wie oft bin ich auf den großen Platz gegangen, um dieses Wunderwerk tibetischer Architektur von unten, von seiner Basis her zu betrachten, bevor ich zum ersten Mal in sein unüberschaubares Labyrinth eintrat.

Zunächst wollte ich mir der Wirkung gewiß werden, die der Potala auf die Tausende ausgeübt haben mag, die hier jahraus, jahrein zu seinen Füßen vorüberzogen – die meisten ohne ihn je zu betreten.

Großartig wirkt seine Spiegelung im Wasser des vorderen Teiches, der noch heute, zusammen mit dem See des Nagakönigs an seiner Rückseite, daran erinnert, welche Probleme es brachte, den Jokhang und damit Lhasa auf so feuchtem Grund zu errichten. Das Spiegelbild des Potala, seine Umkehrung im Wasser, dürfte für den Gläubigen die Verbindung zum Reich der Nagas und Wasserdämonen darstellen, während sein Hinaufgreifen in himmlische Räume Berührung mit den Göttern suggeriert.

Wie zu allen Zeiten kommen die Frauen und Mädchen Lhasas auch heute an das Wasser, dort wo sich der Potala spiegelt, um sich zu reinigen, die Haare zu waschen, das Vieh zu tränken, Wäsche zu spülen und vor allem den täglichen Plausch zu halten, der in Tibet noch immer die Tageszeitung für das Volk ersetzt. Es ist ein buntes Treiben, das hier unter der Burg der Gottkönige herrscht. Man fragt sich unwillkürlich, ob und wie oft die lachenden, schwatzenden Tibeter, die hier ihren täglichen Verrichtungen nachgehen, des Mannes gedenken, für den da oben die goldgelbe Robe auf dem Thronsessel bereit liegt, als ob er nur eben einmal ausgefahren oder verreist sei.

Die Chinesen haben alles für den Empfang des von ihnen zur Heimkehr aufgeforderten 14. Dalai Lama, der seit 1959 im westindischen Vorhimalaya im Exil lebt, vorbereitet. Tibetische Delegationen wurden ausgeschickt, um die Bedingungen einer solchen Heimkehr zu erkunden. Die Schwester des Dalai Lama war dabei. Doch die Eindrücke im Lande, vor allem die zahllosen Gespräche mit der Bevölkerung, konnten die Abgesandten nicht bestimmen, dem Gottkönig die Rückkehr zu empfehlen. Nach ihren Worten waren die Erlebnisse in Tibet weitaus schlimmer als das, was sie auf Grund von Berichten erwartet hatten. So wird der Potala wohl noch eine Weile die historische Stätte bleiben, als die sie der Besucher heute erlebt. Und es wird von der künftigen chinesischen Tibetpolitik abhängen, ob und gegebenenfalls wann sich das ändert.

Angesichts der Menschen hier vor dem Potala und des großartigen Bauwerks selbst, das mir wie ein Wunder erscheint, ihnen aber gewohnter, täglicher Anblick ist, stelle ich mir noch einmal wie schon so oft, seit ich in Lhasa bin, die Frage nach dem Ursprung der Gegensätze und Widersprüche, die Tibet und den Tibeter charakterisieren, wie sonst wohl kaum ein Land oder Volk dieser Erde.

Ich suche die Antwort in den Gesichtern der lebhaften, scherzenden Menschen, die nicht aussehen, als ob sie Not litten und die auch nicht den Eindruck von Unterdrückten machen. Sind sie nun oberflächlich oder ist ihnen das Neue schon zur Gewohnheit geworden?

Ein junger Mann, den ich nach seiner Einstellung zum Dalai Lama frage, wendet sich lachend ab. Andere, die meine Frage gehört haben, schlagen auf ihn ein. Doch es ist keine ernsthafte, sondern eher eine belustigte Reaktion. Und eine alte Frau, die nur das Wort Dalai Lama vernommen hat, kann offenbar nicht anders reagieren als durch eine spontane Niederwerfung. Ist das nun Pose oder tiefer Glaube? Wiederholt man sich hier ständig, weil man nichts anderes weiß oder auch einfach nur, weil man es nun wieder darf? Sind Tempelgang, Gebetsmühle, Niederwerfung nur liebe alte Gewohnheiten, die man mit zunehmender Liberalisierung wieder aufgenommen hat? Oder ist es mehr, ist es womöglich alles für diese Menschen? Und wenn es so ist: Was stellen sie sich darunter vor, was erwarten sie davon, wie sieht ihr Glaubensinhalt, wie ihre Glaubenshoffnung aus?

Da kommt mir eine Idee, die vielleicht eine Antwort enthält. Sie ist inspiriert von dem Menschengewimmel hier und von der Erhabenheit des Potala dort oben, in dessen höchsten Räumen, den Thron- und Privatgemächern des Dalai Lama, niemand anwesend ist außer gelegentlichen Besuchern, in denen aber doch etwas von einer Vorstellung andauert, die urtibetisch und nur tibetisch ist: die Vorstellung von den ständigen Wiedergeburten höchster Wesenheiten, die das absolute Ideal einer menschlichen Existenz in der Gestalt eines Gottkönigs verkörpern.

Weit von hier, im indischen Dharamsala, lebt der, für den nach tibetischer Auffassung der Potala die einzig entsprechende Wohnung ist, in sehr bescheidenen Verhältnissen und doch zweifellos gedanklich ständig verbunden mit dem, was der Potala, aber auch er selbst repräsentiert: den mythischen Potala-Berg in Südindien, auf dem der Bodhisattva Avalokiteshvara residiert, dessen Inkarnation der Dalai Lama ist, ob er nun hier in Lhasa weilt oder irgendwo in der Welt. Denn das unterscheidet ihn von anderen entthronten Herrschern. Was er ist, kann ihm keine weltliche Macht nehmen. Oder wie es mir ein Mönch sagt: »Der Dalai Lama bleibt unser Herr, wer auch immer sich hier im Lande die Herrschaft anmaßt.«

Insofern ist der Aufstieg zum Potala auch etwas anderes als der Weg in das zum Museum gewordene Schloß eines einstigen Monarchen dieser Erde. Es ist der Aufstieg zu einer Art Gralsburg, deren Hüter abwesend sind.

Mancher wird fragen, wie sich solch ideale Vorstellung mit den traurigen Realitäten des vorigen Kapitels verträgt, wie man Mord und Ausschreitungen unvorstellbarer Ausmaße mit dem Gedanken an ein höchstes Heiligtum und seiner Hüter verbinden kann?

Nun, ich glaube, daß gerade in den Gegensätzen tibetischer Realität und tibetischer Esoterik das Geheimnis der Wirkung dieses Landes nach außen liegt. Ja, ich möchte behaupten, daß Tibet ein getreues Abbild der Situation dieses Erdendaseins überhaupt bietet, wobei in den meisten übrigen Teilen der Erde auch nur der Ansatz zum Erkennen oder gar Anerkennen einer höchsten Spitze, eines letzten Sinns fehlt. Hier in Tibet sind die Vorstellung einer solchen Höhe, für die mir der Potala und mit ihm der Dalai Lama Symbole zu sein scheinen, und die Sehnsucht danach noch nicht verloren.

Diese Gedanken bewegen mich, als ich um den Potala-Berg nach Osten herumgehe und zunächst den in seinem Rücken liegenden, von alten Bäumen umfriedeten See des Nagakönigs erreiche. An seinem Ufer zelten Pilger.

In einem erhaltenen kleinen Nagatempel – dem Klukhang – opferten früher die Kabinettsminister der tibetischen Regierung einmal im Jahr weiße Khatags – die langen, meist seidenen Begrüßungsschleifen Tibets, die bei keiner Begrüßungszeremonie fehlen dürfen –, um die Schlangengeister des Sees zu beschwichtigen.

Die Baumasse des Potala wirkt mit ihren gewaltigen Rundbastionen von der Rückseite her wie eine riesige Festungsanlage. In Serpentinen führt der alte Reitweg, der jetzt auch für

Autos befahrbar ist, hinauf zum hinteren Palasteingang, der von Pilgern und Touristen benutzt wird.

Durch mehrere Tore erreiche ich den ersten Innenhof. Neben dem Eingang brennen Opferstäbchen unter einer von Vorhängen geschützten Wandmalerei mit Lotos und Schwert, den zentralen Sinnbildern des Bodhisattvas der göttlichen Weisheit – Manjushri – und seiner irdischen Inkarnation Tsongkhapa. Das Schwert, das alle weltlichen Gedanken und Verbindungen durchtrennen und so von den Scheinaspekten unseres Daseins befreien soll, hat hier eine Art Wächterfunktion.

Der in den Potala Eintretende soll sich bewußt sein, daß sich hinter diesen Toren eine Welt auftut, die von unserem Alltag, seinen Pflichten und seinen Wünschen weit entfernt ist. Die Bilder dieser Welt spiegeln das, was nach Meinung der Tibeter hinter den Dingen steht, sie spiegeln die geistige Wirklichkeit des Kosmos, als dessen irdische Entsprechung der Potala neben dem Jokhang aufgefaßt wird.

Der Potala gilt als der Palast der 10 000 Zimmer. Doch das ist nicht wörtlich zu nehmen. Gemeint sind die Raumeinheiten zwischen den 15 000 Säulen, die das gewaltige Deckenwerk des neunstöckigen Baues tragen.

Neun Stockwerke soll bereits der erste hier errichtete Palast, der Marpori des Königs Srong Tsan Gampo, gehabt haben. Auf alten Malereien sehen wir den Marpori dargestellt in Form eines turmartig ansteigenden Bauwerks, das sich wie ein Vorläufer amerikanischer Wolkenkratzer oder wie ein Abbild der alten südarabischen Hochhäusersiedlungen im Hadramaut ausnimmt.

Die Neunzahl des Potala ist heilig. Sie kehrt wieder in den neun Köpfen des achtarmigen Avalokiteshvara. Seine einköpfige, vierarmige Form verkörpert den Bodhisattva, aus dem sich die Dalai Lamas reinkarniert haben.

Zahlenmystik ist ein Stück tibetischer Wirklichkeit. Denn ohne glückverheißende oder leidbringende, unter allen Umständen zu vermeidende Zahlen würde tibetisches Leben seinen Sinn verlieren. Das spürt man nicht nur bei der Anordnung heiliger Gegenstände, bei der Zahl der Buddhas, Bodhisattvas und Götter auf den Wandmalereien und Thangkas, sondern auch im Alltag der Menschen. Die Tages- und Monatszahl ist entscheidend für die Unternehmungen. Es gibt Tage, an denen man auf keinen Fall heiraten oder eine Reise antreten darf, andere, die für Einkäufe oder Verkäufe ungeeignet sind.

Die Neun gehörte zu den höchsten Glückszahlen schon bei den magischen Zauberpraktiken der Bon-Mönche. Ist sie doch die höchste einstellige Zahl des Dezimalsystems, in der außerdem dreimal die heilige Drei steckt, der wir im buddhistischen Lehrsystem vielfältig begegnen und die in der Dreiheit der höchsten Bodhisattvas – Avalokiteshvara, Manjushri, Vajrapani – im ganzen tibetischen Raum ihren vieltausendfachen bildhaften Ausdruck findet. Er hat sich vor allem in der Dreiheit der diesen Bodhisattvas zugeordneten Chorten niedergeschlagen, von denen heute in Tibet viele zerstört sind, die man aber im indischen Ladakh in großer Zahl vor Klöstern, auf Pässen und an Kreuzwegen findet.

Auch der Potala und seine Bilderwelt sind von dieser Zahlensymbolik geprägt. Sie bestimmt die kosmischen Wandmalereien wie die Gruppierung der Statuen, von denen viele überlebensgroß auf hohen Podesten den Beschauer überragen, der sich hier klein und verloren fühlt zwischen soviel farbenprächtiger, goldglänzender Fremdheit.

Zu den eindrucksvollsten Räumen des Potala gehören die Hallen mit den Goldchorten der Dalai Lamas, die, wie im Leben von hohen Lamas umgeben, das Unvergängliche der Dalai-Lama-Idee überzeugend ausdrücken. Die brennenden Butterlampen tauchen alles in ein flackerndes, das Bild ständig veränderndes Licht, das die Gesichter der sich scheu vorüberdrängenden Gläubigen geheimnisvoll überstrahlt.

Idee und Wirklichkeit durchdringen sich vielgestaltig in diesen Räumen, wo neben den Grabstätten und Statuen historischer Persönlichkeiten das ganze Pantheon des tantrischen

Buddhismus vielgestaltig in gütigen und bösen Erscheinungen aufgestellt ist als Symbol des Kosmos, von dem die lebende Menschheit nur ein Teilchen ausmacht.

Weiträumig ist die Thronhalle, in der die Dalai Lamas inthronisiert wurden, Empfänge veranstalteten und mit ihren Vertrauten zur Beratung zusammenkamen. Hier ist das Zentrum des offiziellen Tibet von einst.

Eine kleine höhlenartige Kapelle mit Wandmalereien und vielen Skulpturen, die nicht weit von der Thronhalle entfernt ist, zählt zu den ältesten erhaltenen Teilen des Potala. In ihr begegnen wir noch einmal dem König Srong Tsan Gampo, der hier mit seiner chinesischen Braut, der Prinzessin Wen Cheng, Hochzeit gehalten haben soll. Der niedrige, aus dem natürlichen Fels gehauene Raum, dessen Enge im Gegensatz zu der sonstigen Weitläufigkeit des Potala steht, wird beherrscht von einer angeblich in der Gründungszeit des ältesten Potala – im 7. Jahrhundert – entstandenen Statue des tausendarmigen Avalokiteshvara, die aus Nepal stammt. Der sehr intim wirkende kleine Raum soll nach den Annalen der einzige Überrest des ältesten Palastes sein, der bereits bis zum 9. Jahrhundert mehrfach zerstört worden war.

Die letzten schweren Schäden erlitt der Potala 1717 durch die plündernden Dsungaren, westmongolische Reitervölker, die auch vor der Residenz der Gottkönige nicht haltmachten. Die Chinesen dagegen scheuten sich sowohl bei ihrem Einmarsch als auch in den schlimmsten Monaten der Kulturrevolution vor einer Zerstörung des Potala. Sie begannen im Gegenteil 1959 mit der Renovierung des gewaltigen Bauwerkes. Zwanzig Jahre dauerten die Arbeiten in dem teilweise verfallenen Palast. Seit 1979 erstrahlt er nicht nur äußerlich, sondern auch innen in neuer Schönheit. Dabei ist manches nicht so ausgeführt worden, wie es sich der Kenner tibetischer Kunst im Sinne des traditionellen Stils gewünscht hätte. Die glänzenden Farben der vom Panchen Lama finanzierten Restaurierung der Wandmalereien stehen im Gegensatz zur einstigen feinen, matten Palette der Natur-farben, wie wir sie auch von den Rollbildern – den Thangkas – her kennen.

Die früher dem Potala vorgelagerte Staatsdruckerei und die den Westzugang markierenden drei mächtigen Torchorten hat man im Zuge des Straßenbaus abgerissen und damit wesentli-che Elemente der geistigen wie der sakralen Zuordnung besei-tigt. Nach tibetischer Anschauung haben die Chinesen hier einen unvertretbaren Eingriff in das kosmische System des Tantrismus-Lamaismus und seiner weltlichen Repräsentanz vollzogen. Vielleicht aber ist das den chinesischen Planern nicht bewußt geworden, legten sie doch andererseits bei der Wiedereröffnung des Potala für Besucher größten Wert dar-auf, die offizielle wie die private Welt des Dalai Lama unver-sehrt zu zeigen.

Gemessen an der weitläufigen, ganz unpersönlichen Atmo-sphäre der zahllosen unteren Hallen und Räume des Potala wirkt der von goldenen Dächern gekrönte Wohntrakt des Dalai Lama anheimelnd, fast gemütlich. Auf dem Thronsitz liegt die goldgelbe Robe des 14. Gottkönigs für seine Heim-kehr bereit.

»Er kann jederzeit wiederkommen«, sagen die Chinesen seit 1980.

»Wir warten auf seine Heiligkeit«, flüstert mir einer der Wächter der Privatgemächer des Dalai Lama zu, dem ich ein Foto des Gottkönigs aus seinem Exil im indischen Dharam-sala überreicht habe.

Steile Treppen führen hinab in jenen großen, von trapezför-mig hochsteigenden Bauten überragten Innenhof, auf dem während der großen Feste die sakralen Tänze veranstaltet werden, die Teil der lamaistischen Zeremonien sind.

Hier geht der Weg hinaus auf den höchsten Treppentrakt der Vorderfront, von dem aus die breiten Stufen im weiten Zickzack hinunterführen in die Stadt. Richtet man von hier aus den Blick nach oben, erscheint die Baumasse noch über-wältigender als aus weiterer Entfernung.

Oben: Ein alter Chorten im Kloster Drepung

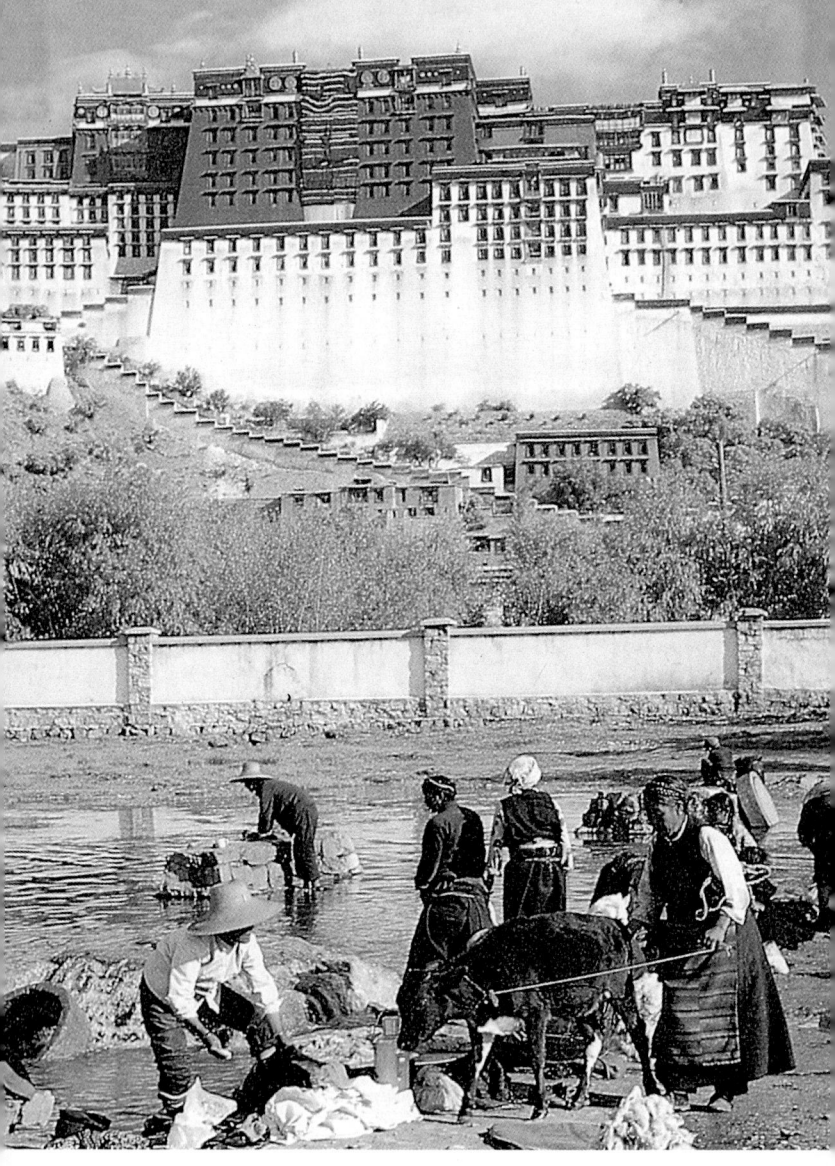

Oben: Volkstreiben zu Füßen des Potala

Oben: Der in der Kulturrevolution zerstörte Palast des Panchen Lama in Shigatse

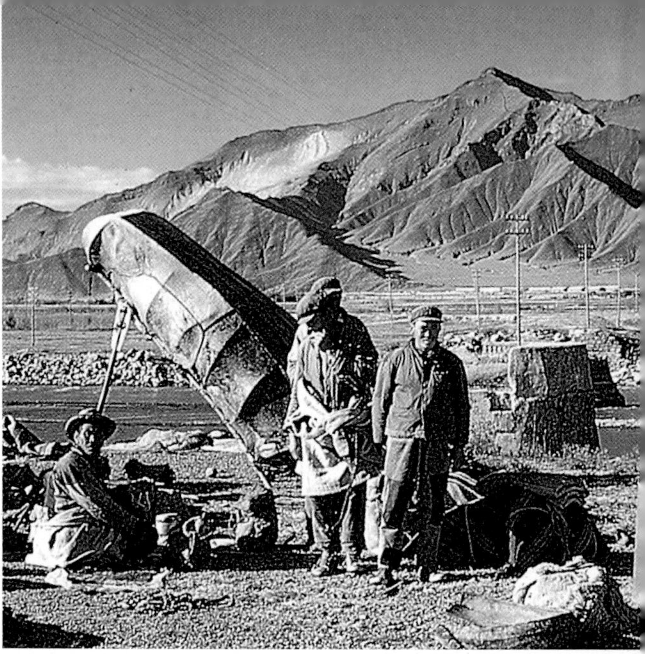

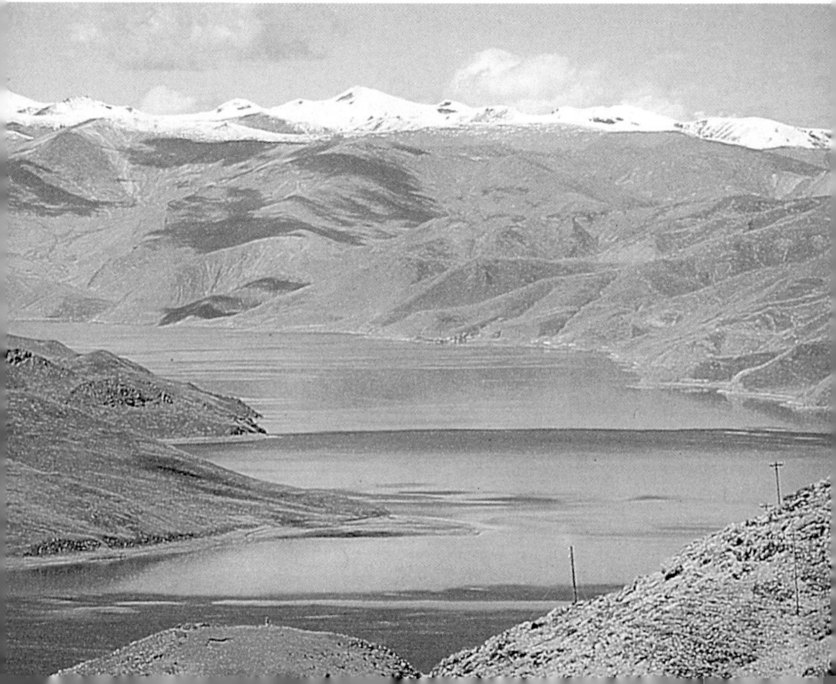

Links: Yakboote am Tsang Po

Unten: Uferlandschaft am Yamdrok-See

Oben: Landschaft am Ufer des Lhasaflusses
Links: Blick auf den Yamdrok-See südwestlich von Lhasa

Oben: Das Kloster Ganden im Wiederaufbau 1985

Oben: Der Eingang zum ältesten Kloster Tibets, Samye

Unten: Die rekonstruierte Burg Yumbu Lakhang über dem Yarlungtal

Oben: Wächterlöwe vor einem tibetischen Königsgrab aus dem 9. Jahrhundert. Die älteste bekannte Steinskulptur Tibets

Von ganz anderer Art als der Potala ist der Sommerpalast der Dalai Lamas, der vor den Toren Lhasas errichtete Norbulingka, in dessen einst streng verschlossenem Park sich heute das Volk von Lhasa ergeht. Hier erinnert nur eine kleine Meditationskapelle an den strengen religiösen Ritus, dem die Herrscher Tibets lebenslänglich unterworfen waren.

Der letzte Wohnpalast des 14. Dalai Lama ist erst 1958 fertig geworden, doch sein Inneres zeigt traditionellen tibetischen Stil. Vor der Figur eines gekrönten Buddha haben Pilger als Zeichen der Verehrung, wohl aber zugleich als Gruß an den fernen Dalai Lama, einen besonders schönen Apfel niedergelegt.

Die Wandmalerei auf lichtgrünem Grund, die Szenen aus dem Leben des Buddha sowie aus der tibetischen Geschichte darstellen, geben den Räumen einen warmen, freundlichen Ton.

In einer Kapelle des Palastes begegnen wir den großen Yidams, den Schutz- und Initiationsgottheiten des tantrischen Pantheons. Feuervergoldet stehen sie in geheimnisvoller Vielarmigkeit, mit ihren weiblichen Entsprechungen sexuell vereinigt, als Symbole der Überwindung des Gegensätzlichen auf Göttern, Menschen und Tieren. Hier wird deutlich, wie stark das alte tantrische Element des traditionellen Lamaismus der Rotmützen bis in die jüngste Gegenwart wirksam geblieben ist – Bestandteil auch der Lebens- und Glaubensformen des gegenwärtigen Dalai Lama, der noch im Exil zum »Wesen des Tantra« positiv Stellung genommen hat.

Potala und Norbulingka sind zwei Seiten einer kosmischen Idee. Im Winter- und Sommerpalast der Dalai Lamas spiegeln sich nicht nur die beiden tibetischen Jahreszeiten: der bittere lange Winter, vor dem man sich in ein Höhlensystem aus dicken Mauern verkriechen möchte, wie es der Potala darstellt, und der kurze, lichtreiche Sommer. Die weiten Gartenanlagen des Norbulingka mit den kleinen Palais, dessen letztes weit von alter tibetischer Architekturtradition entfernt ist, entsprechen diesem kurzen, farbenfrohen, die Menschen ins

Freie lockenden Sommer, dessen Helligkeit sich auch in den Innenräumen ausdrückt. Es heißt, der 14. Dalai Lama habe besonders gern in den Gärten und luftigen Galerien des Norbulingka geweilt, und er sehne sich heute vor allem auch nach diesem Stück verlorener Heimat.

Vor den hohen, mit Sonnensegeln bespannten Dachterrassen und Balkonen des Drepung-Klosters, das sich westlich von Lhasa wie eine befestigte Stadt am Berghang hinzieht, blickt man auf einen flachen, weißen, in der Dachregion rotgetünchten Gebäudekomplex, der von hohen Bäumen überragt wird.

Das alte Gemäuer hat eine lange geheimnisvolle Geschichte. Es birgt die Räume des tibetischen Staatsorakels, von dem wir schon hörten.

In diesem Staatsorakel von Nechung fand eine uralte zentralasiatisch-tibetische Glaubensvorstellung ihren Ausdruck, die als Schamanismus bekannt ist und sich wohl von Sibirien her über weite Teile Ostasiens, besonders über die Wüsten-, Steppen- und Hochgebirgslandschaften, verbreitet hat.

Der Schamane ist ein unter Trance handelnder oder weissagender Mensch, der heilende, aber auch prophetische Kräfte besitzt und als solcher eine Mittlerstellung zwischen Dämonen und Mitmenschen wie zwischen dem Gestalt gewordenen Augenblick und dem ungewissen Morgen einnimmt.

Wahrscheinlich spielten Menschen mit solchen Fähigkeiten in der alten Bon-Religion als Zauberpriester eine bedeutende Rolle. Sie wirkten nicht nur als Heilkundige, Dämonenbeschwörer, Wettermacher und Gefahrenbanner, sondern auch als Weissager und Seher. In dieser Eigenschaft finden wir sie als Orakelpriester der frühen tantrischen Kulte, die bereits von Padmasambhava auch für buddhistische Rituale verpflichtet wurden.

Tsongkhapa, der offenbar für Zauberwesen und Wahrsagerei wenig übrig hatte, mußte sich dennoch der Macht der Zauberpriester beugen und ihnen auch in seinem Lehrgebäude einen unangreifbaren Platz einräumen. So blieb ihr magisches Wirken bis in die jüngste Zeit ein wesentliches Element des tantrischen Buddhismus, wenngleich der 14. Dalai Lama in den letzten Jahren immer wieder betont hat, daß die Tätigkeit der Orakelpriester nicht eigentlich zur buddhistischen Praxis gehöre.

Der Dalai Lama weist damit auf die Tatsache hin, daß sich der tibetische Buddhismus aus sehr unterschiedlichen Elementen zusammensetzt und daß er sich im Laufe der Jahrhunderte auf recht verschiedenartige Weise entwickelt hat. Wenn der 14. Dalai Lama heute besonders nachdrücklich die Bedeutung der ursprünglichen Buddhalehre auch für den Lamaismus hervorhebt, so nimmt er damit die Bemühungen Tsongkhapas um ein unverfälschtes Lehrsystem wieder auf, ohne jedoch auf die reiche Gedankenfülle tantrischer Tradition verzichten zu wollen. Diese Verbindung kommt auch in der gerade in jüngster Zeit immer wieder betonten Zusammengehörigkeit des tibetischen Buddhismus mit den im Himalaya zwischen Ladakh und Bhutan fortbestehenden Rotmützen-Sekten zum Ausdruck, deren Repräsentanten ihrerseits die besonderen Beziehungen zum Dalai Lama gleichfalls betonen.

Wenn hier vom tibetischen Staatsorakel als einem bis 1959 in Tibet und seither im indischen Exil tätigen Orakelpriester die Rede ist, sollte man nicht vergessen, daß es sich bei dieser Institution keineswegs um ein einzelnes Überbleibsel aus frühester vorbuddhistischer Zeit handelt. Das Staatsorakel ist vielmehr die oft zitierte und genau beschriebene Spitze eines Bezugssystems, das in echt tantrischer Weise seine Wurzeln in der Volksreligion hat und noch heute überall im Volke lebendig ist.

Orakelpriester gibt es oder gab es noch bis zur chinesischen Okkupation fast in jedem Dorf und bei jedem Kloster, wenn sie auch oft nicht unmittelbar als Mönche oder Lamas zum Kloster gehörten. Wir finden sie in den Siedlungen und Lagern der Exiltibeter genauso wie in den lamaistischen Randgebieten Tibets, in Nordindien, Nepal und Bhutan.

Allerdings ist ihr Wirken nicht so offensichtlich und für jeden erkennbar wie etwa die allgemeinen Klosterzeremonien, an denen Fremde ohne weiteres teilnehmen können.

Ein deutscher Arzt und Tibetforscher, Günter Schüttler, berichtet in seinem 1971 erschienenen Buch »Die letzten tibetischen Orakelpriester«, welche Schwierigkeiten es bereitete, in Dharamsala, dem Exilort des Dalai Lama in Indien, die Erlaubnis zu einem Gespräch mit Lama Shugden Tschodje, dem letzten Staatsorakel Tibets, zu erhalten. Und ich erinnere mich gut, wie man mich mehrere Tage mit Entschuldigungen hinhielt, als ich 1962 versuchte, Zeuge einer Orakelbefragung in einem der Rotmützen-Klöster Sikkims zu werden. Erst als ich den Orakelpriester, der, da er verheiratet war, außerhalb des Klosters lebte, durch einen Zufall persönlich kennenlernte, konnte ich schließlich an einem Ritual teilnehmen, das im Zusammenhang mit der Auffindung der Reinkarnation eines auf der Flucht aus Tibet verstorbenen Rinpotsches stand.

Der Abt des Klosters versicherte mir damals, daß es sich nicht um eine Zeremonie seines Klosters handle, an denen ich oft teilgenommen hatte. Er betonte vielmehr, daß er seine Räume für eine Art Gastzeremoniell zur Verfügung gestellt habe, um dessen Durchführung ihn die mit der Suche nach dem neuen Rinpotsche beauftragten tibetischen Flüchtlingslamas gebeten hatten.

Da die politische Zukunft Tibets damals noch ungeklärt war – das Land wurde erst am 9.9.1965 Autonome Region der Volksrepublik China – war man in den Grenzregionen, wo Flüchtlinge lebten oder durchzogen, sehr darauf bedacht, nichts zu tun, was man in China als politische Provokation hätte auffassen können. Selbst eine Einreisegenehmigung nach Sikkim war zu dieser Zeit nur unter größten Schwierigkeiten zu erhalten und konnte jederzeit widerrufen werden. Auch meine Teilnahme an der Befragung des Orakelpriesters geschah unter strenger Geheimhaltung, zumal es sich um eine tibetische Angelegenheit handelte. Wahrscheinlich war die

Teilnahme überhaupt nur deshalb möglich, weil ich im Kloster wohnte und außer den Mönchen niemand von meiner Anwesenheit wußte.

Am Tage des bevorstehenden Zeremoniells wurde ich noch vor Sonnenaufgang geweckt und von einem Mönch in die Klosterhalle begleitet, wo schon einige Mönche versammelt waren und Beschwörungstexte aus dem Kalacakra-Tantra rezitierten. Mir schien die Rezitation besonders getragen und geheimnisvoll, als ob es darum ginge, auf ein unsichtbares Wesen einzuwirken.

Auf einem erhöhten Sitz neben dem Thron des Abtes war ein prächtiges Gewand samt Stiefeln und Mütze ausgebreitet. Davor lagen Vajra und Phurbu, der Zauberdolch, mit dem dereinst Padmasambhava die Dämonen besiegt und zu Beschützern der buddhistischen Lehre gemacht hatte.

Ich saß in einer Ecke des Raumes, links vom Eingang, und konnte alles gut überblicken. Ein Mönch entzündete die Butterlampen vor der zentralen Skulptur des sitzenden Padmasambhava, der von Figuren des Buddha Shakyamuni und des Bodhisattva Avalokiteshvara flankiert war. Ein anderer Mönch ging mit einer Kanne herum und schenkte Buttertee ein. Lange Zeit geschah nichts. Nur das zeitweise unterbrochene Rezitieren aus dem Kalacakra-Tantra erfüllte den Raum, zuweilen lauter, dann wieder wie ein geheimnisvolles Raunen.

»Es kommt darauf an, die Schutzgottheit herabzurufen, bevor der Orakelpriester eintritt, damit ihn die Kraft seines Dämons nicht überwältigt«, flüsterte mir der Mönch zu, der schon mehrmals Buttertee nachgeschenkt hatte.

Es mochten zwei oder drei Stunden vergangen sein, als plötzlich der Orakelpriester eintrat und sein Obergewand ablegte. Mönche halfen ihm in die bereitliegende Robe, zogen ihm die Stiefel an, setzten ihm die spitze Kappe auf, die mit kleinen silbernen Totenköpfen bestickt war, banden ihm einen runden Metallspiegel als magisches Symbol vor die Brust und reichten ihm Vajra und Phurbu. Andere hatten

Räucherwerk entzündet, das zwischen ihm und den Mönchen eine Art Rauchvorhang entstehen ließ, in dem die Strahlen der seitwärts von oben einfallenden Sonne spielten.

Der Orakelpriester ließ sich nieder und schaute mit starren, weitgeöffneten Augen in den aufsteigenden Rauch, den er in gleichmäßigen Zügen einatmete. Neben ihm hatte ein Mönch mit Griffel und Schreibpapier Platz genommen. Rechts von ihm saßen, von den Mönchen des Klosters getrennt, die drei Lamas, die mit der Auffindung des Rinpotsches beauftragt waren. Sie hatten an den Rezitationen nicht teilgenommen und schienen sich in tiefer Meditation zu befinden.

Wieder verging eine lange Zeit, in der nichts geschah. Auch die Beschwörungsgesänge setzten nun aus. Es herrschte eine unheimliche Stille im Raum. Man hörte nur das gleichmäßige tiefe Atmen des Orakelpriesters, dessen weitgeöffnete Augen allmählich einen seltsamen Glanz annahmen. Plötzlich schien sich der Priester aufzubäumen und warf den Kopf nach hinten. Ich hatte den Eindruck, als fülle sein prächtig gekleideter Körper den ganzen Raum, der inzwischen von den Schwaden des Räucherwerks wie eingenebelt wirkte.

Ich spürte, daß mit allen Anwesenden, so auch mit mir, in diesen Augenblicken eine Veränderung vor sich ging. Die Statue des Padmasambhava schien zu erbeben. In Wirklichkeit war der Orakelpriester vor ihr aufgesprungen und wirbelte wie ein Tänzer durch den Raum. Er stand vor den tibetischen Lamas für Minuten erstarrt, sank dann auf seinen Sitz zurück, wo ihn ein heftiges Schütteln überkam. Zwei Mönche hielten ihn fest, als er erneut aufspringen wollte, und der erste der tibetischen Lamas trat an ihn heran und flüsterte ihm etwas ins Ohr. Ich hatte den Eindruck, als ob es dem Orakelpriester wie wildes Geschrei erschiene. Er zuckte mit dem Ohr zurück. Dann stieß er unvermittelt rauhe Laute aus. Der Mönch neben ihm hatte sich vorgebeugt und begann, wie nach Diktat, zu schreiben.

Die übrigen Mönche hielten die Köpfe gesenkt. Nur die heisere Stimme des Orakelpriesters war zu hören. Sie klang unnatürlich und ging zuweilen in ein Röcheln über.

Plötzlich fiel der Orakelpriester in sich zusammen, sank wie leblos zur Seite. Zwei Mönche sprangen auf und stützten ihn. Andere fächelten ihm Luft zu. Allmählich schien er sich zu erholen. Doch die Trance hielt an.

Der zweite Lama trat auf ihn zu und legte ein beschriebenes Blatt vor ihn hin, über das der Orakelpriester nun den rechten Zeigefinger gleiten ließ, wobei er auf einigen Zeichen kurz verhielt. Der Lama und der Mönchsschreiber schauten gebannt hin. Durch den Körper des Orakelpriesters ging ein konvulsivisches Zucken, das immer stärker wurde. Sein Gesicht schien sich zu verwandeln. Schweiß stand ihm auf der Stirn. Speichel floß aus dem halbgeöffneten Mund, aus dem kurz hintereinander ein paar unartikulierte Schreie kamen, die den Schreiber jedoch trotz ihrer Unverständlichkeit zur Aufzeichnung veranlaßten.

Der dritte Lama, der am weitesten von dem Orakelpriester entfernt saß, hatte in dieser ganzen Zeit seine meditative Haltung nicht verändert. Nun plötzlich schien sich die innere Erregung des Orakelpriesters auch ihm mitzuteilen, der bisher so unbeteiligt gewirkt hatte. Sein Körper fing an zu zittern und zu beben. Der Kopf kreiste auf dem Rumpf wie die Nadel eines Kompasses. Dann blieb er plötzlich in einer ganz unnatürlichen Stellung, zur Sonne hingeneigt, stehen. Mönche tröpfelten dem Lama geweihtes Wasser ins Gesicht. Verwundert schaute er um sich und dann auf den Orakelpriester, der zum dritten Male völlig erschöpft in sich zusammengesunken war. Die Mönche bemühten sich jetzt um ihn. Sie hielten ihn fest, als neue Zuckungen durch seinen Körper gingen. Allmählich wurde er ruhiger. Zwei Mönche halfen ihm auf und führten ihn aus dem Raum.

Die drei Lamas saßen wieder unbewegt in Meditation, als ob nichts geschehen wäre. Leise rezitierten die Mönche weiter aus dem Kalacakra-Tantra. Der Schreiber saß selbstvergessen vor seinen Papieren. Das Räucherwerk verglomm. Die Schwaden, die durch den Raum zogen, verflüchtigten sich. Nur der Duft blieb und erinnerte an eine Stunde des Selbstenthobenseins, wie ich sie nie wieder erlebt habe.

»Die Befragung war erfolgreich«, sagte mir der Abt des Klosters beim Abschied, »der Rinpotsche wird bald gefunden sein.« Ich ahnte damals nicht, daß ich ihm dreizehn Jahre später im ladakhischen Leh persönlich begegnen sollte. Einer der Lamas, die mit der Auffindung betraut waren, erkannte mich in den Straßen von Leh wieder. Er brachte mich zu dem jungen Rinpotsche und erzählte ihm von der seltsamen Zeugenschaft. Der Lama war inzwischen zum Guru des Rinpotsches geworden, dem ich dann später noch einmal im Rumtekkloster von Sikkim bei der letzten Schwarzhutzeremonie des 1981 verstorbenen Kvalwa Karmapa, des Oberhauptes der Karma-Kargyutpa-Sekte, begegnen sollte.

Orakelpriester werden freilich nicht nur, wie hier, zu religiösen Weissagungen herangezogen. Im Gegenteil! Meistens handelt es sich um persönliche, die Zukunft betreffende Fragen, um Entscheidungen, die es zu fällen gilt, um Termine, um Reisen, vor allem aber auch, besonders bei den höheren Orakelpriestern wie dem Staatsorakel von Nechung, um politische Probleme.

Ja, man kann sagen, daß der Tibeter seine Zukunft voller Vertrauen dem Orakel entnimmt, daß er nichts tut, was ihm von dort nicht empfohlen ist, und daß er alles unterläßt, was ihm als gefährlich geweissagt wird. Von daher begreift man Macht und Einfluß der Orakelpriester, die ja nicht allein Künftiges prophezeien, sondern auf die Zukunft nach tibetischem Glauben auch einwirken können. Sie sind oder waren doch zumindest die Vertreter nicht nur der Weißen, sondern auch der Schwarzen Magie, die in Tibet immer eine große Rolle gespielt hat. So sehr sich Tsongkhapa bemühte, kraft seiner geistlichen Autorität die schwarzmagischen Kräfte zu unterbinden, so haben sie doch im Volksglauben fortgewirkt und sind auch heute noch lebendig.

Die Tibeter glauben nicht nur nach wie vor an die Macht der Dämonen. Sie sind zum größten Teil auch davon überzeugt, daß Orakelpriester sie steuern, verstärken oder abschwächen können.

»Wir unterliegen Kräften, die wir längst nicht alle kennen, die wir aber mit magischen Ritualen zu beeinflussen vermögen«, sagte mir 1981 ein tibetischer Lama, der schon lange im Westen lebt, als ich ihn nach der Bedeutung der Magie und ihrer Beherrscher für die Tibeter fragte.

Aus dieser Sicht ist das Staatsorakel von Nechung nur ein besonders hervorragendes Beispiel für eine tief im Volk wurzelnde, das ganze Leben der Tibeter bestimmende Glaubenskraft. Ihr Ursprung liegt im Bewußtsein der weltbeherrschenden, in Göttern und Dämonen personifizierten Kräfte des Guten und Bösen und ihrer Beeinflußbarkeit durch magische Praktiken.

Dieser Glaube geht zweifellos in älteste Zeiten zurück und wurzelt in der Naturreligion der Nomadenstämme vom Dach der Welt und dem wohl unter buddhistischem Druck daraus entstandenen Bontum.

Aus einem der einstigen Geisterherrscher dieser noch immer nicht ausreichend erforschten Religion, dem auf einem weißen Löwen reitenden, dreiköpfigen und sechsarmigen Dämonenkönig Pekar, der sich nach seiner Überwindung durch Padmasambhava besondere Verdienste um die Verbreitung des Buddhismus in der Mongolei erworben hat, ist das Staatsorakel von Nechung hervorgegangen.

Pekar habe sich zum ersten Mal in dem von Padmasambhava gegründeten Kloster Samye mit dem Körper des dortigen Orakelpriesters verbunden, so erzählt die Legende. Über Generationen erschien er in den Nachkommen dieses Orakelpriesters bei wichtigen Befragungen, bis er plötzlich, nach acht Jahrhunderten, in den Körper eines einfachen Mannes aus der Nähe von Lhasa eindrang.

Der von Pekar Besessene verfiel in einen todesähnlichen Zustand. Er wurde daraufhin in einem Holzbehälter dem nahen Fluß anvertraut. Mönche des Klosters Drepung fischten die seltsame Kiste aus dem Wasser und öffneten sie. Da schlug aus dem Innern eine Flamme hervor, die in einen Baum eindrang, der heute noch als der Baum Pekars verehrt wird. Der Totgeglaubte stieg aus dem Holzkasten und wurde, nachdem man sich seiner medialen Kräfte versichert hatte, zum ersten Orakelpriester von Nechung.

Eine zweite Legende berichtet von der Unzufriedenheit der Mönche des nahe Lhasa gelegenen Klosters Tselgungtang mit ihrer Schutzgottheit, die kein Geringerer als der Dämonenkönig Pekar war. Sie legten seine Skulptur, die bis dahin in der Klosterhalle ihren Ehrenplatz gehabt hatte, in ein Holzkästchen und übergaben dieses dem Fluß, an dem das Kloster lag.

Wieder ist es ein Mönch aus Drepung, der auch nach dieser Version das geheimnisvolle Kästchen aus dem Fluß holte. Auf dem Weg zum Kloster übermannt ihn die Neugier. Er öffnet das Kästchen. Die darin gebettete Figur hat sich inzwischen belebt, entweicht aus dem engen Gefängnis und fliegt in einen nahen Baum, von wo sie den Ruf »Nechung, Nechung« ertönen läßt. Der Mönch berichtet im Kloster von dem wunderbaren Erlebnis, und die Mönchsgemeinschaft beschließt darauf, Pekar in der Nähe des Baumes ein Orakelheiligtum zu errichten.

In Wirklichkeit scheinen für die Verlegung des Pekarorakels aus Samye nach Nechung politische Gründe ausschlaggebend gewesen zu sein. Denn Samye war ein Rotmützen-Kloster. In dem für die Gründung Nechungs zuständigen Kloster Drepung aber hatte sich immer stärker die Macht der Gelbmützen konzentriert, Grund genug für die Dalai Lamas, dem Orakel von Nechung eine zentrale Bedeutung zu geben.

Die offizielle Erklärung für die Erhebung des Orakelpriesters von Nechung zum Staatsorakel hatte allerdings einen ganz anderen Tenor. Es hieß, die in Lhasa ansässigen, bei der Bevölkerung äußerst unbeliebten nepalesischen Händler hätten die Vergiftung der Brunnen von Lhasa geplant. Dank seiner Sehergabe sei das dem Orakelpriester von Nechung

nicht verborgen geblieben, und er habe so den Giftmordan-
schlag auf die ahnungslose Bevölkerung von Lhasa verhindern
können.

Die dem Volk auf solche Weise verständlich gemachte
Erhebung eines der vielen Orakelpriester zum höchsten Orakel Tibets hat dem Inhaber des Amtes und seinen zahlreichen
Nachfolgern bis in die jüngste Zeit allerdings nur wenig
Glück gebracht. Immer waren die Staatsorakel von Mißtrauen
und Unheil umwittert. Falsche Prophezeiungen ließen an
ihrer Kraft zweifeln, und außenpolitische Einflüsse, besonders von chinesischer Seite, machten ihr Amt oft zur Qual.

Es scheint, daß auch ein direkter Einfluß auf das Staatsorakel und Manipulationen ihrer Vorhersagen durch die Dalai
Lamas nicht auszuschließen sind. Diesen Gedanken legt
besonders die Einflußnahme des 5. Dalai Lamas auf das
Staatsorakel nahe. Wahrscheinlich sah der Dalai Lama in dem
Orakelpriester ein Instrument zur Popularisierung seiner
Machtansprüche. Vor allem das einfache Volk Tibets war
durch zutreffende Vorhersagen oder in Trance ausgespro-
chene politische Empfehlungen sehr zu beeindrucken, was
dem 5. Dalai Lama die Durchsetzung seines absolutistischen
Regierungsstils sicher sehr erleichterte.

Die Bindung des Orakelpriesters an das Kloster Drepung,
das unter dem 5. Dalai Lama Zentrum der Macht war, geschah
deshalb sicher nicht zufällig. Seine für Orakelpriester ungewöhnliche Einbeziehung in den hohen lamaistischen Klerus
ist ein weiteres Anzeichen für die Bedeutung, die der Dalai
Lama seinem Staatsorakel beimaß. Völlig aus dem üblichen
Rahmen fiel auch die Verpflichtung des Orakelpriesters von
Nechung, im für Gelbmützen-Lamas verbindlichen Zölibat
zu leben.

Bereits unter dem Nachfolger des großen Fünften kam das
Staatsorakel in politische Schwierigkeiten. Der 6. Dalai Lama
war im Gegensatz zu seinem machtbewußten Vorgänger ein
feinsinniger, mehr an Kunst und Literatur als an Politik
interessierter Mann, der es mit dem Gelübde der Keuschheit

nicht sehr ernst nahm. Der 6. Dalai Lama gilt als der größte weltliche Dichter Tibets. Vor allem seine Liebeslieder sind bekannt und werden heute noch im Volke gesungen. Sie erinnern, wie das folgende, an die sehnsuchtsvollen Dichtungen des deutschen Minnesangs:

»Frucht du vom Pfirsichbaum,
noch unerreichbar mir,
schönes und edles Kind,
meinem Verlangen süß!

Wärst du nur endlich mein!
Perle vom Meeresgrund
glaubt' ich errungen dann.
Schweigt still, ihr Papagei'n!

Heimlich dem Haus entschlüpft,
sah ich die Liebste fern,
leuchtend blauer Türkis,
den ich besaß, verlor.

So wie des Mondes Licht
dort nicht vom Ostberg weicht,
schwebt meinem Innern jetzt
immer ihr Bildnis vor.

Weit mein Herz! Nacht vergeht
schlaflos und unruhvoll.
Kein Tag erfüllt den Wunsch,
leblos leb' ich dahin.«

Die massive Kritik am 6. Dalai Lama, den als Wüstling zu charakterisieren besonders westliche Betrachter nicht müde wurden, ist sicher nicht gerechtfertigt. Vielmehr war es sein feinsinniges, auch den sinnlichen Genüssen zugewandtes Leben, das ihm im Volke viele Sympathien einbrachte. Doch die Chinesen sahen in seiner Führungsschwäche einen Ansatz, die vom 5. Dalai Lama begründete politische Macht Tibets zu brechen.

Von ergebenen Mönchen wurde der durch chinesische Agenten bedrohte Dalai Lama auf Empfehlung des Staatsorakels nach Drepung gebracht und dort mit Waffengewalt beschützt. Hatte doch das Staatsorakel verkündet, der Dalai Lama dürfe auf keinen Fall in die Hände seiner Feinde geraten. Diese Weissagung begründete offenbar die tiefe Abneigung der Chinesen gegen den Orakelpriester von Nechung und alle seine Nachfolger. Noch 1981 reagierten die Chinesen auf Fragen nach dem Staatsorakel von Tibet allergisch.

Entgegen der gläubigen Haltung der Tibeter nahmen die Chinesen jederzeit eine unbeugsame, harte Haltung gegen unliebsame Prophezeiungen des höchsten Orakelpriesters ein, obwohl sie wußten, daß sie sich damit den Unwillen der Tibeter zuzogen.

So entführten sie auch den durch Orakelspruch geschützten Dalai Lama mit Waffengewalt aus Drepung und brachten ihn in das ihrem Einfluß unterliegende östliche Tibet, wo er 1706 unter geheimnisvollen Umständen verstarb. Für die Tibeter gelten die Schergen des chinesischen Kaisers als seine Mörder.

Als die Chinesen einen jungen, ihnen ergebenen Mönch zum Nachfolger des verstorbenen Dalai Lama machen wollten, wies das Staatsorakel auf ein nach dem Tode des Sechsten geborenes Kind als Inkarnation hin, das schließlich auch Dalai Lama wurde und sogar die Anerkennung des chinesischen Kaisers erfuhr. Doch auch dieser Kraftakt des Staatsorakels blieb in Peking nicht ohne Wirkung. Um den Einfluß politischer tibetischer Kräfte bei der Auffindung der Wiedergeburt des Gottkönigs und bei der Auswahl aus mehreren möglichen Anwärtern in Zukunft zu verhindern, bestimmte der chinesische Kaiser Kien Lung 1793, daß Zettel mit den Namen der ausgesuchten Knaben unter chinesischer Aufsicht in eine goldene Urne gelegt und über die wahre Inkarnation durch göttliches Los entschieden werden solle.

Bis zur Wahl des 12. Dalai Lama wurde so verfahren. Und die Tibeter behaupten, die Voraussage ihres Staatsorakels habe immer mit dem Los übereingestimmt.

Eine ausschlaggebende Rolle spielte das Staatsorakel bei der Auffindung des 13. Dalai Lama im Jahre 1876. Innenpolitische Krisen, die Ermordung mehrerer Dalai Lamas im Kindesalter und die rigorose Machtpolitik der Regenten, verbunden mit der zunehmenden politischen Schwächung des chinesischen Kaiserreiches, hatten zu einer internationalen Zuspitzung der Tibetfrage geführt, zumal Großbritannien und Rußland auf die politische Entwicklung in Tibet Einfluß zu nehmen versuchten.

Die Einbeziehung des Staatsorakels in die politische Willensbildung während dieser Krisenzeit sollte sich als verhängnisvoll erweisen. Die Fragwürdigkeit seiner Prophezeiungen wurde angesichts der Eindeutigkeit politisch-militärischer Ereignisse offenbar. Das Mittelalter war damit für Tibet auch auf diesem Gebiet zu Ende gegangen, ohne daß es den meisten, noch immer an das Orakelwesen glaubenden Tibetern bewußt geworden war.

Das Unheil begann mit einem vom Staatsorakel suggerierten aggressiven Akt Tibets im Jahre 1886. Damals besetzten tibetische Truppen den Berg Lingtu, der 30 Kilometer innerhalb eines zu jener Zeit von Großbritannien beanspruchten südtibetischen Territoriums liegt. Der Orakelpriester von Nechung hatte diesem Berg magische Kräfte zugeschrieben und prophezeit, daß seine Inbesitznahme die sich in Sikkim festsetzenden Engländer an einem Vordringen nach Tibet hindern werde. Das Staatsorakel widersprach dann auch einer Lösung auf dem Verhandlungswege. So kam es 1888 zur Rückeroberung des Lingtu durch britische Truppen. Damit war der Konflikt zwischen Tibet und Großbritannien ausgelöst, der dann 1904 zum militärischen Vorgehen der Engländer gegen Tibet führen sollte. Younghusband-Expedition nennt die jüngere Geschichte Zentralasiens in europäischem Tenor das Unternehmen des britischen Obersten Younghusband, das am 4.8.1904 mit der Besetzung Lhasas endete. Der zehn Jahre vorher nach einem Staatsstreich zur Macht gekommene 13. Dalai Lama floh nach Urga, dem heutigen Ulan Bator, in der Mongolei, wo der Lamaismus inzwischen eine seiner mächtigsten Bastionen hatte.

In seiner jährlichen Neujahrsbefragung hatte der Orakelpriester von Nechung die schlimmen Ereignisse für 1904 angedeutet, ja mehr noch, er hatte prophezeit, dieses kommende Jahr – nach tibetischer Zeitrechnung ein Holz-Drachenjahr – werde für Tibet eine verhängnisvolle Entwicklung einleiten.

Es ist bisher wenig auf diesen Orakelspruch eingegangen worden. Bedenkt man jedoch, daß die Engländer mit ihrem Vordringen in Tibet letztendlich nur wirtschaftliche Interessen – die Eröffnung von Handelsplätzen in Gyantse, Gartok und Yarlung – verfolgt haben, offenbar ohne die weltpolitische Bedeutung des Landes auf dem Dach der Welt richtig einzuschätzen, so kommt man zu der bestürzenden Einsicht, daß der Orakelpriester von Nechung weitsichtiger war als die englischen Politiker. Denn im britisch-chinesischen Vertrag von 1906 haben die Engländer praktisch die Oberhoheit Chinas über Tibet anerkannt, was letzten Endes die vorausgenommene Legitimation jener Entscheidung Maos bedeutete, die dem Land 60 Jahre später endgültig seine Freiheit nahm.

GOTTKÖNIGE ZWISCHEN MITTELALTER UND GEGENWART

In Tibet weiß man von einer uralten Prophezeiung, nach der es in der Geschichte des Landes nur dreizehn Dalai Lamas geben werde. Danach, so hieß es, werde der Born der Wiedergeburten des Gottkönigs versiegen. Kein Wunder also, daß man sich in tibetischen Adels- und Lamakreisen bereits im 19. Jahrhundert Sorgen um die Zukunft des Landes machte. Und für viele Tibeter der führenden Familien galt das Eintreffen britischer Truppen in Lhasa im Jahre 1904 als der Anfang vom Ende Tibets und seines Gottkönigtums. Tatsächlich ist das Land seither nicht mehr wirklich zur Ruhe gekommen, wenngleich sich die alte Prophezeiung nicht wörtlich erfüllt hat.

Als der 13. Dalai Lama 1904 in die Mongolei geflohen war, glaubte in Lhasa niemand an die Möglichkeit seiner Rückkehr. Freiheit und Unabhängigkeit des Landes schienen, obwohl sie schon lange nur noch Fiktion waren, endgültig verloren. Das Mißtrauen gegenüber allen Erscheinungsformen der Außenwelt war so groß, daß die führenden konservativen Köpfe Tibets an eine Bewahrung ihrer Religion und ihres Lebensstils nicht mehr glauben konnten.

Doch während die Tibeter ihre alte Kultur angesichts der modernen Weltentwicklung, die sich mit Artillerie auch auf dem Dach der Welt lautstark bemerkbar gemacht hatte, zunehmend in Zweifel zogen, gewann der Lamaismus in China immer mehr an Bedeutung. Und als im Jahre 1908 der Ching-Kaiser Kuang Hsu und die Kaiserin starben, wurde der Dalai Lama aufgefordert, mit 108 Lamas das Totenritual zu zelebrieren.

Das bedeutete eine letzte ungeheure Aufwertung des Lamaismus in den Augen der asiatischen, besonders aber der buddhistischen Welt. Wir sehen diese für China erstaunliche Entwicklung noch heute in Peking und seiner Umgebung, besonders in den nordöstlich von der Hauptstadt gelegenen Ching-Gräbern und in der kaiserlichen Sommerresidenz Chengde, architektonisch manifestiert. So schien die Stellung des Dalai Lama gefestigter denn je, als er im Dezember 1909 nach Lhasa zurückkehrte.

Doch schon wenige Wochen später wendete sich Tibets Schicksal erneut. Der 1906 von England allzu vertrauensvoll, ja man darf wohl sagen leichtfertig abgeschlossene Vertrag mit China diente dem schwachen, aber ehrgeizigen neuen Herrscher in Peking als willkommener Vorwand, in Tibet einzufallen.

Lhasa wurde 1910 von chinesischen Truppen besetzt, und der 13. Dalai Lama, der zwei Jahre vorher in Peking Triumphe als geistlicher Herr gefeiert hatte, sah sich vom Nachfolger jenes Kaisers, der ihm so nahe gestanden hatte, aller weltlichen Würden beraubt. Statt seiner wurde der damalige Panchen Lama als Herrscher Tibets inthronisiert. Es war, bis hin zu dieser Machtverschiebung zwischen den beiden höchsten Würdenträgern Tibets, ein fatales Vorspiel jener Ereignisse, die sich ab 1959 unter Mao Tse-tung mit für Tibet allerdings weitaus verhängnisvolleren Folgen fast genauso wiederholen sollten. Immerhin aber machen die Vorgänge von 1910 deutlich, daß es keine rotchinesische Idee und Initiative war, Tibet zu besetzen. Hier hat Mao einen uralten chinesischen Machttraum zu Ende geträumt und entsprechend seiner Expansionspolitik konsequent verwirklicht.

Nur der Zusammenbruch des chinesischen Kaiserreichs sowie die darauf folgenden inneren und äußeren Konflikte Chinas, die bis zur Machtergreifung Maos andauerten, gewährten Tibet einen Aufschwung des drohenden Unheils, das sich seit dem Anfang des 20. Jahrhunderts um das bis dahin so abgeschiedene Dach der Welt zusammenbraute.

Wenn die Chinesen dem 13. Dalai Lama bereits 1910 das geistliche Amt zwar lassen wollten, ihm aber alle weltliche

Macht absprachen, so sehen wir auch darin nichts anderes als das Vorbild der chinesischen Absichten von heute, den Dalai Lama wieder in sein geistliches Amt einzusetzen, die politische Macht über Tibet aber nach wie vor von Peking her auszuüben.

Wie sehr es bei all diesen Ereignissen aus tibetischer Sicht auch um eine Auseinandersetzung zwischen Tradition und Fortschritt, das aber heißt hier, zwischen mittelalterlich anmutenden Zuständen und Gegenwart geht, zeigt die umstrittene Stellung des Staatsorakels in jenen Jahren.

Im August 1909 war mit dem 13. Dalai Lama auch der Orakelpriester von Nechung nach Tibet zurückgekehrt. Doch viele einflußreiche Tibeter sahen in seinen Vorhersagen und politischen Empfehlungen einen der Hauptgründe für die verhängnisvolle Entwicklung in jüngerer Zeit und drängten auf seine Entmachtung. Selbst der Dalai Lama, der seine ohnehin schwer zu treffenden Entscheidungen nicht auch noch von einem Orakel abhängig machen wollte, nahm gegen den Orakelpriester Stellung und nutzte schließlich die verbreitete Stimmung unter den Mächtigen im Lande, um das Staatsorakel zu entlassen und seine Residenz Nechung aufzulösen.

Wahrscheinlich hätten die eindringenden Chinesen den gleichen Schritt vollzogen, wenn ihnen der inzwischen ein zweites Mal, nun nach Indien, geflohene Dalai Lama damit nicht zuvorgekommen wäre. Allerdings mehrten sich nach der chinesischen Besetzung Tibets die Stimmen im Lande, die das neue Verhängnis von der Abschaffung der altehrwürdigen Einrichtung des Staatsorakels herleiten wollten. So kam es nach dem Rückzug der chinesischen Truppen, der noch vor dem Ausbruch der Revolution von 1912 begann, und nach der dadurch möglich gewordenen Rückkehr des Dalai Lama aus Indien erneut zu Überlegungen, ob man nicht in so bewegter Zeit eines Staatsorakels mehr denn je bedürfe.

Tatsächlich wurde dann Nechung offiziell wieder eröffnet. Doch schon 1915 gab es infolge einer Klosterrevolte in

Nechung neue Schwierigkeiten, die abermals zur Absetzung des Amtsinhabers führten.

Erst als sich die Stellung des 13. Dalai Lama in den zwanziger Jahren zunehmend festigte und der außenpolitische Druck, zumindest vorübergehend, von Tibet genommen schien, setzten sich die konservativen, am Staatsorakel und seinem Wirken interessierten Kräfte noch einmal durch. Sie erzwangen die Einsetzung eines neuen Orakelpriesters, der auch das Vertrauen des Dalai Lama besaß.

Zu großem Ansehen gelangte der neue Staatswahrsager aber erst nach dem Tode des 13. Dalai Lama am 17. Dezember 1933. Hatte er doch an der Auffindung der vierzehnten Inkarnation, die nach der alten Prophezeiung so umstritten war, erheblichen Anteil. Damit wirkte eine mittelalterliche Institution ganz entscheidend auch auf die jüngste historische Entwicklung Tibets ein. Denn seine Gegenwart ist trotz der chinesischen Besetzung von der Erscheinung und dem Verhalten des 14. Dalai Lama entscheidend mitgeprägt.

Der 14. Dalai Lama, Nawang Lobsang Tenzing Gyatso, der »ehrwürdige, die Lehre hochhaltende Ozeanpriester«, wurde am 6. Juni 1935 in der zu China gehörenden Provinz Amdo als Bauernsohn geboren. Sein Geburtshaus steht nur 40 Kilometer südöstlich des berühmten Klosters Kumbum, das an der Geburtsstätte Tsongkhapas errichtet wurde. Schon beim Tode des 13. Dalai Lama deuteten viele Anzeichen der zu erwartenden Reinkarnation in nordöstliche Richtung. Der Orakelpriester von Nechung wurde auch in den kommenden Jahren, trotz vieler Gegenargumente, nicht müde, die Aufmerksamkeit der Suchkommission für den neuen Dalai Lama nach Nordosten zu lenken.

In den führenden Kreisen Lhasas war man sich völlig im klaren, was das bedeutete: neue Probleme mit den Chinesen. Hatte doch Tschiang Kai-schek, der Regierungschef der jungen Republik, im Januar 1934 zu den Trauerfeierlichkeiten für den 13. Dalai Lama jene Delegation besonderer Art entsandt, die, unter der Führung des Generals Hwang Musung, mit

Waffen und Funkgerät ausgerüstet, den Auftrag hatte, nach dem Trauerakt als ständige chinesische Mission in Lhasa zu bleiben. Für die freiheitsliebenden Tibeter war das ein neuer schwerer Schlag gegen ihre Hoffnung auf andauernde Unabhängigkeit.

Eine neuer Dalai Lama, der im chinesischen Hoheitsgebiet geboren war, konnte die durch Tschiang Kai-scheks massives Eingreifen entstandene Situation nur verschärfen. Kein Wunder, daß es in Lhasa genug Stimmen gab, die zu einer intensiveren Suche im Staatsgebiet von Tibet rieten, um keinen neuen Konfliktstoff mit China zu schaffen und damit womöglich Gründe für eine noch stärkere Präsenz Pekings in Tibet zu liefern.

Doch wieder einmal setzte sich jene magisch-mystische Kraft des tibetischen Glaubens an die kosmische Vorbestimmung aller Erscheinungen durch, die nicht nur zur langwierigen Suche und endlosen Auffindung der 14. Inkarnation führte, sondern auch zu ihrer Durchsetzung als Gottkönig gegenüber den Chinesen.

Zum letzten Mal, so scheint es, hat hier tibetisches Mittelalter über den Rationalismus der Gegenwart triumphiert. Grund genug, diesem einmaligen Phänomen unserer Zeit anhand der eigenen Aufzeichnungen des 14. Dalai Lama nachzugehen.

Angesichts der Prophezeiung, daß es nur dreizehn Dalai Lamas geben werde, wurden alle Anzeichen, die als Hinweise auf eine vierzehnte Reinkarnation gedeutet werden konnten, besonders aufmerksam studiert und interpretiert. So hatten sich nach dem Tode des 13. Dalai Lama im Nordosten von Lhasa seltsame Wolkenformationen gebildet, und das Gesicht des Toten, der auf dem Thron des Norbulingka-Palastes mit dem Blick nach Süden niedergesetzt worden war, wendete sich auf geheimnisvolle Weise gen Osten. Am Nordostpfeiler des Totenschreins, den man für den Verstorbenen errichtete, erschien plötzlich ein leuchtender, sternförmiger Schwamm.

In den Tagen dieser auffälligen Erscheinungen, die das

Totenzeremoniell für den 13. Dalai Lama begleiteten, wurde der Abt des Klosters Reting, von dem wir schon gehört haben, als Regent eingesetzt. Dieser begab sich 1935, nachdem außer diesen Richtungshinweisen eindeutige Erkennungszeichen für einen neuen Dalai Lama noch nicht sichtbar wurden, zum heiligen See von Lhamoi Latso südöstlich von Lhasa. In Tibet glaubt man, daß durch Versenkung und Meditation gereinigte Menschen in den Wassern dieses Sees die Zukunft erkennen können.

Was dem Regenten hier am Ufer des heiligen Sees nach einigen Tagen des Fastens und der Meditation widerfuhr, kann als ein echt tantrisches Erlebnis gedeutet werden, ob man es nun – wie die Tibeter – als Spiegelung von Wirklichkeit oder als eine Halluzination des Abtes von Reting werten will.

Dem Rinpotsche, so berichtet er selbst, erschienen über den Wassern zunächst die drei tibetischen Schriftzeichen ah, ka und ma. Dann erkannte er das Bild des Klosters mit jadegrünen und goldenen Dächern sowie ein schönes Haus mit türkisfarbenen Ziegeln.

Entsprechend dem uralten Ritual, das bei der Suche nach einem Dalai Lama zu befolgen ist, wurden diese Visionen unter strenger Geheimhaltung gegenüber der Öffentlichkeit, besonders auch vor den in Lhasa anwesenden Chinesen, den Mitgliedern der Suchkommission mitgeteilt, die im folgenden Jahr nach allen Richtungen auszogen, um nach dem Ort zu suchen, dessen Abbild dem Regenten in den Wassern des Lhamoi-Latso-Sees erschienen war.

Was dann folgte, möchte ich, um die gläubige Hinnahme der Ereignisse authentisch zu belegen, in den eigenen Worten des 14. Dalai Lama, der hier seine Auffindung beschreibt, wiedergeben:

»Die weisen Männer, die ostwärts gewandert waren, kamen im Winter nach Dokham. Bald entdeckten sie die grünen und goldenen Dächer des Klosters von Kumbum. Im Dorf Taktser stießen sie auf ein Haus mit türkisfarbenen Ziegeln. Ihr

Anführer erkundigte sich, ob die Familie, die dieses Haus bewohnte, etwa Kinder habe, und man sagte ihm, daß zu ihr ein Knabe gehöre, der nahezu zwei Jahre alt sei.

Als sie diese bedeutsame Kunde vernommen hatten, gingen zwei Mitglieder der Gruppe und ein Diener, geführt von zwei orstansässigen klösterlichen Beamten, in Verkleidung zu dem Haus. Ein jüngerer Klosterbeamter der Suchgruppe, der Losang Tsewang hieß, gab vor, der Leiter zu sein, während der wirkliche Anführer, Lama Kewtsang Rinpoche aus dem Kloster Sera, ärmliche Kleider angelegt hatte und den Diener spielte. Am Tor des Hauses trafen die Fremdlinge mit meinen Eltern zusammen, die Losang ins Haus baten, da sie ihn für den Ranghöchsten hielten, während der Lama und die übrigen in den Räumen des Gesindes Unterkunft erhielten.

Hier fanden sie das jüngste Kind der Familie. Sobald der Kleine den Lama erblickte, ging er auf ihn zu und wollte unbedingt auf dessen Schoß. Der Lama hatte sich durch einen Mantel, der mit Lammfell gefüttert war, unkenntlich gemacht, aber um den Hals trug er einen Rosenkranz, der dem 13. Dalai Lama gehört hatte. Der Bub entdeckte diesen Rosenkranz und bettelte darum. Der Lama versprach, ihm den Rosenkranz zu geben, wenn er herausbrächte, wer er sei. Darauf erwiderte das Kind, er sei ›Sera-aga‹, was im Dialekt der Gegend soviel wie ›Lama von Sera‹ bedeutet. Nun fragte der Lama, wie denn wohl der Anführer hieße, und der Knabe nannte den Namen Losang. Außerdem wußte er, daß der richtige Diener Amdo Kasang war. Der Lama beobachtete das Kind den ganzen Tag hindurch mit wachsendem Interesse, bis es Zeit war, es zu Bett zu bringen. Die ganze Gruppe blieb über Nacht im Haus. Früh am nächsten Morgen, als sie sich zum Aufbruch vorbereitete, kletterte der Knabe aus seinem Bett und wollte sich nicht davon abbringen lassen, mit den Fremden zu gehen. Dieses Kind war ich.

Bis zu jenem Zeitpunkt hatten mein Vater und meine Mutter noch keine Ahnung von dem wahren Auftrag der Reisenden, die sie bei sich aufgenommen hatten. Aber einige

Tage später kam die ganze Suchkommission der älteren Lamas und hohen Würdenträger gemeinsam in unser Haus in Taktser. Beim Anblick der großen Gruppe vornehmer Besucher begriffen meine Eltern, daß ich eine Reinkarnation sein müsse, denn es gibt viele wiederverkörperte Lamas in Tibet; auch mein älterer Bruder hatte sich bereits als ein solcher erwiesen. Ein verkörperter Lama war kurz zuvor im Kloster von Kumbum gestorben, und deshalb vermuteten meine Eltern, daß die Besucher nach seiner Reinkarnation forschten. Daß ich die Reinkarnation des Dalai Lama selbst sein könnte – daran dachten meine Eltern nicht im Traum.

Bei kleinen Kindern, die Reinkarnationen sind, ist es üblich, daß sie sich an Gegenstände und Personen aus ihrem vorigen Leben erinnern. Einige können auch heilige Schriften zitieren, ohne daß man es sie gelehrt hat. Durch alles, was ich gesagt hatte, war der Lama zu der Überzeugung gekommen, daß er möglicherweise die gesuchte Reinkarnation entdeckt habe. Nun war die ganze Gruppe erschienen, um mich weiter zu prüfen. So hatten die Würdenträger zwei völlig gleiche schwarze Rosenkränze bei sich, von denen der eine aus dem persönlichen Besitz des 13. Dalai Lama stammte. Als sie mir beide darboten, ergriff ich denjenigen, der ihm gehört hatte, und legte ihn mir – wie man mir später erzählte – um den Hals. Derselbe Versuch wurde mit zwei gelben Rosenkränzen unternommen. Darauf hielten sie mir zwei Trommeln hin, eine kleine, die der Dalai Lama dazu verwendet hatte, sein Gefolge zusammenzurufen, und eine größere, viel reicher geschmückte Trommel mit goldenen Beschlägen. Ich wählte die kleine und begann sie so zu bearbeiten, wie man es während des Betens tat. Zuletzt wiesen sie mir zwei Wanderstäbe. Ich faßte den falschen an, hielt dann inne und betrachtete ihn eine Weile; schließlich nahm ich den anderen, der dem Dalai Lama gehört hatte, und behielt ihn in der Hand. Über mein Zögern verwundert, fand man später heraus, daß auch der erste Wanderstab eine Zeitlang vom Dalai Lama benutzt worden war. Er hatte ihn später einem Lama verehrt, der ihn wiederum an Kewtsang Rinpoche weiterverschenkt hatte.

Alle diese Versuche bestärkten die Abgesandten in der Überzeugung, daß die Reinkarnation gefunden war; auch die Vision der drei Schriftzeichen, die der Regent im See erblickt hatte, sprach für ihre Ansicht. Denn sie meinten, daß das erste Schriftzeichen –ah – Amdo bedeute. Und Amdo ist der Name unseres Bezirks. ka mochte auf Kumbum hinweisen, eines der größten Mönchsklöster der Gegend, das überdies dem Regenten in seiner Vision erschienen war. Auch konnte mit den zwei Schriftzeichen ka und ma das Mönchskloster Karma Rolpai Dorje am Berg oberhalb unseres Dorfes gemeint sein.

Nun bekam der Umstand Bedeutung, daß der 13. Dalai Lama einige Jahre zuvor auf seinem Rückweg von China im Kloster Karma Rolpai Dorje geweilt hatte. Er war vom verkörperten Lama des Klosters willkommen geheißen worden und hatte die Huldigungen der Dorfbewohner entgegengenommen, unter denen sich auch mein Vater – damals neun Jahre alt – befand. Man erinnerte sich jetzt daran, daß ein Paar Stiefel des Dalai Lama – sie heißen bei uns jachhen – im Kloster zurückgeblieben waren. Auch hatte der Dalai Lama eine Zeitlang mein Geburtshaus betrachtet und dabei geäußert, dies sei ein wunderschöner Ort.

Durch das Zusammentreffen all dieser Umstände kam die Suchkommission vollends zu der Überzeugung, daß die Reinkarnation gefunden war, und kabelte alle Einzelheiten nach Lhasa. Die einzige Telegraphenlinie Tibets verlief von Lhasa nach Indien; deshalb mußte die verschlüsselte Nachricht von Sining durch China und Indien nach Lhasa geschickt werden. Auf demselben Weg kam die Anweisung zurück, mich unverzüglich in die heilige Stadt zu bringen.«

Dieser Auftrag war, wie sich bald herausstellen sollte, leichter erteilt als ausgeführt. Denn all das, wovon der 14. Dalai Lama in seinen Lebenserinnerungen berichtet, hatte sich ja nicht in den Grenzen Tibets, sondern auf chinesischem Hoheitsgebiet ereignet. Nach Pekinger Recht war der neu aufgefundene Dalai Lama chinesischer Bürger, der nicht ohne weiteres ausreisen durfte. Da man den Gouverneur der Provinz Amdo von der Suchaktion hatte unterrichten müssen, schaltete der sich, obwohl Moslem, aus eigener Machtvollkommenheit in die Prüfung des Knaben ein und gelangte ebenfalls zu der Überzeugung, daß jenes in dem kleinen Dorf Taktser bei Kumbum aufgefundene Kind der neue Dalai Lama sei. Allerdings veranlaßte ihn diese Erkenntnis nicht etwa, die Suchkommission mit dem Kind nach Lhasa ziehen zu lassen. Er ordnete vielmehr die Unterbringung des Knaben im Kloster Kumbum an, wo er der Obhut seines dort bereits als Mönch lebenden älteren Bruders übergeben wurde.

Die tibetische Regierung aber ließ er wissen, daß er die Ausreise des neuen Dalai Lama nur gegen die Zahlung von 100 000 chinesischen Dollar zulassen werde. Die Tibeter reagierten auf diese Forderung geschickt, indem sie dem Gouverneur mitteilten, daß man ja noch gar nicht mit Sicherheit sagen könne, ob es sich bei dem Knaben aus Taktser um die wirkliche Reinkarnation handle, da auch in anderen Teilen Tibets Anwärter gefunden worden seien. Doch der Gouverneur ließ sich durch diese Argumente nicht von seiner Forderung abbringen, was dazu führte, daß bis zur Ausreise des vermeintlichen neuen Dalai Lama nach Lhasa fast zwei Jahre vergingen. In dieser Zeit gab es einen üblen Handel zwischen dem chinesischen Gouverneur, der seine Forderung inzwischen auf 300 000 chinesische Dollar erhöht hatte, und der tibetischen Regierung, die durch immer neue Schachzüge die Ausreisegenehmigung zu erlangen suchte, ohne die riesige Summe vorher bar zahlen zu müssen, wozu sich Lhasa offenbar wirklich nicht in der Lage sah, wenn es nicht seine gewaltigen Tempel- und Klosterschätze angreifen wollte. Denn Tibets Reichtum bestand zum großen Teil nicht in weltlichen, als vielmehr in religiösen Schätzen. Dabei wurden Goldstatuen natürlich nicht nach ihrem Metallwert, sondern nach ihrem aus tibetischer Sicht ungleich höheren kultischen Wert bemessen.

Über seine von den Chinesen schließlich doch genehmigte Abreise und ihre Bedingungen schreibt der Dalai Lama in seinen Lebenserinnerungen:

»Mit dem Ende des sechsten Monats im Erd-Hase-Jahr, das dem Jahr 1939 entspricht, kam schließlich doch die Stunde meines Aufbruchs. Die Regierungsvertreter hatten den Betrag von dreihunderttausend Dollar nicht vollständig in bar auftreiben können. Nun traf es sich außerordentlich günstig, daß um jene Zeit gerade einige chinesische Kaufleute, die Mohammedaner waren, über Lhasa eine Pilgerreise nach Mekka antreten wollten. Sie erklärten sich bereit, das fehlende Geld auszulegen und es sich in Lhasa zurückzahlen zu lassen. Daraufhin gab der Gouverneur seine Einwilligung zu meiner Abreise, doch stellte er die Bedingung, daß ein älterer Beamter als Geisel so lange bei ihm bleiben müsse, bis er eine Reihe Schriften, mit Goldtinte gemalt, und eine komplette Garnitur von Kleidern des Dreizehnten Dalai Lama erhalten habe. Die Lieferung habe sofort nach meiner ordnungsgemäßen Ankunft in Lhasa zu erfolgen. Dieser Forderung wurde zwar entsprochen, glücklicherweise aber konnte der vom Gouverneur Festgehaltene während politischer Unruhen, die in Dokham ausbrachen, nachdem ich in Lhasa eingetroffen war, entkommen und sich wohlbehalten bis zur heiligen Stadt durchschlagen.

Eine Woche nach meinem vierten Geburtstag brachen wir auf. Drei Monate und dreizehn Tag sollte unsere Reise dauern. Meinen Eltern fiel der Abschied von ihrer Heimat, ihrem Hof und ihren Freunden schwer, wußten sie doch noch immer nicht, was mich und sie erwartete. Die Karawane bestand zu Beginn aus etwa fünfzig Leuten – den Mitgliedern der Suchkommission, meiner eigenen Familie und jener Gruppe von Moslems auf ihrer noch weit längeren Pilgerfahrt – sowie 350 Pferden und Maultieren. Meine Eltern nahmen zwei von meinen älteren Brüdern mit, Gyelo Thondup, der damals neun, und Losang Samten, der sechs Jahre alt war. Es gab damals in Tibet weder Karren oder Leiterwagen noch

Straßen, auf denen solche hätten fahren können. Samten und ich reisten im Treljam, einer Art Sänfte, die, an zwei Stangen befestigt, von je einem Maultier vorn und hinten getragen wird. Auf unwirtlichen und gefährlichen Wegstrecken nahmen mich wechselweise die Mitglieder der Suchkommission auf den Arm. Wir reisten täglich vom Morgengrauen bis zum Mittag, wie es in Tibet üblich ist; die Nächte verbrachten wir in Zelten, da auf unserer Route nur selten menschliche Behausungen anzutreffen waren. Tatsächlich sahen wir anfangs wochenlang keine Menschenseele, einige Nomaden ausgenommen, die herbeikamen und mich um meinen Segen baten.

Sobald ich außerhalb des chinesischen Machtbereiches und somit in Sicherheit war, wurde in Lhasa die Nationalversammlung einberufen. Man legte den Mitgliedern einen detaillierten Bericht von den Visionen des Regenten, von den Prüfungen, die ich erfolgreich bestanden, und von den Hinweisungen vor, die der 13. Dalai Lama über den Ort gegeben hatte, an dem er sich seine Wiedergeburt gewünscht hatte. Es wurde nachgewiesen, daß die Suche und die Befragungen in Übereinstimmung mit den Empfehlungen der Orakel und der führenden Lamas vorgenommen worden waren, und so erklärte die Versammlung einstimmig, daß ich die Reinkarnation des Dalai Lama sein müsse. Daraufhin erhielten hohe Beamte den Auftrag, mir entgegenzureisen.

Nachdem wir nahezu drei Monate auf dem Marsch gewesen waren, trafen wir an dem Fluß Thutop-chu auf den ersten dieser Würdenträger. Er hatte zehn Leute bei sich sowie hundert Traglasten an Vorräten; auch hatte er für vier aus Weidenruten geflochtene und mit Leder bespannte Boote gesorgt, um uns und unsere Habe über den Fluß zu setzen. So begann die Karawane anzuwachsen.

Einige Tage später überschritten wir den Tra-tsang-la-Paß und erreichten die Stadt Bumchen, 15 Tagesmärsche von Lhasa entfernt. Hier wurden wir durch einen weiteren Abgesandten der Regierung willkommen geheißen; er übergab mir nicht nur weiße Glücksschleifchen, die das in Tibet allgemein gebräuchliche Symbol der Begrüßung sind, sondern auch das Mendel Tensum, eine dreifache Gabe der Verehrung und Huldigung. Erst in diesem Augenblick wurde es meinem Vater und meiner Mutter zur Gewißheit, daß ihr jüngster Sohn die Reinkarnation des Dalai Lama war. So glücklich, so ergriffen, so dankbar sie waren – sie konnten es im ersten Augenblick immer noch nicht glauben, in jener Fassungslosigkeit, die uns häufig überkommt, wenn wir große und glückliche Schicksalswendungen erleben.

Ein wenig später, zehn Tagesstrecken von Lhasa, trafen wir auf eine Gruppe von etwa 100 Männern mit noch sehr viel mehr Pferden und Maultieren, als sie uns die erste Gesandtschaft zugeführt hatte. Diese zweite wurde von einem Minister des tibetischen Kabinetts geleitet und bestand aus zahlreichen Beamten und Vertretern der drei bedeutendsten Klöster von Lhasa, die mir alle die üblichen Glücksschleifen und das Mendel Tensum überreichten. Sie brachten auch die durch den Regenten, das Kabinett und die Nationalversammlung von Tibet beglaubigte Proklamation mit, durch die ich zum 14. Dalai Lama erklärt worden war. Dann zog man mir meine bäuerliche Kleidung aus und hüllte mich in ein Mönchsgewand. Ich erhielt eine Bedienung, wie es das Zeremoniell bestimmt, und von jetzt an trug man mich in einer goldenen Sänfte, die wir Tibeter Phebjam nennen.

Immer größer und größer wurde unser Zug. In jedem Dorf und in jeder Stadt, die wir passierten, trafen wir auf Prozessionen von Lamas und Mönchen, die kultische Zeichen und Glückssymbole mit sich führten. Die Einwohner der Ortschaften schlossen sich ebenfalls der Prozession an, während Hörner und Flöten, Trommeln und Zimbeln erklangen und Wolken von Weihrauch zum Himmel stiegen. Laien wie Mönche hatten ihre Festtagskleidung angelegt und begrüßten mich, wenn ich durch die Menge getragen wurde, mit gefalteten Händen und strahlend vor Glück.

Ich entsinne mich, von meiner Sänfte aus Menschen gesehen zu haben, die Freudentränen vergossen. Und überall, wo wir hindurchgezogen waren, erklang Musik, sangen und tanzten die Menschen.

Die nächste wichtige Station unserer Reise war Dum Uma Thang. Hier wurde ich vom Regenten und dem Obersten Abt Tibets erwartet. Wir unterbrachen unsere Reise und brachten drei Tage im Kloster von Reting zu. Aber der Höhepunkt der offiziellen Begrüßung war erst erreicht, als wir in Dögu-thang ankamen, wo alle übrigen hohen Beamten versammelt waren, um mich willkommen zu heißen: der Premierminister, die Mitglieder des Kabinetts und die leitenden Äbte der Klöster Drepung, Sera und Ganden, die ›Drei Säulen‹ des Buddhismus in Tibet. Auch Mr. Hugh Richardson, der Leiter der Britischen Mission in Lhasa, entbot mir hier seinen Gruß. Wir waren nun dicht vor der heiligen Stadt; bald darauf trafen wir auf die Vertreter von Bhutan, Nepal und China. Nun war unsere Reisegesellschaft außerordentlich umfangreich geworden; in einer langen Prozession bewegten wir uns auf unser Reiseziel zu. Tausende von Mönchen mit bunten Fahnen säumten beide Seiten unseres Weges. Menschen über Menschen sangen Willkommenslieder, Musik ertönte. Die Soldaten aller Regimenter der tibetischen Armee bildeten präsentierend Spalier. Die ganze Einwohnerschaft von Lhasa, Männer und Frauen, jung und alt, drängte sich in ihrem besten Staat in den Straßen, um mich huldigend zu empfangen und zu feiern. Als sie sahen, wie ich vorbeigetragen wurde, hörte ich sie rufen: ›Der Tag unseres Glücks ist gekommen.‹

Mir war, als träumte ich, in einem ganzen Park mit herrlichen Blumen zu lustwandeln, wo ein sanfter Wind wehte und vor mir prächtige Pfauen tanzten. Ein unvergeßlicher Duft von wilden Blumen erfüllte die Luft, und es war, als erklinge die Melodie von Freiheit und Glückseligkeit. Noch war ich aus diesem Traum nicht erwacht, als wir die Innenstadt erreichten. Ich wurde in den Tempel geführt, wo ich mich demütig vor den geweihten Bildnissen verneigte. Dann zog die Prozession zum Norbulingka, der Sommerresidenz des

Dalai Lama, und ich betrat, noch immer träumend, die herrlichen Gemächer meines Amtsvorgängers.

Man hatte beschlossen, die Zeremonie des Sitringasol bald nach meiner Ankunft zu begehen: meine Einsetzung auf den Löwenthron. Als Datum hatte man den vierzehnten Tag des ersten Monats im Eisen-Drachen-Jahr festgesetzt, das dem Jahr 1940 entspricht. Der Regent hatte auf Anraten der Staatsastrologen und nach Beratungen mit der Nationalversammlung diesen Tag bestimmt. An die Regierung von China, die Britische Regierung von Indien, den König von Nepal und die Maharadschas von Bhutan und Sikkim wurden Telegramme gesandt, die ihnen das Datum der Inthronisierung mitteilten.

Im Si-Shi-Phuntsok, der ›Halle aller guten Taten der überirdischen und irdischen Welt‹, im östlichen Teil des Potala-Palastes, fand die Zeremonie statt. Hier hatten sich alle diplomatischen Vertreter der benachbarten Länder versammelt, ferner Beamte der tibetischen Regierung aus dem Mönchs- wie aus dem Laienstand, wiedergeborene Lamas, die drei Äbte und stellvertretende Äbte der Klöster von Drepung, Sera und Ganden sowie meine Angehörigen. Als ich die Halle betrat, war ich begleitet vom Regenten, von meinen beiden geistlichen Betreuern, von Mitgliedern des Kabinetts, dem Obersten beamteten Abt und dem Obersten Kämmerer. Auch der Gewandmeister, der religiöse Zeremonienmeister, der Mundschenk und andere Repräsentanten der alten Gebiete Tibets waren anwesend. Alle erhoben sich, als ich eintrat. Ich wurde vom Hauptabt und dem ältesten Mitglied des Kabinetts zum Löwenthron geleitet, wobei der Oberkämmerer die Prozession anführte.

Der Sengtri – wie wir den Löwenthron nennen – bestand aus vergoldetem Holz. Acht geschnitzte Löwen, zwei an jeder Ecke, trugen ihn. Der Thron hatte quadratische Form; hergestellt war er nach den Anweisungen der heiligen Schriften. Es lagen fünf viereckige Kissen auf ihm, jedes mit Brokat von einer anderen Farbe überzogen, so daß der Sitz etwa zwei Meter hoch war. Vor den Thron hatte man einen Tisch gestellt, auf dem alle Amtssiegel des Dalai Lama lagen.

Die Feier begann mit dem Absingen besonderer Gebete durch eine Gruppe von Mönchen des Potala, deren besondere Aufgabe es war, dem Dalai Lama bei allen Kulthandlungen zu assistieren. Sie reichten mir Symbole glückhafter Vorbedeutung, dabei Gebete singend, mit denen sie deren Sinn deuteten.

Dann trat der Regent vor und vollzog die Zeremonie des Mendel Tensum. Diese besteht im wesentlichen aus dem Darbieten von drei symbolischen Gaben: einer goldenen Statuette des Buddha vom Ewigen Leben (Amitayus), eines Buches mit Texten über diesen sowie eines kleinen Chorten, einer Miniaturausgabe jener sakralen Gedenkstätten altüberkommener Bauart, die jedem Tibetreisenden bekannt sind. Sie wünschten mir ein langes Leben und forderten mich auf, unseren Glauben zu künden und auszulegen sowie nach Gedanken gleich denen Buddhas zu streben.

Dann überreichten mir der Regent, mein zweiter geistlicher Betreuer und der Premierminister Glücksschleifen. Ich segnete den Regenten und meinen Erzieher, indem ich ihre Stirnen mit der meinen berührte; den Premierminister, der ein Laie war, segnete ich, indem ich seinen Kopf mit beiden Händen berührte. Darauf führte mir der Oberste Kämmerer eine Prozession von Gefolgsleuten zu, die mir Droma brachten, ein süß schmeckendes Kraut in einem kleinen goldenen Becher mit Untertasse. Nachdem ich davon genommen hatte, bekamen auch die übrigen Anwesenden Droma. Das Darreichen von Droma, das als Glückssymbol gilt, ist in Tibet ein fester Bestandteil jeder kultischen Handlung. Die nächste Zeremonie – das Anbieten von Tee – ging in der gleichen Reihenfolge vor sich. Dann gab es gesüßten Reis. Während dieses strenge Ritual seinen Fortgang nahm, disputierten zwei klösterliche Gelehrte über Grundfragen des Glaubens. Anschließend führte eine Gruppe von Knaben Pantomimen mit Musikbegleitung vor. Wieder folgte eine Disputation über religiöse Themen, während der sowohl frisches wie getrocknetes Obst und Khabse, kleine tibetische Kuchen, gereicht wurden.

Nun brachte der Regent das Mendel Tensum stellvertretend für die Regierung von Tibet dar. Diesmal war es ein kunstvoll gearbeitetes Sinnbild des Weltalls, das auf der einen Seite von einem Mitglied des Kabinetts, auf der anderen vom Obersten Abt gehalten wurde. Der Regent erläuterte die Bedeutung dieser sakralen Handlung und erklärte, daß nach langer Suche unter Mitwirkung der Orakel und hohen Lamas nunmehr ich von der Regierung und vom tibetischen Volk als geistlicher und weltlicher Herrscher des Staates eingesetzt sei. Zuletzt wünschte er mir ein langes Leben, damit es dem Volk von Tibet durch mich wohl ergehe und der Glaube sich ausbreite. Nun schleppte eine lange Prozession von Beamten – Laien und Mönche – Geschenke der Regierung von Tibet herbei: das Goldene Rad und eine weiße Muschel, Zeichen der geistlichen und der weltlichen Macht, sodann acht Symbole der Wohlfahrt und des Glücks und sieben Symbole des Königtums. Nachdem noch eine Fülle anderer Geschenke niedergelegt worden war, endete der Aufzug.

Jetzt war der Augenblick gekommen, da ich die Versammlung zu segnen hatte. Zuerst wurden die Beamten der tibetischen Regierung auf geistliche Weise gesegnet. Dann waren die ausländischen Vertreter an der Reihe; sie alle brachten mir Glücksschleifen dar. Auch sie empfingen von mir solche Khatags. Den Vertretern der höchsten Ränge überreichte ich sie persönlich, den anderen durch den Kämmerer. Vielerlei Obst, das man zuvor inmitten der Halle bereitgelegt hatte, wurde mir nun angeboten und dann an die Anwesenden verteilt. Eine weitere pantomimische Vorführung folgte. Dann erschien ein Zug von Darstellern, die in Maske und Kostüm die Götter und Göttinnen der Meere und des Himmels verkörperten und Lieder zum Preise unseres Landes sangen. Vier maskierte Tänzer stellten die alten indischen Acharya dar (Lehrer), zwei Klosterbeamte rezitierten

Berichte über die großen Zeiten der Vergangenheit Tibets und über seine Religion. Wieder wurde eine Pantomime aufgeführt. Die Zeremonie schloß mit den Deklamationen zweier Mönche, die selbstverfaßte Verse vortrugen: Gebete für ein langes Leben des Dalai Lama, für den Sieg des Glaubens in der ganzen Welt, für den Frieden und die Wohlfahrt aller Geschöpfe unter der Herrschaft der dem Dalai Lama unterstellten Regierung. Ich erteilte diesen zwei klösterlichen Gelehrten meinen besonderen Segen und überreichte ihnen zum Dank für ihre Verse Glücksschleifen.

Damit war die feierliche Inthronisation beendet. Sie hatte sehr lange gedauert, und man erzählt mir, alle Teilnehmer seien entzückt darüber gewesen, wie ich, der ich doch noch so klein war, meine Rolle mit so viel Würde hatte durchhalten können. Nun hatte ich nur noch den Phuntsok Doi-Khyel, die ›Kammer der Guten Taten nach Wunsch‹, aufzusuchen, wo wiederum alle die hohen Persönlichkeiten, die mich zur Inthronisation in die Halle geleitet hatten, meiner harrten. Man legte mir meine sämtlichen Amtssiegel vor, und jetzt erfolgte mein erster symbolischer Regierungsakt: Ich drückte die Petschafte auf Dokumente mit Anweisungen für die Klöster. So war ich im Alter von viereinhalb Jahren in aller Form als der Vierzehnte Dalai Lama, als geistlicher und weltlicher Herrscher Tibets, eingesetzt. Und alle Tibeter glaubten, eine glückliche und gesicherte Zukunft stehe ihnen bevor.«

Diese Beschreibung der Anreise und Inthronisation des 14. Dalai Lama macht deutlich, wie lebendig sich das mittelalterliche Zeremoniell trotz aller Veränderungen der Umwelt in Tibet erhalten hatte. Lhasa erlebte damals noch einmal die Wiederholung eines Rituals, das der Tibeter als unabdingbaren Teil des kosmischen Zusammenhangs aller Erscheinungen begreift.

Das intensive Mitwirken des Staatsorakels von Nechung an der Auffindung des 14. Dalai Lama hat zweifellos sehr zur erneuten Festigung seiner Position in Tibet beigetragen.

Auch die Vorhersage der weltpolitischen Entwicklung beim Neujahrsfest von 1939, wo der Orakelpriester die bevorstehenden kriegerischen Auseinandersetzungen zwischen Deutschland und England prophezeite, hatte eine weitere Steigerung seines Ansehens in Lhasa zur Folge.

So kam es nach Krisenjahren für die magisch-mythische Institution des Staatsorakels gerade in dem Augenblick zu seiner erneuten Aufwertung, der weltgeschichtlich als der Zeitpunkt eines endgültigen Abschieds der Menschheit von ihren uralten religiösen, transzendentalen Bindungen anzusehen ist.

Insofern mag dieses Ereignis, zusammen mit der Inthronisation eines neuen Dalai Lama im Jahre 1939, eine größere Bedeutung haben, als man ihm heute im Gesamtfeld des historischen, kulturellen, geistigen, religiösen und auch politischen Umbruchs zuschreiben möchte.

Die weltgeschichtlichen Realitäten jener Jahre freilich hatten sich weit vom traditionellen Kurs der tibetischen, religiös gebundenen Politik entfernt. Insbesondere zeigte es sich, daß China selbst in seiner politisch schwierigsten Phase unter Tschiang Kai-schek nicht von seinen Ansprüchen auf Tibet abwich. Im Gegenteil! 1943 gab Tschiang Kai-schek den Gouverneuren der chinesischen Provinzen Singkiang und Tsing-hai den Befehl, in Tibet einzumarschieren und Lhasa zu besetzen.

Wie schwach schon damals die Machtposition des chinesischen Staatschefs war, beweist die Tatsache, daß Lin Wen-hui, der Gouverneur von Singkiang, der ein sehr gutes Verhältnis zu Tibet hatte, den Einmarschbefehl einfach ablehnte, während Ma Pu-fang, der Gouverneur von Tsing-hai, die Gelegenheit benutzte, um zunächst einmal Waffen anzufordern. Auch er umging dann mit verzögernden Erklärungen die Ausführung von Tschiang Kai-scheks Befehl.

Erst sechs Jahre später, als Mao Tse-tung die Volksrepublik China ausrief, wurde das Tibetproblem in Peking wieder aktuell. Mao bezeichnete damals »die Befreiung des in mittelalterlicher Despotie lebenden Tibet als eine der vordringlich-sten Aufgaben des neuen China.«

In Lhasa reagierte man mit der Ausweisung der Vertreter Tschiang Kai-scheks. Genau ein Jahr später – am 7. Oktober 1950 – begannen chinesische Truppen mit ihrem Einmarsch und langsamen Vordringen in Tibet.

Und wieder wird das Staatsorakel aktiv. Es suggeriert die Einsetzung des 15jährigen Dalai Lama in sein Amt als Gott-könig.

Die Machtübernahme der chinesischen Kommunisten in Tibet konnte allerdings auch dieser am 17. November 1950 vollzogene Akt nicht mehr aufhalten. Schon im Dezember 1950 kam es deshalb zur ersten Flucht des Dalai Lama nach Süden. Vier Monate später wurde der von Peking als Gegen-spieler des Dalai Lama aufgebaute Panchen Lama von Tschu En Lai nach Peking eingeladen. Die chinesische Regierung versuchte ihre Ansprüche auf Tibet zu legalisieren und die chinesische Präsenz in Tibet als beiderseitigen Wunsch darzu-stellen. Dazu diente das am 23.5.1951 in Peking von der chinesischen Regierung und einer nicht autorisierten tibeti-schen Delegation unterzeichnete Abkommen über die »fried-liche Befreiung Tibets«.

Dieses Abkommen faßt in 17 Punkten die chinesischen Vorstellungen über die künftige tibetische Entwicklung zusammen. Es ist nicht nur als Dokument einer als Vertrag ausgegebenen einseitigen politischen Willenserklärung inter-essant. Auch der Vergleich seiner Aussagen mit dem, was seither in Tibet politische Wirklichkeit ist, gibt Anlaß zum Nachdenken. Wir lassen deshalb die 17 Punkte des Abkom-mens hier im Wortlaut folgen:

1. Das tibetische Volk wird sich zusammenschließen und die imperialistischen aggressiven Kräfte aus Tibet vertreiben. Das tibetische Volk wird in die große Völkerfamilie seines Mutterlandes, der chinesischen Volksrepublik, zurück-kehren.
2. Die regionale Regierung Tibets wird der Volksbefreiungs-

armee bei ihrem Einzug in Tibet aktiv beistehen und die nationale Verteidigung verstärken.

3. In Übereinstimung mit der im Programm der Politischen Konsultativen Konferenz des chinesischen Volkes niedergelegten Nationalitätenpolitik hat das tibetische Volk das Recht auf Ausübung der nationalen regionalen Autonomie unter der zentralen Leitung der Zentralen Volksregierung.

4. Die Zentralbehörden werden das in Tibet bestehende politische System ebenso wie den festgesetzten Status, die Funktionen und Vollmachten des Dalai Lama nicht ändern.

5. Der festgesetzte Status, die Funktionen und Vollmachten des Panchen Lama werden aufrecht erhalten werden.

6. Unter dem festgesetzten Status, den Funktionen und Vollmachten des Dalai Lama und des Panchen Lama sind Status, Funktionen und Vollmachten des XIII. Dalai Lama und des IX. Panchen Lama zu verstehen, wie sie während der Zeit der freundschaftlichen und herzlichen Beziehungen unter ihnen bestanden.

7. Es wird die im Programm der Politischen Konsultativen Konferenz des chinesischen Volkes niedergelegte Politik der religiösen Glaubensfreiheit verfolgt werden. Die religiösen Bekenntnisse, Sitten und Gebräuche des tibetischen Volkes werden respektiert und die Lama-Klöster geschützt werden. Die Zentralbehörden werden an den Einkünften dieser Klöster keine Änderung vornehmen.

8. Die tibetischen Truppen werden allmählich reorganisiert und in die Volksbefreiungsarmee übergeführt werden und einen Teil der Streitkräfte der nationalen Verteidigung der Volksrepublik China bilden.

9. Die Sprache, Schrift und das Bildungswesen werden in Übereinstimmung mit den in Tibet herrschenden Verhältnissen allmählich entwickelt werden.

10. In Übereinstimmung mit den in Tibet herrschenden Verhältnissen werden die Landwirtschaft, Viehzucht, Indu-

strie und der Handel Schritt für Schritt entwickelt und die Lebensbedingungen des Volkes verbessert werden.

11. Hinsichtlich verschiedener Reformen in Tibet wird von den Zentralbehörden keinerlei Zwang angewandt werden. Die regionale Regierung Tibets soll die Reformen freiwillig durchführen, und wenn das Volk die Durchführung von Reformen fordert, wird die Frage dieser Reformen durch Beratung mit maßgebenden Persönlichkeiten Tibets entschieden werden.

12. Wenn die ehemaligen proimperialistischen und kuomintangfreundlichen Beamten entschlossen alle Beziehungen zum Imperialismus und der Kuo-min-tang abbrechen, keine Sabotage treiben und keinen Widerstand leisten werden, können sie nach wie vor in ihren Stellen verbleiben, ungeachtet ihrer vorherigen Einstellung.

13. Die in Tibet einziehende Volksbefreiungsarmee wird sich fest an alle obenerwähnten Bestimmungen halten. Sie wird auch bei allen Käufen und Verkäufen Rechtschaffenheit bewahren und der Bevölkerung kein einziges Körnchen mit Gewalt wegnehmen.

14. Die Zentrale Volksregierung wird alle auswärtigen Interessen des Gebietes von Tibet zentral wahrnehmen. Zu den Nachbarländern wird eine Politik friedlichen Nebeneinanderlebens verfolgt werden. Auf der Grundlage der Gleichheit, des gegenseitigen Vorteils und der beiderseitigen Achtung der territorialen Einheit und Souveränität werden ehrliche Geschäfts- und Handelsbeziehungen festgesetzt und entwickelt werden.

15. Zur Sicherung der Durchführung dieses Abkommens wird die Zentrale Volksregierung einen Militär- und Verwaltungsausschuß sowie einen Wehrbezirksstab in Tibet errichten und wird außer dem von der Zentralen Volksregierung dorthin entsandten Personal in diese Organe zur Teilnahme an ihrer Arbeit eine möglichst große Anzahl einheimischen tibetischen Personals aufnehmen. Das einheimische tibetische Personal, das an der Arbeit des Mili-

tär- und Verwaltungsausschusses teilnimmt, kann sich aus patriotischen Elementen der regionalen Regierung Tibets verschiedener Bezirke und verschiedener Hauptklöster zusammensetzen. Die Liste dieser Personen wird auf Grund einer Beratung zwischen den von der Zentralen Volksregierung ernannten Vertretern und den verschiedenen interessierten Kreisen aufgesetzt und der Zentralen Volksregierung zur Billigung vorgelegt werden.

16. Die für den Militär- und Verwaltungsausschuß, den Wehrbezirksstab und die in Tibet einziehende Volksbefreiungsarmee notwendigen Geldmittel werden von der Zentralen Volksregierung bereitgestellt werden. Die regionale Regierung Tibets soll der Volksbefreiungsarmee beim Kauf und Transport von Lebensmitteln, Futter und anderen Bedarfsgegenständen behilflich sein.

17. Das Abkommen tritt unmittelbar nach der Unterzeichnung und Siegelung in Kraft.

Unterzeichnet und besiegelt von den mit allen Vollmachten ausgestatteten Abgeordneten der Zentralen Volksregierung:

Der Führer der Delegation: Li Wei-han und drei Delegationsmitglieder.

Die mit allen Vollmachten ausgestatteten Abgeordneten der regionalen Führung Tibets:

Der Führer der Delegation: bKa-blon Nga-bu Ngag-dbang 'Jigs-med und vier Delegationsmitglieder.

Peking, den 23. Mai 1951.«

Der Text dieses Abkommens macht uns, die wir die tibetische Wirklichkeit der Jahre seit 1951 kennen, deutlich, wie weit hier Wort und Absicht auseinanderklaffen. Dazu muß man sich vergegenwärtigen, daß weder der Dalai Lama noch der Panchen Lama an diesem Abkommen mitgewirkt haben und daß keiner von beiden bei der Unterzeichnung zugegen war. Der Dalai Lama befand sich zu jener Zeit noch auf seiner ersten Flucht.

Erst nach der Unterzeichnung des Abkommens durch eine tibetische Delegation, die dazu weder vom Dalai Lama noch von der tibetischen Regierung ermächtigt worden war, kehrte der Dalai Lama in der Hoffnung, trotzdem eine Verschärfung der Situation verhüten zu können, nach Lhasa zurück. Vielleicht glaubte er zu dieser Zeit noch an die Möglichkeit einer begrenzten Freiheit seines Volkes – auch unter chinesischer Herrschaft.

Der letzte Rest solcher Hoffnung, verbunden mit einem starken Druck der chinesischen Führung, mag ihn dann auch veranlaßt haben, im August 1954 zur Feier des fünfjährigen Bestehens der Volksrepublik China nach Peking zu reisen.

Mehrmals traf er in Peking mit Mao Tse-tung zusammen, der einen starken Eindruck auf ihn machte. Hoffnung für sein Volk gewann der Dalai Lama aus diesen Begegnungen nicht. Und nachdem er im April 1955 Lhasa wieder erreicht hatte, wußte er, daß seine völlige Entmachtung nur noch eine Frage der Zeit war.

Durch seine Flucht nach Indien, die er am 17.3.1959 unter dem Schutze von Khampa-Kriegern in der Uniform eines tibetischen Soldaten antrat, entging er der Gewalt, die dann in massiver Form über sein Land hereinbrach. Ihren Höhepunkt erreichte sie in der Kulturrevolution, die das Ziel hatte, auch die tibetische Kultur in all ihren Erscheinungsformen zu vernichten.

Das tibetische Mittelalter war damit zu Ende. Die Ausstrahlung tibetischen Geistes und tibetischen Glaubens über die ganze Erde, so wie sie von Padmasambhava prophezeit worden ist, hatte begonnen.

ÜBER 5 000 METER HOHE PÄSSE ZUR HEILIGEN STADT SHIGATSE

Shigatse, die 400 Kilometer südwestlich von Lhasa gelegene Residenz der zweithöchsten Reinkarnation in der tibetischen Lama-Hierarchie – des Panchen Lama –, war früher für die meisten Tibetreisenden Endstation – so auch für Sven Hedin. Heute ist es umgekehrt. Wer von Chengtu nach Lhasa fliegt, kann noch längst nicht sicher sein, auch Shigatse zu sehen, denn es gibt nicht genügend Fahrzeuge in Tibet.

Die Straße nach Shigatse ist gut, die Fahrt aber recht beschwerlich. Sie dauert einen ganzen Tag und führt über zwei hohe Pässe. Doch sie ist für den Tibet-Kurzbesucher von heute das eigentliche Tibeterlebnis. Nur wer von Lhasa aus einmal weit über Land gefahren ist, bekommt eine Vorstellung von der Landschaftsstruktur Tibets, von seiner Ausdehnung, seiner Einsamkeit und von der Härte des Lebens hier oben in der weltabgeschiedenen Höhe zwischen 4 000 und 5 000 Metern.

Die Erfahrung, auf dem Dach dieser Erde zu sein, macht man nicht in Lhasa, so sehr auch der Potala dem Beschauer den Eindruck vermitteln mag, eine Art Krönung unseres Erdballs zu sein. Doch Tibet in seiner ursprünglichen Form, das ist nicht Stadt, nicht Siedlung, ist weder Kloster noch Tempel. Tibet ist menschenlose Leere, ist weite, unbebaute Landschaft, ist Fluß und See, vor allem aber Stein, Sand, Eis und Sturm, Gletscher und Weglosigkeit – etwas Unvorstellbares, wenn man es nicht mit eigenen Augen gesehen, mit allen Sinnen erlebt hat.

Das Gefühl, dem Himmel näher zu sein als in unseren Niederungen, gewinnt man schon bald, wenn man aus Lhasa hinausfährt und zum ersten Mal dieses großartige Landschaftserlebnis von Wasser, Hochfläche, Gebirge und Wolken hat. Dabei nimmt jede dieser Erscheinungsformen überdimensionale Ausmaße an. Die Flüsse ufern weithin aus, wo immer es die Hügel und steilansteigenden Berge zulassen. Die Berge greifen mit Eisgipfeln in den unvorstellbar blauen Himmel, der seine bleigrauen Wolkenvorhänge in Sekunden zuziehen kann. Dann rasen Stürme wie aus dem Nichts geboren über Steppen und Gipfel, wühlen Sanddünen auf, die ihren Ursprung in den Ausläufern der südwestlichen Gobi haben und unseren Blick mit täglich neuen Variationen überraschen.

Überraschung, das ist wohl überhaupt das Wort, das die Tibetbegegnung für Fremde am treffendsten charakterisiert. Wie oft habe ich es erlebt, daß ich die Jacke auszog, weil die Sonne hochsommerliche Temperaturen erzeugte. Im nächsten Augenblick bricht ein eisiger Sturm los unter unerwartet vorgeschobenen Wolkenbänken, von denen man nicht weiß, wo sie herkommen. Oder ein Regen rauscht herab, der zunimmt, bis er plötzlich hart wie Hagel niederprasselt und die Haut aufspringen läßt. Dann wieder verspüre ich sanft fächelnde Luft über zarten Blüten, so daß ich mich frage, wie solche Pflanzen die ständigen Angriffe der Natur überstehen können.

Zwischen Lhasa und seinem hundert Kilometer westlich gelegenen Flughafen sind Kontraste dieser Art seltener, bewegen wir uns hier doch in einer für Tibet gemäßigten Höhe zwischen 3 500 und 4 000 Metern.

Im breiten Tal des Lhasaflusses, der weitausladende Schleifen und malerische Buchten bildet, wachsen Gerste und auch der von den Chinesen eigens für Hochregionen gezüchtete Bergweizen. Die verschiedenen Grüntöne kontrastieren mit dem klaren Wasser des Flusses und den zwischen Grau, Braun und Violett wechselnden Farben der teils sanften, teils schroff ansteigenden Hügel, die sich mehrere hundert Meter über das Tal erheben und damit fast zu Fünftausendern anwachsen, die im Hintergrund von Eisriesen überragt werden, deren Gipfel in der Sonne glitzern.

Zunächst folgt die Straße von Lhasa nach Shigatse dem Weg zum Flughafen. Dort, wo es links zum chinesischen Friedhof abgeht, dessen Gräberfülle deutliche Auskunft über die Unverträglichkeit dieser Höhe für Flachlandbewohner gibt, erstreckt sich rechts am Berghang das Kloster Drepung, davor liegen zwischen Baumgruppen auf halber Höhe die Gebäude des Staatsorakels.

Nicht weit davon entfernt sehen wir rechts der Straße das kleine Kloster Nethang. Es ist eines der wenigen Sakralbauwerke Tibets, das einer Göttin – der Weißen Tara, die hier Dölma genannt wird – geweiht ist. Das hat seinen besonderen Grund in der Hauptfunktion von Nethang. Das Kloster ist die Grablege des großen Gurus Atisha, eines Schülers des Naropa, der einer der wichtigsten buddhistischen Lehrer in Tibet nach Padmasambhava war.

Atisha kam 1042 auf Einladung des westtibetischen Königs von Guge nach Tibet. Er gilt als der Festiger der buddhistischen Tradition auf dem Dach der Welt nach den Verfallserscheinungen, die Langdarmas Buddhistenverfolgung in weiten Teilen Tibets ausgelöst hatte. 1054 starb Atisha hochgeehrt in Nethang, wo auch sein Grabchorten steht.

Atishas Schutzgöttin war die Weiße Tara. So kam das Kloster Nethang zu seiner Patronin. Die Schüler Atishas, darunter der berühmte tibetische Gelehrte Bromston, wurden allerdings ein Jahr nach dem Tode ihres Meisters aus Nethang vom dortigen lokalen Herrscher vertrieben – eine Tatsache, die ein deutliches Schlaglicht auf die Unsicherheit und Wechselhaftigkeit tibetischer Geschichte und buddhistischen Wirkens in diesem Lande wirft.

Der Historiker Bromston gründete mit der Mönchsgemeinde von Nethang 100 Kilometer nördlich von Lhasa das Kloster Reting, aus dem Tibets vorletzter Regent hervorgegangen ist. In seiner wechselvollen Geschichte war es vom Hauptsitz der Kadampa-Sekte, die auf Atishas Lehrsystem zurückgeht, nach Tsongkhapas Reformen zu einem der wichtigsten Gelbmützen-Klöster geworden.

Nethang dagegen blieb, trotz seiner großen historischen Bedeutung, ein Platz am Rande der Entwicklung des tibetischen Buddhismus. Auch das ist ein Beweis dafür, wie wenig die Tibeter auf historische Bezüge und Ereignisse Wert legen.

Das Kloster von Nethang und sein Hof sind von einer hohen Mauer umgeben, die nur Teile des im alten tibetischen Baustil errichteten Gebäudes erkennen läßt. Es besteht aus einem einzigen einstöckigen Zentralbau, der den ursprünglichen Tempel und Versammlungsraum der Mönche sowie zwei Kapellen umschließt. Die ehemaligen Mönchsbehausungen sind längst verfallen.

Um den weiß getünchten Gedenkchorten in der linken Kapelle des Heiligtums sind Buddhafiguren aufgestellt, von denen die meisten aus dem 13. Jahrhundert stammen.

Die Reliquien des Atisha soll Bromston mit nach Reting genommen haben. Es heißt aber, daß sich in einem der Bronzechorten der linken Kapelle noch das Gewand des Atisha befinde.

An den Innenwänden des Tempels haben sich alte Wandmalereien erhalten, deren vielfältige Bilderwelt auch aus der bewegten Lebensgeschichte des Atisha erzählt. Neben 21 hervorragenden Bronzefiguren der Tara, die sich um ein kleines Bild des Heiligen gruppieren, fallen im Innern von Nethang besonders vier eigenwillige Standbilder von Torwächtern sowie die acht großen Bodhisattvas, die Buddha am nächsten stehen, in archaischen Darstellungsformen auf.

Obwohl in Nethang nichts restauriert worden ist, befindet sich das kleine Kloster in einem erstaunlich guten Zustand, was man leider von den meisten Bauten, die wir am Wege sehen, nicht sagen kann. Vieles ist zerstört, mehr noch zeigt einen fortgeschrittenen Zustand des Verfalls.

So entsteht für den heutigen Tibetreisenden ein seltsam zwiespältiger Eindruck. In Lhasa und seiner Umgebung meint man zwischen all dem Neuen, das den Stempel des Provisorischen trägt, ein Stück altes Tibet originalgetreu wiederzufinden. Das gilt nicht nur für den Potala, den Jokhang und die großen Klöster, sondern auch für Teile der Innenstadt.

Liest man dagegen ältere Berichte, so erfährt man, daß vieles, was sich heute wieder frisch und glanzvoll präsentiert, im Verfallen war, als die Chinesen kamen. So ergibt sich der Widerspruch, daß manches unter den Chinesen tadellos restauriert wurde, was sonst wahrscheinlich nicht erhalten geblieben wäre, vieles dagegen mutwillig zerstört worden ist, was sich beim Einzug der Chinesen, ja selbst noch zu Beginn der Kulturrevolution in gutem Zustand befand. Das gilt für viele Klöster und Tempel, vor allem aber für reiche Privathäuser und alte Adelssitze. Freilich ist es heute schwer, zwischen Zerstörungen jüngster Zeit und älteren Ruinen zu unterscheiden. Denn auch bei den früheren Einfällen der Chinesen sowie bei internen tibetischen Kämpfen vergangener Jahrhunderte, besonders in den Auseinandersetzungen zwischen den Panchen Lamas und den Dalai Lamas, wurde so manches Bauwerk vernichtet, was man des Aufbauens nicht mehr für wert hielt.

Eine solche Ruine, der Kongkar-Dzong, überragt ein Dorf kurz vor der Brücke, die den Tsang Po überspannt, dort, wo sich am anderen Ufer die Straßen zum Flugplatz und nach Shigatse trennen. Hier auf der nach Südwesten ansteigenden Straße treten wir in eine faszinierende fremde Welt ein, die uns mehr von Tibet vermittelt als das, was wir in Lhasa und seiner Umgebung gesehen haben.

An der Auffahrt zum ersten Paß, der Lhasa von Shigatse trennt – es ist der 4800 Meter hohe Kampa-la – liegt eine größere tibetische Siedlung, die sich noch ganz in der traditionellen Form erhalten hat. Die niedrigen Steinhäuser schmiegen sich eng an den Hang, als ob sie aufkommenden Stürmen und Unwettern keinen Widerstand bieten wollten. Die Mauern der Häuser sind brüchig. Frische weiße Tünche, wie sie in ganz Tibet zum Frühjahrsputz gehört, fehlt hier. Ein Hauch des Verfalls liegt über der Siedlung. Sie ist menschenleer. Die

Bewohner sind zu den sich weit über die Hänge erstreckenden Feldern des Dorfes gezogen, um die Ernte einzubringen. Auf den flachen Dächern finden wir bereits Heu gestapelt, das den Tieren über den langen Winter helfen soll. Da oben ist es vor den allzeit hungrigen Mäulern des Viehs sicher. Zugleich speichert es Wärme, die man in den Häusern so nötig hat. Denn Holz oder andere Brennstoffe gibt es kaum. Am Herd, der einzigen Feuerstelle des Hauses, wird der Dung verheizt.

Hinter der Siedlung schlängelt sich die Paßstraße an Bergrücken entlang. Der Tsang Po zwängt sich tief unter uns durch ein enges Felsental. Rechter Hand liegen die Ruinen eines ehemaligen Dzongs. Diese Befestigungsanlagen, wie wir sie auch vom südlich benachbarten Bhutan her kennen, überzogen früher das Land als Schutz- und Versorgungsstätten der Bevölkerung in Notzeiten. Besonders reizvoll waren die Türme dieser meist auf Felsvorsprüngen errichteten Bauwerke. Doch als Plätze der Verteidigung wie auch des Widerstandes nach der Besetzung wurden die letzten erhaltenen Dzongs durch die Chinesen zerstört.

So entsteht heute bei einer Reise durch Tibet über weite Strecken der Eindruck einer von Ruinen beherrschten Einöde. Das Gefühl der Einsamkeit wird immer stärker, je weiter wir uns von Lhasa entfernen. Und das um so mehr, als uns auf der Straße, die sich wie ein schmales Band durch die abwechslungsreiche Landschaft zieht, kaum Fahrzeuge begegnen.

Aus dem Tsang-Po-Tal erheben sich bizarre Erosionsformen, wie wir sie aus Ladakh kennen. Wir fahren immer höher auf der von Steinschlägen bedrohten Straße, die sich dicht an den Steilwänden hinzieht. Hier auf über 4700 Meter Höhe gibt es kaum noch Vegetation außer einigen harten Hochgebirgspflanzen, die sich dicht am Boden hinschlängeln und kärgliche Nahrung für Ziegen und Yaks bieten, den einzigen Tieren, die wir in dieser Höhe noch antreffen. Siedlungen gibt es hier nicht mehr, wohl aber Hirten, die jetzt, in den wenigen warmen Sommermonaten, mit ihren Herden über die Berge ziehen.

Auf der Paßhöhe des Kampa-la wehen über einem Steinhaufen bunte Gebetsfahnen. Es ist jene Verbindung aus Bongeist und Buddhismus, der man früher überall dort begegnete, wo sich aus alter und neuer Religion ein Volksglaube entwickelt hat, von dem man sich Hilfe in Notsituationen und Bannung böser Kräfte erhoffte. So legt der einsame Wanderer, der Hirte, der mit seiner Herde über den Paß zieht – heute aber auch schon der Autofahrer, der ohne Panne heraufgekommen ist – einen Stein auf den Haufen als Dank und Gruß an die hier versammelten unsichtbaren, dafür aber um so mächtiger und wirksamer ins Leben eingreifenden Geister.

Aus diesem urtümlichen Brauch der Steinniederlegung hat sich in der Zeit des Buddhismus die Errichtung von Manimauern entwickelt, die sich zum Teil über mehrere hundert Meter an Pilgerpfaden entlangziehen, die zu Klöstern und anderen heiligen Städten führen. Eine ganze Handwerkergilde hat sich der Bearbeitung der flachen Steine angenommen, aus denen die Manimauern aufgeschichtet werden. Diese Steinmetzen schlagen sorgfältig die heiligen Silben des Om mani padme hum in den Stein, der damit für den Spendenden zugleich zu einer Stufe ins ersehnte Nirvana wird.

In Tibet hat die antireligiöse Haltung der chinesischen Kommunisten, die sich als Befreier von Angst und Aberglauben fühlten, dazu geführt, daß solche Mauern wie auch die Chorten, die am Wege oder am Eingang zu Klöstern das Nirvana symbolisieren, zerstört wurden. Wenn die Tibeter heute beginnen, diese Dinge wieder aufzurichten, so ist das ein Zeichen für die unzerstörbare religiöse Bindung der Menschen, die sich hinter den unheimlichen Kräften der Natur nichts anderes vorstellen können als das Wirken mächtiger Götter, Geister und Dämonen.

Von der Paßhöhe aus öffnet sich der Blick auf die Kette von Eisriesen, die in diesem Gebiet die Grenze zu Zentral-Bhutan bilden. Wir fahren talwärts. Tief unter uns erstreckt sich in reichen Farbvarianten zwischen den Bergen ein riesiger See: der Yamdrok Tso. Seine Wasser umfassen wie ein gewaltiges, in allen Schattierungen von Blau und Grün funkelndes Diadem eine mit ihren Buchten der gegenüberliegenden Uferseite folgende Halbinsel. Es ist ein Landschaftsbild von erhabener Schönheit und überwältigender Einsamkeit. Erst als wir uns auf steil abfallender Straße dem See nähern, erkennen wir an seinen sanft ansteigenden Hängen Getreideterrassen, deren Grüntöne mit dem abgestuften Blau und dem Türkis des Wassers reizvoll harmonieren.

Im Gegensatz zu den vielen salzhaltigen Seen Tibets ist der Yamdrok Tso ein Süßwassersee. Das Flachwasser an seinen Ufern ist von einem reichen Wasserpflanzenflor überwuchert, der sich grüngelb in den klaren See erstreckt.

Unser Fahrer ist auf einer schmalen Landzunge ganz dicht an das Ufer herangefahren, wo wir unser Picknick nehmen. Doch als er wieder starten will, graben sich die Räder immer tiefer in das brüchige Gestein. Und nur ein zufällig vorüberkommender LKW mit tibetischen Straßenarbeitern kann uns aus der unangenehmen Lage befreien. Für uns ist das Erlebnis zugleich eine Lektion in Geologie. Wir lernen, wie jung und locker das Gestein vom Dach der Welt ist.

Stundenlang fahren wir nun am Yamdrok Tso entlang, der eher wie ein uns begleitender Fluß wirkt, da sich die Halbinsel in greifbarer Nähe links jenseits des Wassers erhebt. Gerstenfelder erstrecken sich an den Ufern, obwohl weit und breit keine Siedlung, kein menschliches Anwesen zu erkennen ist.

Unvermittelt beginnt dann die Straße wieder zu steigen. Wir lassen den Yamdrok Tso hinter uns in der Tiefe und bewegen uns auf den Karo-la zu, einen Paß, der mit 5 000 Metern Höhe die eigentliche Grenze zwischen dem zentraltibetischen Gebiet von Lhasa und der südwestlichen Region Zentraltibets mit Shigatse und Gyantse bildet.

Die letzte Siedlung vor dem Anstieg der Paßstraße ist Nangkartse, ein Ort, von dem aus die hier verstreut liegenden Felder und Weiden versorgt werden. Hinter Nangkartse windet sich die Straße hinauf in wegloses, nur von Yakkarawanen begehbares Hochland.

Wir begegnen Tibetern mit ihren unter Futterlasten verschwindenden Yaks, die ins Tal hinabsteigen. Je höher wir kommen, um so weiter reicht auch jetzt noch der Schnee in die Straßenregion herab. Rechterhand erstreckt sich zwischen zwei Bergrücken in gewaltiger Breite ein mächtiger Gletscher. Wir sind jetzt fast 5 000 Meter hoch, noch etwa 100 Meter Höhendifferenz haben wir zu überwinden, dann ist der Karo-la, der höchste Punkt unserer Fahrt, erreicht.

Als wir aussteigen, erfaßt mich ein seltsames Gefühl der Schwerelosigkeit, wie ich es schon einmal vor Jahren auf einer Höhe von über 5 000 Metern an der chinesisch-pakistanischen Grenze in Hunza erlebt habe. Ein Gelöstsein überkommt mich, das vielleicht der Grund ist für die vielen wundersamen Legenden von Schnelläufern und fliegenden Lamas, wie sie hier zu Hause sind.

Schnelles Gehen verbietet sich dem Fremden in dieser Höhe. Die dünne Luft erschwert das Atmen. Ein steifer Wind weht von Nord. Er treibt eine Schneewolke vor sich her, obwohl die Sonne strahlend am Himmel steht. Doch der Neuschnee aus dem Hochgebirge wird hier oft wie Sand über die Berge geblasen. So weiß man zuweilen nicht: schneit es oder hebt nur der Sturm die frische Schneedecke ab, um sie ins Tal zu fegen? Die Tibeter sagen dann, wenn der Wind Schneewehen in die Täler trägt: »Die Schneekönigin reitet durchs Land.« Sie ist auf ihrem Reittier, dem weißen Schneelöwen, eine beliebte und hochverehrte Göttin, begegnet man ihr hierzulande doch öfter als jeder anderen Gottheit, vor allem auch außerhalb der Tempel und Klöster. Denn sie ist für den Tibeter ein Stück personifizierte Natur und damit etwas, das zu seinem täglichen Leben gehört.

Jenseits des Karo-la beherrschen Gruppen schwarzer Zelte die Landschaft. Sie sind von den Zelten der Nomaden im Iran und in Afghanistan nicht zu unterscheiden. Völkerkundler vermuten deshalb, daß ein Teil der tibetischen Nomaden einst vom Westen her zum Dach der Welt

gekommen ist. Auch die wichtigste Heroengestalt der tibetischen Sage – Gesar – entstammt persischer Tradition.

Die nordöstliche Nomadenbehausung, die wir aus der
Mongolei kennen, ist die Jurte. Ihr begegnen wir bis nach
Zentral-Afghanistan. So wird hier deutlich, wie sich gerade in
der Nomadenkultur östliche und westliche Einflüsse über-
schneiden, ohne einander aufzuheben. Für die Chinesen stellen die schwer zu kontrollierenden tibetischen Nomaden das
härteste Problem dar, denn von der Nomadenbevölkerung
geht der stärkste Widerstand aus, der wohl auch in Zukunft
anhalten wird.

Wenn es in Tibet heute noch einen deutlichen Ausdruck
von Ungebundenheit und Unabängigkeit gibt, dann ist es
dieser Anblick der schwarzen Zelte, die düster und herrisch
zugleich in der kargen Landschaft stehen, wo die Yakherden
ihr spärliches Futter finden.

Nach Westen hin dehnt sich unter dem Karo-la ein Hochplateau. Die Berge treten zurück. Je tiefer wir kommen, um so
reicher wird die Vegetation. Die schwarzen Zelte werden von
kleinen Siedlungen abgelöst, die sich mit winzigen, flachen
Häusern über die Hügel breiten, die ringsum von Gerste und
Bergweizen bewachsen sind. Zwischen den Häusern stehen
einzelne schlanke, windzerzauste Bäumchen, denen man
ansieht, wie schwer sie es haben, sich hier in Sturm, Schnee,
Hagelschlag und Regen zu behaupten.

Jetzt allerdings beherrscht die Sonne den Himmel. Obwohl
es schon 18 Uhr ist, steht sie noch verhältnismäßig hoch.
Denn Tibet hat die gleiche Uhrzeit wie Peking – doch wir sind
hier 2 400 Kilometer weiter westlich.

Ein wundervolles Licht liegt über der Landschaft. Sie wirkt
wie in Gold getaucht. Die in der Ferne ansteigenden Hügel
changieren in allen Tönen zwischen Goldgelb, Ocker, Rot
und Violett. Davor breiten sich goldglänzend die Stoppelflä-
chen abgeernteter Felder, auf denen das Getreide noch in
Puppen steht.

Wir fahren an Gyantse vorüber, der ersten Stadt, die wir

seit Lhasa berühren. Über die Berghänge ziehen sich Teile der erhaltenen Mauer, die den Klosterbezirk umfriedet. Die Stadt wird von einer gewaltigen Burg überragt.

Gyantse werden wir auf dem Rückweg besichtigen. Unser heutiges Ziel ist Shigatse, die Stadt der Panchen Lamas – die zweitgrößte Stadt Tibets. Wir erreichen sie gegen 20 Uhr, zur Stunde des Sonnenuntergangs.

Zu unserer Rechten erheben sich, kurz bevor wir in die Stadt einfahren, drei Bergketten hintereinander – die erste in Anthrazit, die zweite in Blau, die dritte in Grau – herrlich ausgezackt stehen sie gegen den leuchtenden Himmel, darüber lagern Wolken mit goldenen Sonnenrändern. Die letzten Strahlen der Sonne lassen sie wie goldgerahmte Kissen erscheinen.

Shigatse zeigt deutlich die Spuren der chinesischen Gewalt. Die Burg der Panchen Lamas, die einst vom hohen Bergrücken aus – ein kleinerer Potala – die Stadt beherrschte, ist Ruine. Auch in der Stadt selbst wurde vieles zerstört. Wir fahren durch Baustellen und gelangen schließlich in ein chinesisches Militär-Barackenlager, das uns Unterkunft bietet. Die Quartiere sind von äußerster Schlichtheit: Feldbetten, ein Kleiderständer, eine Waschschüssel, ein Nachttopf. Die Latrine, wie man sie vom Militär fast aller Länder kennt, ist zweihundert Meter entfernt, jenseits eines dunklen Hofes. So bürgert sich bei uns für diesen unvermeidlichen Gang die Bemerkung ein: »Ich gehe nach Lhasa«.

Einfach wie die Unterkunft ist die Verpflegung, die uns an Tischen in einer Art Kantine serviert wird, während sie die chinesischen Soldaten erst nach langem Schlangestehen in Empfang nehmen können und oft im Stehen verzehren. So bekommen wir in Tibet auch einen Eindruck vom chinesischen Soldatenleben. Es ist hart und fordert jeden bis an die Grenze seiner Leistungsfähigkeit.

Der Tag beginnt bei Morgengrauen mit dem schrillen Ton der Lautsprecher, die zu dieser Stunde im ganzen riesigen Reich die Chinesen zum Frühsport auffordern, der dann

Soldaten und Arbeiter, in Peking wie hier in Tibet, in Harbin im hohen Norden wie im südlichen Kunming, auf Straßen und Höfen zur körperlichen Ertüchtigung vereinigt, bevor der erste Schlag Suppe gereicht wird.

Unwillkürlich denke ich beim verzerrten Ton der Lautsprechermusik, nach der sich die Frühsportler rhythmisch bewegen, an das allmorgendliche Hörnerblasen vor den Lamaklöstern. Auch dort ruft es zu erstem Wirken vor dem Frühstück. Doch welcher Unterschied im Geiste – hier die reine Aktivität, dort die Suche des Weges, der uns von aller unnötigen Aktivität, von allem sinnlosen Handeln befreien soll. Beides erfordert Härte. Doch während der tibetische Mönch nach Selbstüberwindung und Selbstbefreiung strebt, soll die chinesische Härte den Menschen von sich weg in die Gemeinschaft führen, die Mao als einziges Lebensziel für sein Volk proklamiert hat. Mao starb, doch die Härte, die er von seinem Volk gefordert hat, blieb als Daseinsmaxime der Chinesen bestehen.

Diese Härte prägt auch das chinesische Auftreten in Tibet bis heute. Sie ist von anderer Art als die, der sich tibetisches Leben von Natur her ausgesetzt sieht. Es ist die Härte der reinen Nützlichkeit, aber auch der Vernichtung all dessen, was nicht ins eigene Konzept paßt, ob es nun einst das kaiserliche war, oder ob es heute das kommunistische ist.

Shigatse bietet dafür ein anschauliches Beispiel. Vom einstigen Reiz der zweitheiligsten Stadt Tibets hat sich nur wenig erhalten. Auch das 1985 in Betrieb genommene Luxushotel, in dem es allerdings fast nie Wasser gibt, kann über die Misere dieser Stadt nicht hinwegtäuschen.

Um so bewundernswerter ist das einzige Stück alten Shigatses, das nicht nur erhalten blieb, sondern auch hervorragend restauriert worden ist: das Stammkloster der Panchen Lamas – Tashilumpo.

Das Kloster liegt an einem Südhang nahe der Stadt. Den großartigen Blick auf seine fein gegliederte, weiß und rot getünchte Architektur stört ein von den Chinesen direkt vor dem Eingang errichteter Wasserturm.

Rechts vom Kloster fällt eine riesige, innen begehbare steinerne Wand auf, die dazu dient, bei großen Festen überdimensionale Thangkas aufzuhängen. Wir kennen das auch von alten Bildern des Potala, wo man Thangkas an den Frontwänden des Palastes herunterließ. Diese bis zu dreißig Meter breiten und fünfzig Meter hohen Rollbilder zeigen meistens Buddha-, Bodhisattva- oder Gurudarstellungen.

So wird noch heute beim Parofest in Bhutan, das alljährlich zum Geburtstag des Padmasambhava gefeiert wird, ein gewaltiges Konterfei des Guru Rinpotsche, wie er in der lamaistischen Welt heißt, gezeigt. Man hängt es frühmorgens gegen vier Uhr an der Westwand eines außerhalb des Dzongs gelegenen Tempels auf und rollt es wieder ein, bevor es von den ersten Sonnenstrahlen getroffen wird.

Auch an der großen Bildwand von Tashilumpo wurden bei wichtigen Klosterfesten bis in die sechziger Jahre die Riesenthangkas gezeigt, wohl nicht zuletzt deshalb, weil man der Masse analphabetischer Pilger die Zentralfigur des Festes und ihre kultischen Bezugspersonen oder Götter anschaulich und eindrucksvoll vor Augen führen wollte. Solche im Lamaismus geübte Praxis der Bilddemonstration entspricht der Ausmalung europäischer romanischer Kirchen mit Bilderfolgen aus dem Leben Christi, der Apostel und der Heiligen.

Das Kloster Tashilumpo wurde 1447 auf Grund einer Inspiration durch die große tibetische Schutzgöttin Lhamo von einem Schüler Tsongkhapas, dem späteren 1. Dalai Lama Ge-dungrub, gegründet. Erst 200 Jahre später aber gewann es seine Bedeutung als Sitz der Panchen Lamas, deren erster von seinem berühmten Schüler, dem 5. Dalai Lama, mit der neuen Würde belehnt wurde. Er war schon vorher Abt von Tashilumpo gewesen. Sein Schüler aber erklärte ihn kraft Amtes zur Inkarnation des Buddha Amithaba.

Damit gab er, ohne es zu ahnen, den Anlaß für jenen bis in die jüngste Zeit andauernden Streit zwischen den beiden höchsten Lamas Tibets und ihren Parteigängern. Erklären doch die Anhänger des Panchen Lama ihren Herrn als die höchste Wiedergeburt, da er die Inkarnation eines Buddha sei, während die Dalai Lamas als Wiedergeburten Avalokiteshvaras nur von einem Bodhisattva abstammen.

Wie bei den Sonderrechten, die der 5. Dalai Lama für die Mönche der drei großen Staatsklöster zum Neujahrsfest einräumte, schuf der große Fünfte auch hier ohne eine Vorstellung von den Folgen den Grund für Jahrhunderte während Streitigkeiten, die dem tibetischen Staatswesen sehr geschadet haben.

Unter dem 1. Panchen Lama erlangte Tashilumpo nicht nur seine zentrale Bedeutung neben den Heiligtümern Lhasas. Es begann auch architektonisch jene Gestalt anzunehmen, die es noch heute als die geschlossenste, reizvollste Klosterstadt Tibets erscheinen läßt, obgleich auch Tashilumpo nach 1959 Verluste an seiner Bausubstanz hinnehmen mußte, die dem Unkundigen aber kaum auffallen.

Selbst Sven Hedin, der als nüchterner Forschungsreisender nicht so leicht ins Schwärmen geriet, hat in »Transhimalaya« bewegte Worte über Tashilumpo und das dort 1907 von ihm erlebte Neujahrsfest gefunden. Von den berühmten Grabmälern der verstorbenen Panchen Lamas, die er beschreibt, ist allerdings nur noch eines, das des zweiten, Lama Lobzang yeshe, erhalten. Dagegen konnte er noch nicht das höchste Bauwerk des Klosters, den ganz links gelegenen roten Maitreya-Tempel, beschreiben, der erst 1916 fertig wurde und die 26,2 Meter hohe Bronzestatue eines gekrönten Buddhas der Zukunft enthält – die wohl jüngste und zugleich gewaltigste Monumentalfigur Tibets.

115 Tonnen Kupfer und 279 Kilogramm Gold sind von den damals im Kloster lebenden 30 Metallgießern für das über fünf Stockwerke aufsteigende Riesenbildwerk verwendet worden.

Es ist sicher von tieferer Bedeutung, daß man in einer Zeit der Wirren und der Unsicherheit diese gewaltige Skulptur eines künftigen Buddha errichtete. Und in diesem Geiste umwandeln ihn heute wieder Mönche und Pilger. Er ist für sie die Verheißung der auch in unserer Zeit nicht untergehenden Lehre, die durch ihn, glaubt man den Vorhersagen, in 2 500 Jahren erneut verkündet werden soll wie zu Lebzeiten des Buddha Shakyamuni, des vor nunmehr 2 500 Jahren über diese Erde gegangenen historischen Buddha, dessen Wirken bis heute lebendig ist und dessen großartiger, gekrönter Figur wir in einer Nordkapelle des weitläufigen Klosters begegnen.

So sind sie beide zugegen, der Vergangene und der Künftige, als Beispiele des zeitlosen Wirkens der geistigen Kraft, die nach buddhistischer Lehre zur Erkenntnis und endlich ins Nirvana führt.

Tashilumpo beherbergt, wie man mir erzählt, die Hälfte aller noch in Tibet lebenden Mönche. Es sollen etwa 600 sein. Mehr als 300 waren am 18. Mai 1981 zum Geburtstag Buddhas in der großen Sutrahalle des Klosters zur heiligen Handlung versammelt. Auch hier bleibt die Frage nach der künftigen Entwicklung offen. Doch die Lamas, mit denen ich spreche, sind voller Zuversicht.

»Was noch vor wenigen Jahren kaum jemand in Tibet für möglich gehalten hätte, ist wahr geworden«, sagt mir einer von ihnen mit leuchtenden Augen. »Wir dürfen uns wieder versammeln und im Geiste Buddhas vereint sein. Wir haben keine anderen Wünsche.«

Etwas von diesem Geist wunschlosen Glücklichseins bemächtigt sich auch des Besuchers, der das Labyrinth der Gassen von Tashilumpo betritt, die hinaufführen zu den heiligen Plätzen mit dem roten Mauerwerk. Es sind Wege aus den Niederungen unseres Daseins in himmlische Höhen, die selbst dem ärmsten Pilger einen Abglanz dessen vermitteln, was der Mensch nach buddhistischer Lehre, durch Überwindung der äußeren Scheinwelt und Selbstfindung im Geistigen erreichen kann.

Da sich die Häuserfronten der weißgetünchten Mönchsbehausungen mit den schwarzgerahmten Fenstern nach oben zurückneigen – Haus und Fenster haben im alten Tibet Trapezform – rücken sie dort, wo man sie durchschreitet, am weitesten zusammen. Es ist, als ginge man durch enge Schluchten. Nur ein schmaler Streifen Himmel bleibt sichtbar. Und zuweilen öffnet sich der Blick auf eines der erhalten gebliebenen roten Bauwerke, die das Pantheon der Lamas mit Wandmalereien und geweihten Figuren umschließen und das Ziel der täglich zu Feier und Meditation dorthin aufsteigenden Mönche sind.

So enthüllt diese Klosterarchitektur ein Stück ihrer Symbolik beim Hinaufgehen zu den Tempeln und Kapellen. Es ist der Weg aus dem Alltag zu den Plätzen, wo man Ruhe und Erleuchtung finden kann.

Man spürt hier noch immer, daß dieses Kloster durch Jahrhunderte das eigentliche geistliche Zentrum des Gelbmützen-Ordens gewesen ist. Offenbar haben die Staatsklöster um Lhasa zu sehr unter dem weltlichen Einfluß der Hauptstadt und der dort waltenden gegensätzlichen Kräfte gestanden, als daß sie sich zu reinen Plätzen der Lehre und der Meditation hätten entwickeln können. Wenn wir heute die meisten Mönche wieder in Tashilumpo finden, so hat das wohl auch unter den jetzigen, veränderten Umständen darin seinen Grund.

Der Abschied von Tashilumpo fällt schwer, zumal mir bei meinem ersten Besuch das Quartier im Militärlager von Shigatse den Unterschied zwischen bloßer Behausung und wirklicher Geborgenheit deutlich gemacht hat. Selbst einfache Räume, wie die Klosterzellen der Mönche von Tashilumpo, können Geborgenheit vermitteln, wenn sie einem geistigen System zugeordnet sind. Wenn dieses System dann noch seinen Ausdruck findet in Bauten wie der von 48 Holzsäulen getragenen großen Versammlungshalle – dem Tsung Lakhang – mit ihren Heiligenfiguren und Rollbildern, wo sich die Mönche mehrmals täglich versammeln, entsteht jenes Gefühl eines kosmischen Bezugs zwischen Mensch und Umwelt, das mich seit Tashilumpo nicht mehr verlassen hat.

Bei Morgengrauen, zur Stunde der chinesischen Volksertüchtigung, brechen wir auf nach Gyantse, der 100 Kilometer südöstlich von Shigatse gelegenen Stadt des »Königlichen Gipfels«, wie Gyantse übersetzt heißt. Der Weg durch die weite, von Bergen umschlossene Hochfläche ist von Ruinen gesäumt.

Penam Dzong, einst ein prachtvolles Bauwerk, das der italienische Tibetologe Tucci 1948 noch gesehen und ausführlich beschrieben hat, liegt in Trümmern. Auch das unter der ehemaligen Feste gelegene Dorf zeigt starke Spuren der Zerstörung. Hier haben die Kämpfe der Chinesen gegen den tibetischen Widerstand besonders heftig gewütet.

Von einer Burg in der Nähe stehen noch Reste des zentralen Turmes, welche die gliedernde, akzentuierende Wirkung solcher Bauten in der grandiosen Landschaft Tibets ahnen lassen. Die Trümmer dagegen stimmen den Beschauer melancholisch, besonders dann, wenn man etwas von der großartigen Erhabenheit des früheren Zustands weiß.

Nach dreistündiger Fahrt erreichen wir Gyantse, dessen historische Bedeutung auf seine Lage an einer der wichtigsten Straßengabelungen im alten Tibet zurückgeht. Von hier aus führt die Karawanenstraße zwischen steil ansteigenden Bergen nach Süden ins Chumbital und über Sikkim nach Indien. Es ist die Straße über die der 14. Dalai Lama 1956 zum 2 500. Geburtstag Buddhas nach Indien reiste. Und es ist die Straße, über die Englands Bevollmächtigter, Oberst Younghusband, mit britischen Truppen unter dem Befehl von Oberst Macdonald im Sommer 1904 nach Lhasa vorstieß. In Gyantse trafen die Briten zum ersten Mal auf erbitterten tibetischen Widerstand. Sie beschossen die Stadt und fügten der Burg wie auch den Klöstern und Wohnhäusern Gyantses erheblichen Schaden zu. Eine kleine Ausstellung in der restaurierten Ruine der Burg, welche die Stadt noch heute majestätisch überragt, erzählt von der britischen Invasion und ihren Folgen. Schon damals kam es zu Tempelplünderungen durch die Briten, was allerdings die abendländischen Annalen verschweigen. Doch die Beute der Invasoren gelangte in verschiedene europäische Museen, wo sie vom ersten Kulturraub in Tibet zeugt, wie etwa die künstlerisch hoch bedeutenden, in Metall getriebenen Fragmente eines Thronsessels aus vergoldetem Kupfer, die sich im Reichsmuseum für Völkerkunde in Leiden befinden.

Gyantse war immer eine reiche, traditionsbewußte Stadt. Sie ist das Zentrum tibetischer Teppichknüpferei und der Erzeugung vieler anderer im Lande benötigter Wollprodukte. Die meisten der 800 Einwohner, die Gyantse – ohne Mönche – vor 1959 zählte, waren in diesen Handwerkszweigen tätig. Heute leben über 20 000 Menschen in der Stadt, von denen viele in den schnell wachsenden landwirtschaftlichen Kommunen arbeiten.

Im 14. Jahrhundert war Gyantse die Hauptstadt eines kleinen Fürstentums von beträchtlichem Einfluß, der vor allem

darauf beruhte, daß die in der Burg von Gyantse residierenden Fürsten den gesamten Handelsverkehr zwischen Indien
und Tibet kontrollierten. Die Burg, die auch als Ruine noch
einen großartigen Eindruck macht, ist so alt wie dieses frühe
Fürstentum, unter dessen Schutz fast alle Lamasekten – erst
die Rotmützen, später auch die Gelbmützen – ihre Klöster
errichteten.

Das Stadtbild Gyantses ist trotz der zahlreichen Verluste,
die der Stadt nicht nur von den Engländern zugefügt wurden,
noch heute von diesem Dualismus weltlicher und geistlicher
Macht geprägt, der später durch die zentrale Herrschaftsposi-
tion der Dalai Lamas im Lande aufgehoben wurde. Insofern
ist Gyantse das genaue Gegenstück zu Lhasa – eine Stadt, in
der sich das ursprüngliche tibetische Herrschaftssystem deutlich in der Baustruktur ausdrückt.

Die höchste Erhebung Gyantses trägt die Burg – den
Dzong – als Herrscherwohnung, Zufluchtsort, Gerichtshof,
Gefängnis, Steuerbehörde, Speicher und Administrationssitz.
Sie hatte diese Funktion in eingeschränkter Weise bis in die
jüngste Zeit der letzten Dalai Lamas.

Unter der Burg erstreckt sich die Wohnstadt entlang der
von buntem Treiben erfüllten Basarstraße. Sie endet am
Haupttor des großen, von einer gewaltigen Mauer umfriedeten Klosterbezirks, in dem bis zu Beginn unseres Jahrhunderts
achtzehn Klöster verschiedener Sekten untergebracht waren.
Obwohl sich auf dem weiten Gelände nur noch zwei Klöster
erhalten haben, dazu der begehbare Riesenstupa der »hun-
derttausend Buddhas« – der Kumbum –, vermittelt Gyantse
auch heute noch ein unmittelbares Bild alter Stadt- und
Klosterkultur. Es spiegelt die vielfältigen Erscheinungsformen
des Lamaismus wie auch der weltlichen Herrschaft, die Tibets
Gesicht vor dem endgültigen Sieg des Zentralismus unter dem
5. Dalai Lama geprägt haben.

Der Klosterbezirk von Gyantse ist insofern auch für Tibet
etwas Einmaliges, als hier Vertreter aller Glaubensrichtungen
des Lamaismus, vom traditionellen Sakyapa-Orden bis zu den

reformierten Gelugpas, hinter der gleichen schützenden Mauer vereint ihren Ritualen und heiligen Handlungen nachgingen. Besondere Festlichkeiten wurden gemeinsam in der großen Halle des erhalten gebliebenen Tsung Lakhang begangen. Es ist besonders erstaunlich, daß noch Anfang des 19. Jahrhunderts die vor allem in Bhutan vertretene Rotmützen-Sekte der Drugpa wie auch die Karmapa-Sekte im heiligen Bezirk von Gyantse Klöster errichten konnten, denn in anderen Landesteilen wurden zur gleichen Zeit Rotmützen-Klöster verkleinert oder ganz aufgegeben und damit oft dem Verfall überlassen.

Allerdings lag auch in Gyantse die letzte Entscheidung in allen Fragen des Klosterbezirks beim höchsten Abt der Gelbmützen, die insgesamt sieben von den ursprünglich sechzehn, dann achtzehn Klöstern unterhielten. Jedoch erreichte keines der Gyantse-Klöster je die Größe der Staatsklöster um Lhasa oder des Tashilumpo. Die höchste Zahl von Mönchen, die für Gyantses heiligen Bezirk überliefert ist, betrug 3 000. Das war im 18. Jahrhundert. Die Durchschnittszahl lag später zwischen 600 und 800 Mönchen, unter denen sich allerdings ein verhältnismäßig großer Anteil von Lamas befand.

Als wir die große Tempelhalle des Tsung Lakhang erreichen, werden gerade die Tore geöffnet. Mönche zünden die Butterlampen an, die in großer Zahl vor der zentralen Skulptur des gekrönten Buddha und vor den ihn flankierenden Statuen des Maitreya und des Amitayus aufgestellt sind. Bald erstrahlt die Fülle der vergoldeten Figuren in überirdischem Glanz. Und die Gläubigen werfen sich, wie geblendet vom Reichtum der himmlischen Erscheinungen, immer wieder nieder, bis sie, Meter um Meter vorrückend, die kostbaren Brokatgewänder der Statuen küssen können.

Die alten Wandmalereien dieses Raumes sind kaum noch zu erkennen, um so erhabener wirken die Skulpturen, die zum großen Teil ins 14. und 15. Jahrhundert zu datieren sind und zum Besten gehören, was unter nepalischem und westtibetischem Einfluß in Zentraltibet gegossen worden ist.

Besonders eindrucksvoll wirkt die als figürliche Mandala angelegte Vairocana-Kapelle im Westen des Tsung Lakhang auf den Betrachter. Im Mittelpunkt thront unter einem Baldachin der viergesichtige Vairocana als Zentralfigur des Mandala der Meditationsbuddhas. Entsprechend ihrer kosmischen Ordnung sehen wir links von Vairocana den Buddha Ratnasambhava als Herrn des Südens, rechts Amoghasiddhi, den Tathagata des Nordens. Dem Westen ist Amitabha, dem Osten Akshobhya zugeordnet.

In der Vairocana-Kapelle sind auch die alten Wandmalereien recht gut erhalten. Die Bodhisattvafiguren an der Rückwand und an den Seitenwänden der Kapelle bieten beste Beispiele früher tibetischer Bildgießerkunst. Hinter den Figuren sind in Regalen zwischen meisterhaft geschnitzten Buchdeckeln alle handschriftlich ausgeführten Bände der heiligen tibetischen Büchersammlungen des Kanjur und des Tanjur gestapelt.

In der gegenüberliegenden Ostkapelle, die Maitreya geweiht ist, begegnen wir dem frühen Lamaismus in seinen menschlichen Vertretern – den drei Religionskönigen Srong Tsan Gambo, Trisong Detsen und Ralpatschan, sowie einer Reihe von frühen Gloßlamas, die zur Verbreitung des Buddhismus in Tibet beigetragen haben. Alles in diesem Tempel ist thematisch und vom kosmischen Sinngehalt her aufeinander abgestimmt. Die tantrische Lehre von der Allverwobenheit gewinnt hier bildhafte Gestalt.

Im Hauptheiligtum des Tsung Lakhang ragt eine große Nachbildung des Jo-bo-Buddhas aus dem Jokhang zu Lhasa bis ins Obergeschoß. Sie ist von Buddha Shakyamuni und einem seiner Vorgänger, dem in Nepal hochverehrten Dipankara-Buddha flankiert. Auch hier brennen die Butterlampen. Liebevoll ordnet ein Mönch die Gewänder und die über Arme und Schoß gebreiteten Segensschleier der mittleren Figur, die von den Tibetern ehrfürchtig betrachtet und in tiefer Verbeugung geküßt wird.

Auf dem Hauptaltar des Raumes thronen Tsongkhapa und

seine beiden Hauptschüler. So wird das Übergewicht der Gelbmützen auch in Gyantse eindrucksvoll demonstriert.

Den acht großen Sakyapa-Gurus, die hier in Gyantse eine besondere Stellung einnehmen, da vier der früheren Klöster den zur Rotmützen-Tradition zählenden Sakyapas gehörten, begegnen wir in der westlichen Kapelle des ersten Stockwerkes, die dem Yidam Samvara geweiht ist, der als Herr des heiligen Berges Kailas verehrt wird.

In der östlichen Kapelle des Oberstockes sind die sechzehn indischen Arhats in Meditationsnischen sitzend um eine zentrale Buddhafigur gruppiert, so wie wir es von vielen Thangkas in der tibetischen Malerei kennen.

Diese Kapelle stellt die Lehrer-Schüler-Beziehung zwischen dem Buddha Shakyamuni und den seine Worte in alle Himmelsrichtungen tragenden großen indischen Gurus dar, die unter der Bezeichnung Arhats in die Geschichte des Buddhismus eingegangen sind.

So wird beim Durchwandern des Tsung Lakhang deutlich, daß Bild und Ausstattung – denken wir vor allem an die prächtige, den gesamten lamaistischen Lehrstoff enthaltende Bibliothek der Vairocana-Kapelle – zugleich Ort und Symbol der nach allen Seiten hin ausstrahlenden Lehre des tantrischen Buddhismus und seiner vom historischen Buddha verkündeten Grundlage darstellen.

In diesem Zusammenhang müssen wir auch den benachbarten, auf dem Grundriß eines Mandala errichteten großen Chorten – den Kumbum – sehen. Er gleicht in seiner Konzeption dem viele tausend Kilometer entfernten Borobudur in Zentraljava, wenn auch die äußere Gestalt dieser beiden einmaligen, bedeutenden Bauwerke völlig verschieden ist.

Der zwischen 1414 und 1424 errichtete, inzwischen mehrfach restaurierte Kumbum von Gyantse hat hier zu Füßen des großen Klosterbezirks eine ganz besondere Bedeutung. Er ist, wie alle Stupas, Symbol des Weltenbergs Meru und des Nirvana des Buddha. Darüber hinaus aber ist er der kosmische Ort der Begegnung aller Buddhas, Bodhisattvas, Initiations-

und Schutzgottheiten, Göttinnen, Dämonen und Dakinis, deren Wirken unsichtbar um uns ist und die hier in Figuren und Malereien für Mönche und Laien sichtbar werden.

An diesem Bauwerk ist nichts zufällig. Alles steht mit allem in einer der kosmischen Lehre des tantrischen Buddhismus entsprechenden vielfältigen Verbindung. Es ist, als habe man das Koordinatensystem unserer Mathematik ins Räumliche übertragen. Was dabei aus religiösem Geist entstanden ist, steht vor uns als ein Bauwerk von unvergleichlicher Harmonie und Vollendung.

Doch nicht nur das Äußere des Kumbum überzeugt als Kunstwerk, auch seine Innengestaltung entspricht dem hohen Rang der Architektur. So müssen wir dem Senior heutiger Tibetologie, Giuseppe Tucci, zustimmen, wenn er den Kumbum das »bedeutendste Denkmal tibetischer Kunst« nennt.

Dabei wird auch hier durch die Präsenz aller wichtigen Heiligen und Gurus, der drei Religionskönige und der großen Lamas die Verbindung zwischen dem buddhistisch-tantrischen Pantheon und seinen irdischen Repräsentanten auf eindrucksvolle Weise hergestellt.

Betritt man den weiten Hof des Kumbum, so ist man überwältigt von der Wirkung der Vielfalt als Einheit. In Weiß und Gold erhebt sich das gewaltige und doch fast schwerelos wirkende, eher dem Himmel als der Erde zugehörig scheinende Bauwerk, das neunstöckig, im Grundriß zweiundzwanzigfach gegliedert vor uns steht. Selbst wer nicht um die Symbolik und die religiöse Bedeutung des Kumbum weiß, steht, wie ich es mehrmals bei reinen Touristen, die der Fülle der Tempel längst überdrüssig waren, erlebt habe, gebannt vor diesem Stupa.

Eine schmale Treppe führt über die flache, den Lotos symbolisierende Basis durch das fensterlose Sockelgeschoß auf die erste Plattform mit dem breiten Eingangstor, das zu den vier gleich hohen, zwanzigfach vertikal gegliederten Stockwerken mit ihren 68 Kapellen führt. Jedes der vier Stockwerke, wie auch die Basis, ist nach oben durch einen zweifachen Sims mit Vajrasymbolen abgeschlossen. Dadurch entsteht eine weitere horizontale Gliederung, die mit der Vertikalgliederung auf großartige Weise harmoniert.

Das sechste Stockwerk des Kumbum ist ein Rundbau mit vier ornamental verzierten Türen, die sich in die vier Himmelsrichtungen öffnen und Zugang zu weiteren vier Kapellen bieten. Diese sind dem Tathagata Vairocana, dem Vajrasana, als einer Form des Urbuddha, dem Buddha Shakyamuni und der Göttin Yum chen mo, die hier wohl das Element der Weisheit der Buddhas verkörpert, geweiht. Tucci hat auf diese ungewöhnliche Zuordnung der wichtigsten Kapellen des Kumbum in seiner umfassenden Darstellung Gyantses (Indo-Tibetica IV, 1, S.291) hingewiesen und ist damit einer naheliegenden, jedoch irrtümlichen Deutung der vier Kapellen als Heiligtümer der vier Beherrscher der Himmelsrichtungen, der Tathagatas, entgegengetreten. Das ist um so wichtiger, als der Kumbum insgesamt in seiner axialen Ausrichtung den Tathagatas und ihrer esoterischen Bedeutung als Wegweiser zur Erlösung geweiht ist.

Doch anders, als es an dieser Stelle zu erwarten gewesen wäre, thronte im Zentrum des Kumbum, über den vier höchsten Kapellen, welche die Weltachse darstellen sollen, ursprünglich – leider ging die Zentralfigur verloren – nicht Vairocana, dem hier lediglich eine Seitenkapelle zugewiesen ist, sondern der Urbuddha Vajradhara, der verkörperte Ursprung der Buddhaidee. Er ist das geistige Grundprinzip des tantrischen Buddhismus und damit das Sinnbild des Kosmos in all seinen Erscheinungen, das aber heißt: das Symbol des Absoluten.

Tucci, der den Kumbum eingehend untersucht hat, zählte allein in den vier oberen Kapellen, die von einem weiteren, mit stilisierten Augen nach vier Himmelsrichtungen ausschauenden Stockwerk – wie wir es von den Stupas in Nepal her kennen – und dem goldenen Ehrenschirm überragt sind, 18 886 Götterfiguren. In ihnen gipfelt die Vielfalt göttlicher Erscheinungen, denen der Kumbum als Rahmen dient.

Sie sind in ein mathematisches Bezugssystem mit magischen Zahlen eingeschlossen: neun Stockwerke des Baues entsprechen den neun Handspannen, die jeweils zwölf Fingerbreiten haben und dem tibetischen Künstler als Proportionsschema für die Darstellung der menschlichen Figur dienen. So entsprechen die Raumverhältnisse des Kumbum den Maßen des in Meditation sitzenden Buddha, wie er sich vielfältig in den 72 Kapellen des Bauwerks findet.

Neun mal zwölf Ellen mißt der Radius des Sockels. Es ist nach buddhistischer Rechnung die Multiplikation von Raum und Zeit, wobei die Neun die magische Zahl des Raummaßes und die Zwölf – entsprechend den Monaten und den Tierkreisen des Jahres – die magische Zahl des Zeitmaßes ist. 108fach ist auch die Gestalt Buddhas auf vielen Thangkas um die Mittelfigur gruppiert.

Hier wird jene Austauschbarkeit der Erscheinungen und Beziehungen des buddhistisch-tantrischen Pantheons demonstriert, die den verschiedenen Konstellationen kosmischen Seins, entsprechend den am Himmel sichtbaren Konstellationen des Sternenhimmels, entspricht. Astrologie ist ja ein Teil jenes tantrischen Bezugssystems, dessen wohl deutlichster, eindrucksvollster Darstellung wir uns mit dem Eintritt in die Bilderwelt des Kumbum von Gyantse nähern.

Es ist zugleich die Spiegelung unseres Daseins in seinen verschiedenen Erscheinungsformen und des Weges, den wir gehen müssen, um aus diesem Leben, das vom Buddhisten als Leidensweg empfunden wird, erlöst zu werden. In diesem Sinne ist der Aufstieg aus einem Stockwerk in das andere zu verstehen.

Die Kapellen des ersten Stockwerks symbolisieren in Skulptur und Malerei die vier Ausdrucksweisen des menschlichen Bewußtseins: das Körperliche, den Geist, das Empfinden und als ordnende Macht das Dharma, die Lehre. Im zweiten Stockwerk begegnen wir, entsprechend dieser Lehre, den vier Formen des Verzichts, die geleistet werden müssen, um den Weg zur Erleuchtung zu finden. Das dritte Geschoß ist Ausdruck der alles durchdringenden, alles vereinenden mystischen Kraft der Tantras.

Dabei beziehen sich die fünffach gestuften Seiten, wie die fünf Zentralgeschosse unter dem eigentlichen Stupaaufbau mit den vier Kapellen und dem goldenen Abschluß, auf die fünf Tathagatas, aus denen nach tantrischer Lehre alles hervorgeht und auf die sich alles zurückbeziehen läßt.

Der Kumbum von Gyantse gehört zu jenen Eindrücken in unserem Leben, die man nicht vergißt, ganz gleich wie man zum Buddhismus und insbesondere zum Lamaismus eingestellt ist. Er steht heute noch vor mir wie ein Abbild jenes Himmels, von dem wir oft träumen, aber nicht wissen, ob wir ihn je sehen werden.

Nicht nur das Rotmützen-Kloster Samye hat durch die wiedererlangte Religionsfreiheit neue Impulse geistlichen Lebens empfangen. Auch im Umkreis von Gyantse und Shigatse regt sich in den frühen Klöstern, die vom Verfall bedroht waren, neues Leben aus traditionellem Geist. Ob die Tibeter damit chinesischen Anregungen folgen oder selbst den Anstoß gegeben haben, ist schwer zu sagen, zumal die Macht der Gelbmützen im Lande durch Jahrhunderte so stark war, daß Rotmützen-Klöster schon lange fast nur noch außerhalb der Grenzen Tibets – in Ladakh, Nepal, Sikkim und Bhutan – existieren konnten. Nun sehen wir sie auch im Kernland des Lamaismus mit neuem Leben erfüllt. Das mag uns verwundern, sollte uns aber zugleich freuen, wird doch dadurch einem fortschreitenden Verfall Einhalt geboten, der weitere wichtige Denkmäler alter tibetischer Kultur bedrohte.

Ich denke dabei vor allem an die südwestlich von Shigatse gelegene Klosterstadt Sakya, deren Nordkloster ein Opfer der Kulturrevolution wurde, während das mächtige, wie ein rotglühendes Bollwerk in der flachen, steilen Berghängen vorgelagerten Landschaft gelegene Südkloster noch immer einen gewaltigen Eindruck von Sakyas einstiger Bedeutung vermittelt. Es ist eines jener Beispiele, die, wie Gyantse, von der Eigenmächtigkeit kleiner Fürstentümer im alten Tibet zeugen. Wobei Sakya für lange Zeit Macht über das ganze Land ausübte – wenn es auch Macht von mongolischen Gnaden war.

Niemals vorher und auch später nicht mehr – bis auf die jüngste Gegenwart – war Tibet so von außen bedroht und in seinem Bestand gefährdet, wie im 13. Jahrhundert, als die Mongolen unter ihrem Einiger Dschingis-Khan plündernd und mordend nach Zentralasien einfielen und auch Tibet in den Bereich ihrer vordringenden Reiterheere geriet. Damals boten Tibets Adel und Geistlichkeit in seltener Einmütigkeit den Mongolen die freiwillige Unterwerfung an. Doch es kam nicht zu der von Dschingis-Khan geplanten Besetzung des Landes. Erst unter seinem Sohn Ögödei drang ein mongolisches Heer nach Tibet ein, zog sich aber schon bald, reich mit Beute beladen, wieder zurück.

Das war der Zeitpunkt, zu dem die tibetische Führung einen ihrer klügsten Köpfe, den Abt des 1073 gegründeten Klosters Sakya, den Sakya Pandita, kurz Sa Pan genannt, beauftragte, mit den Mongolen zu verhandeln. Der Abt bestätigte die militärische und politische Unterwerfung seines Landes, erreichte aber zugleich mit diplomatischem Geschick, daß ihn die Mongolen als ihren Vertreter in Tibet anerkannten. Damit war zum ersten Mal ein Abt Herrscher am Dach der Welt.

Als schließlich die Mongolen unter dem Einfluß des Sa Pan und der hohen tibetischen Geistlichkeit den Buddhismus übernahmen, begann damit die religiöse Abhängigkeit der Mongolen-Khane von den hohen Lamas und von den Klöstern als den Machtzentren Tibets. Das führte zu einer ständig wachsenden Vormachtstellung der Klöster und ihrer Äbte auch im Lande selbst. Trotzdem dauerte der alte Kampf zwischen Adel und Geistlichkeit weiter an.

Er wurde erst unter dem 5. Dalai Lama zugunsten eines Gottkönigtums und damit der geistlichen Vorherrschaft beendet, was aber zugleich das Ende lokaler Herrschaften, wie sie sich in Sakya und Gyantse ausgebildet hatten, bedeutete.

Ein gewichtiger Zeuge einstiger lokaler Macht ist das einer Festung gleichende Südkloster von Sakya noch heute. Anders als die sonstigen Klöster Tibets vermitteln seine abweisenden Mauern den Eindruck von Stärke und Unbezwingbarkeit. Selbst im weiten Hof fühlt man sich noch abgewiesen. Der Gedanke an Zuflucht, der in anderen Klöstern ganz an seine religiöse Bedeutung gebunden ist, suggeriert hier eher den Eindruck einer Zufluchtstätte vor Feinden.

Wie in Nethang vor den Toren Lhasas begegnen wir auch in Sakya dem großen Heiligen des frühen Lamaismus – Atisha –, der von den Gläubigen wegen seines heiligen Eifers als ein Vorgänger Tsongkhapas angesehen und verehrt wird.

Auf ihn verweist jedenfalls die Gründungslegende von Sakya, dessen Name »Fahle Erde« bedeutet, womit ein Hinweis auf die große, deutlich erkennbare helle Fläche in der Felswand neben dem Nordkloster gegeben ist, auf der Atisha sieben Versionen der den Bodhisattva der göttlichen Weisheit – Manjushri – symbolisierenden heiligen Silbe Dhi erschienen sein sollen.

Das Nordkloster am Hang über dem Fluß liegt heute noch zum großen Teil in Trümmern, und es sind auch, bis auf einen neuentstandenen Chorten, keine umfassenden Wiederaufbauabsichten zu erkennen. Vielleicht hängt das mit dem Grad der Zerstörung oder auch mit der besonderen Stellung Sakyas in der tibetischen Geschichte zusammen.

Im Gegensatz zu allen anderen tibetischen Klosterstädten, in denen die künftigen Äbte, ähnlich wie die Dalai Lamas, als Kinder gesucht und nach einem komplizierten Erkennungsprozeß gefunden werden, war das Sakya-Abttum erblich.

Da die Sakyapa-Sekte – eine der auch heute noch wichtigsten Rotmützen-Sekten – kein Zölibat kennt, dürfen die Sakyapa-Äbte heiraten. So kam es in Sakya nicht nur zu einer erblichen Abtfolge, sondern auch zu einer Art Staat im Staate.

Bis 1950 hat sich Sakya eine weitgehende Selbständigkeit im Land der Dalai Lamas erhalten. In seinen Grenzen waren Flüchtlinge vor Verfolgung sicher. Auch in allen anderen Fragen war der Einfluß Lhasas begrenzt.

Die Sakya-Äbte, die als Inkarnationen Manjushris galten, übten die geistliche wie die weltliche Macht über das kleine, nur 3 500 Quadratkilometer umfassende Territorium aus, von dessen 1 600 Einwohnern fast die Hälfte in der Stadt Sakya lebte. Die Verwaltung des Fürstentums wurde von den herrschenden Äbten an einen Statthalter delegiert. Den letzten dieser weltlichen Amtsträger, die sich aus dem Sakya-Adel rekrutierten, haben die Chinesen 1960 hingerichtet.

Von den 24 Klöstern des Sakya-Gebietes besteht heute nur noch das gewaltige Südkloster mit wenigen Mönchen. Aber in Indien, Nepal und Bhutan gibt es Sakyapa-Klöster mit über 1 000 Mönchen, von denen eine große Zahl Flüchtlinge aus Sakya sind. Das heutige Stammkloster unter dem 41. Sakya-Oberhaupt befindet sich in Rajpur im indischen Bundesstaat Himachal Pradesh.

Das Territorium Sakyas liegt südwestlich von Shigatse auf dem Wege zum Himalaya – zum Mount Everest. Es gehört zur Randzone der verhältnismäßig dicht besiedelten Region zwischen Lhasa und Shigatse, die nicht nur politisches und geistliches, sondern auch wirtschaftliches Zentrum Tibets war und ist. So blieb Sakya bis 1985, wohl vor allem aus verkehrstechnischen Gründen, geschlossenes Gebiet.

Die Fahrt von Shigatse nach Westen führt an dem völlig zerstörten Narthang, der einstigen Hauptdruckerei Tibets, vorbei, wo die Holzstücke der berühmten heiligen Texte von Kanjur und Tanjur in der Kulturrevolution als Feuerholz verheizt wurden.

Hier empfindet man das Ausmaß der Vernichtung stärker als weiter östlich, im Bereich zwischen Shigatse und Lhasa, wo man sich seit langem um einen planmäßigen Wiederaufbau bemüht.

Die Straße nach Sakya ist Piste. Jedes Fahrzeug wirbelt mächtige Staubwolken auf. Man kommt nur langsam voran. Das Land ist von großartiger Einsamkeit. Nur wenige Siedlungen säumen die Straße. Die Häuser sind zum Teil verfallen. Dzongs, von denen nur noch die Grundmauern stehen, erinnern an vergangene Pracht.

Die Genehmigung der Fahrt nach Sakya war bis zuletzt ungewiß. Sie ist erst seit September 1985 möglich, wird aber der schwierigen Fahrbedingungen wegen nur ungern durchgeführt, zumal es in China, ebenso in Tibet, mehr und mehr eine Frage der Bereitwilligkeit der Chauffeure ist, ob eine an sich mögliche und auch von den Behörden genehmigte Fahrt durchgeführt wird oder nicht. So sind wir sehr glücklich, als unser Fahrer nach längerer Diskussion in den geplanten Besuch Sakyas einwilligt.

Der erste Eindruck des mächtig in der flachen Landschaft vor der Felswand liegenden Südklosters ist gewaltig. Es gleicht aus der Ferne fast einem modernen Zweckbau. Kein Foto vermag diese Mischung aus Sachlichkeit und ursprünglicher Kraft des Baukörpers wiederzugeben. Hier ist Macht zum gestalterischen Willen von Baumeistern geworden, die sich, wie der Sakya Pandita selbst, der engen äußeren Grenzen dieser Macht wohl bewußt waren, sie aber deshalb wohl um so stärker und sichtbarer präsentieren wollten.

Auch innerhalb seiner Mauern ist das Südkloster mehr Wehrbau als Heiligtum. Dieser Eindruck ändert sich jedoch, sobald man die weiten Hallen betritt, aus denen uns der Klang des heiligen Muschelhorns, das hier als Geschenk Kubilai Khans aufbewahrt wird, entgegenklingt.

Dem abweisenden, Kälte ausstrahlenden Draußen mit den teilweise dunkelgrau getünchten, rotweiß geränderten Mauern steht in den Hallen eine in lichten Farben und Goldglanz schwelgende Welt geheimnisvoller Wesen aus tantrischem Geist gegenüber, die jene uns schon oft aufgefallene Spannung zwischen Außen- und Innenwelt demonstriert, die für Tibet so charakteristisch ist.

Eine besondere Rolle scheint in Sakya das Hevajra-Tantra mit seiner eigenartigen Personifizierung zu spielen. Die ihre weibliche Entsprechung in den Hauptarmen haltende Vatergestalt hat in den restlichen vierzehn Händen je eine Schädelschale, in der Menschen und Tiere sitzen, die den Beschauer an das Vergängliche unseres Daseins erinnern sollen.

Hevajra heißt soviel wie Heil Vajra – eine Huldigung an das Diamantzepter der absoluten Geisteskraft und Klarheit, das dem initiierten Lama ein unentbehrliches Hilfsmittel auf dem Weg zur Erkenntnis aller Zusammenhänge und schließlich zur Erleuchtung ist.

Diese geheimnisvollen Bilder lassen Sakya als einen Ort besonderer tantrischer Weihen erscheinen. Hier hat sich das in früher Zeit an vielen Plätzen entartete Rotmützentum in einer reinen Form bis in die Gegenwart erhalten, was uns deutlich macht, daß es kein allgemeiner Verfall des traditionellen Lamaismus war, der zu Tsongkhapas Reformbewegung führte. Auch scheint mir Sakya ein Beweis dafür zu sein, daß die Gefahr der Verweltlichung offenbar in Lhasa und seiner unmittelbaren Umgebung immer am größten war und die Tradition um so strenger bewahrt wurde, je weiter man sich vom Zentrum der Macht entfernte.

Im Innersten des Klosters sind die Wände einer Halle mit den Gedenkchorten für die großen Sakya-Äbte von Mandalas bedeckt, jenen in vielen Varianten ausgeführten kosmischen Kreisen, in deren Zentrum wir den verschiedenen Schutz- und Initiationsgottheiten der Sakyapa begegnen.

Der Reichtum an alten Bronzen und Malereien hier im Südkloster von Sakya verblüfft angesichts der Zerstörungswut Roter Garden, deren Folgen wir an den Ruinen des Nordklosters noch deutlich erkennen können. Und man fragt sich unwillkürlich: Wer oder was entschied über Ort und Ausmaß der Zerstörung, die hier ausgeübt wurde?

Niemand kann darüber Auskunft geben. Allerdings scheint auch unsere Betroffenheit über die sinnlose Zerstörung unwiederbringlicher Werte nur von wenigen Chinesen verstanden zu werden. Das Kulturbewußtsein hält sich selbst bei den als Fremdenbegleiter tätigen jungen Männern und Frauen in meist sehr engen Grenzen. Persönliches Interesse an der Geschichte und ihren kulturellen Denkmälern ist selten. Auf die meisten Fragen bekommt man keine Antwort. Und selbst das Wissen der meisten Mönche ist erstaunlich gering.

Leider gibt es in Sakya noch keine Übernachtungsmöglichkeit, so daß die Besichtigungszeit angesichts der langen Fahrt von und nach Shigatse verhältnismäßig kurz ist. Trotzdem möchte ich die Stunden in Sakya zu den größten Eindrücken zählen, die man heute in Tibet empfangen kann.

Auf der Rückfahrt erkennen wir noch ein kleineres Kloster – offenbar das Westkloster von Sakya –, das den Gedanken nährt, ganz Sakya sei ursprünglich einmal als territoriales Mandala mit Klöstern als realen und zugleich esoterischen Eingängen angelegt worden, um damit seine besondere Bedeutung innerhalb Tibets zu dokumentieren.

Ein weiteres altes Rotmützen-Kloster liegt nicht weit von Shigatse entfernt in einem winzigen, nicht viel mehr als 500 Einwohner zählenden Dorf, das den gleichen Namen wie das Kloster trägt: Shalu. Seine Gründung geht nach Angaben der Klosterchronik ins 11. Jahrhundert zurück.

In der Mongolenzeit war Shalu ähnlich wie Sakya ein selbständiges Fürstentum, für das, wie auch für andere Kleinfürstentümer, der Sakya Pandita allerdings eine Art Oberherr darstellte. Seine bedeutendste Zeit hatte Shalu unter dem großen tibetischen Historiker Buston, der 1320 nach Shalu kam und hier sein heute noch berühmtes Werk über die Geschichte des Buddhismus in Indien und Tibet vollendete.

Die vier erhaltenen Hallen des einst fünfmal so großen Klosters, das in seiner Blütezeit vor 500 Jahren mehr als 3000 Mönche beherbergte, sind voll großartiger Schätze an alten Figuren und herrlichen, zum Teil allerdings durch Feuchtigkeit in Mitleidenschaft gezogenen Malereien, die bisher noch nicht restauriert wurden.

Auch hier überwiegen wie in Sakya als Wandmalerei die Mandalas, die in ihrer Vielfalt eine Art tantrische Bilderschrift darstellen, in der die letzten Geheimnisse des Rotmützen-Lamaismus verschlüsselt sind.

Trotz vieler westlicher Deutungsversuche halte ich alle bisherigen Erklärungen dieser Bilderwelt für vordergründig. Das scheinen mir besonders die Mandalas in Shalu zu bestätigen, die wahrscheinlich zu den ältesten tibetischen Mandalas überhaupt zählen.

Sicher stellt ihre vielfältig verschlüsselte Geheimschrift auch eine Brücke zu dem anderen großem Geheimnis Shalus dar, den Geisterläufern – den Lung Gompas –, die seit Bustons Zeiten hier in Shalu ausgebildet wurden.

Kaum ein anderes Kapitel tibetischer Geistesgeschichte ist so umstritten wie dieses. Nur zwei Europäer – Alexandra David-Neel und Lama Govinda – berichten von eigenen Erlebnissen mit dieser für den abendländischen Rationalismus unvorstellbaren Form von Entkörperlichung, wie sie hier in Shalu nach jahrelanger Ausbildung in strengster Absonderung und Askese von wenigen Lamas erreicht worden sein soll. Von der Möglichkeit, sich schwerelos schwebend in Meditation über seinen Sitz zu erheben, bis zu Schnelläufen in einer Art Schwebezustand, über Stunden und Hunderte von Kilometern am Tag, reichen die Berichte über die in Shalu ausgebildeten Geheimnisträger, von denen heute allerdings keiner mehr am Leben ist. Darum wird auch das Wirken der Lung Gompas wie so vieles in Tibet ein unenthüllbares Geheimnis bleiben, mit einer fließenden Grenze zwischen Wirklichkeit und Legende, die für Tibets Geschichte ganz typisch ist.

Von Shalu, das in einigen seiner Räume noch deutliche Spuren der Kulturrevolution zeigt – zerfetzte Manuskripte, zerschlagene Buddhastatuen, zerkratzte Wandmalereien –, fahren wir wieder nach Osten und machen noch einmal halt in Gyantse, dessen Kumbum die Mandalaidee, wie sie in den alten Klöstern entwickelt wurde, so überzeugend als Bauwerk vergegenwärtigt. In Weiß und Gold vor den tiefblauen Oktoberhimmel gestellt, ist es das Symbol einer Geistigkeit, die zur einförmigen tibetischen Landschaft und zum Alltag der einfachen Menschen einen Gegensatz bildet, den man sich größer kaum vorstellen kann. Und doch empfindet man beides als Reisender in Tibet wie eine große Einheit, an deren Sinn man nicht zweifeln kann, wenn man die Pilger zwischen Stadt und Kumbum – das aber heißt zwischen Alltag und jenseitiger Bilderwelt – unterwegs sieht wie Traumwandler, die trotz der Härte ihres Daseins ein Glücksgefühl ausstrahlen, das Außenstehende kaum nachvollziehen können.

Tibetischer Alltag im Kreislauf der Wiedergeburten

Als wir von Gyantse abfahren, hat sich das bis zu dieser Stunde sonnige Wetter plötzlich verändert. Der Himmel überzieht sich bleigrau. Sturm kommt auf und fegt unseren kleinen Bus fast von der Paßstraße. In der Ferne gehen Regengüsse wie Schleider nieder. Und plötzlich prasseln die haselnußgroßen Tropfen mit der Lautstärke von MG-Geschossen gegen die Fenster unseres Fahrzeugs.

Gelassen stehen draußen in ihre Fellmäntel gehüllte Tibeter wie Statuen inmitten ihrer Yakherden. Die Frauen haben sich Tücher um den Kopf gewunden, die nur kleine Schlitze für die Augen freilassen. Die Yaks schütteln von Zeit zu Zeit ihr triefendes Fell. Die Landschaft wirkt wie mit graublauen Tüchern verhängt, die vom Himmel herabwallen.

Immer wieder ist mir angesichts solcher Begegnungen, wo man wie in einem Schutzpanzer – dem Automobil – an schutzlos den Naturgewalten ausgesetzten Menschen vorüberfährt, die Frage nach ihrer Lebenshaltung, nach ihrer Lebenseinschätzung gekommen. Darum habe ich mich durch Beobachtungen und in Gesprächen bemüht, ein wenig mehr von diesen Menschen zu erfahren, als es die zufällige Begegnung hergibt.

Ein typisches Kennzeichen der Tibeter, die ich etwas näher kennenlernte und deren Schicksal ich ein wenig zu ergründen suchte, ist ihre Ergebenheit, ihre Bereitschaft, Dinge zu nehmen wie sie sind und immer wieder Zuflucht zu suchen, dort, wo sich für sie Sinn und Trost manifestieren, in den Klöstern und Tempeln, oder in den kleinen, wenn auch noch so bescheidenen Hauskapellen, vor einem winzigen Altar vielleicht mit Tshatshas – jenen Tonfiguren von Buddhas oder Schutzgottheiten –, die man von einer Pilgerfahrt mitgebracht hat.

Sinn und Trost, wie wir sie verstehen, bietet das Leben des einfachen Mannes in Tibet nicht. Denn es ist hart und unberechenbar – der Blick aus dem Bus in die von Regenschleiern verhängte Landschaft lehrt es uns, wie der Steinschlag an der Paßstraße, die wir hinauffahren.

Doch der Tibeter – ob Mönch oder Laie – weiß, daß Samsara – der ewige Kreislauf – unser aller Schicksal ist. Man könnte es auch Verhängnis nennen, wenn man bedenkt, daß der Buddhismus alle Erscheinungsformen unseres Daseins als leidvoll ansieht und das einzige Ziel des Lebens darin erkennt, Samsara zu überwinden.

So unterschiedlich auch Wissen und Bildungsvoraussetzungen des einzelnen Tibeters sein mögen – einst wie heute –, so sicher ist doch das Bewußtsein eines jeweils vorübergehenden Daseins auf dieser Erde und des baldigen Wiedergeborenwerdens nach dem Tode in jedem von ihnen verankert.

Das Ich und das Ich-Sagen haben hier keine große Bedeutung. Glück ist genauso vorübergehend wie gegenwärtiges Leid, und eine bessere Wiedergeburt betrachtet man als die Folge der Verdienste, die man im vergangenen Leben erworben hat. Deshalb drängen die Menschen zu den heiligen Plätzen, vollziehen Tausende von Niederwerfungen und küssen die vergoldeten Statuen, die ihnen einen Eindruck des Bleibenden vermitteln in der Flut der sich ständig verändernden Erscheinungen.

Es gibt für sie nur diesen einen Bezug: die Lehre des Buddha. Was sie davon verstehen, wie tief sie jeweils eindringen in einem kurzen Erdenleben, bleibt dabei ohne Belang. Vieles mag Nachahmung, mag Nachsprechen sein – dort, wo die heiligen Mantras ertönen. Wichtig ist für sie, daß sie sich in den Kreis eingeschlossen wissen, der sie alle umfaßt – vom Dalai Lama, den sie verehren, bis zum letzten Bettler, den sie nicht verachten, dem sie abgeben von ihrem schmalen Besitz.

In diesem Bewußtsein einer sich ständig wiederholenden Folge von Geburt, Leben, Sterben und Wiedergeburt sind sie alle vereint: die Armen und die Reichen, von denen heute die meisten im Exil leben, die Laien, die Mönche, die hohen Lamas, von denen es ebenfalls nur noch wenige im Lande gibt.

Das Wissen um diese Dinge reicht von einer dumpfen Ahnung bei vielen, die nie Lesen und Schreiben gelernt haben und für die der Blick in einen Tempel wie die Begegnung mit dem Himmel ist, bis zu hochgebildeten Laien und Lamas, die in die letzten Geheimnisse der tantrischen Schriften eingedrungen sind.

Ohne eine gewisse Kenntnis dieser Daseinsbasis der Tibeter kann man ihren Alltag, ihre Lebensweise nicht verstehen. Das ist heute noch so, wenn auch eine kleine Zahl, vor allem jüngerer Menschen, sich dem chinesischen Einfluß und damit dem Kommunismus geöffnet hat. Wie weit es sich dabei um echte Gesinnungswandlung oder nur um den Opportunismus von nach Erfolg und Anerkennung Strebenden handelt, ist schwer zu sagen.

Es kann aber kein Zweifel bestehen, daß nach der Auflösung der Klöster in den sechziger Jahren und der Eingliederung fast aller Mönche in den Arbeitsprozeß die Familie zur einzigen Basis des Volkslebens geworden ist, auch in den neu entstandenen landwirtschaftlichen Kommunen und in den Handwerks- und kleinen Industriebetrieben der wenigen Städte.

Wenn es früher für die tibetische Gesellschaft die beiden Träger Familie und Kloster gab und sich das Leben, auch in all seinen Spannungen, aus diesem Dualismus herleitete, so ist heute die Familie das religiöse und ökonomische Fundament des Landes, was auch die Chinesen erkannt und akzeptiert haben. Im Gegensatz zu den meist hochdifferenzierten Bevölkerungsstrukturen der Industrienationen und auch vieler Entwicklungsländer ist das Gesellschafts- und Wirtschaftsgefüge Tibets denkbar einfach und bis jetzt fast ausschließlich von der geographischen Lage des Landes und seinen extremen Lebensbedingungen geprägt.

Außer der kleinen Gruppe der bis 1959 maßgebenden 240

Adelsfamilien, die das Land besaßen oder doch nutzten, und den hohen Lamas, gab es nur fünf breitere Bevölkerungsschichten von weitgehender Homogenität, trotz der großen landschaftlichen Unterschiede des riesigen, aber durchweg dünn besiedelten Landes.

Neben den Mönchen als der einheitlichsten Bevölkerungsgruppe waren es Bauern, Handwerker, Händler und Viehzüchter, die meist als Nomaden lebten. Die kleine Zahl von Soldaten fällt hier nicht ins Gewicht.

Immer war das Bauerntum das Fundament, auf das sich der alte tibetische Feudalstaat, so wie später der Zentralismus der Dalai Lamas, stützte. Die Bauern, früher zum großen Teil eine Art von Leibeigenen – wenn man diesen Begriff im Vergleich zu mittelalterlichen europäischen Verhältnissen gebrauchen darf –, waren seit jeher Träger der staatlichen Ordnung. Ihre Seßhaftigkeit ermöglichte es den Lokalfürsten, wie später den Dalai Lamas als Zentralherrschern, jenes Distrikt-Sytem einzurichten, das dem Land seine politische Struktur gab, an der die Dalai Lamas bis 1959 festgehalten haben.

Zu Beginn dieses Jahrhunderts gab es unter dem 13. Dalai Lama 53 Distrikte, die von je einem Dzong aus verwaltet wurden. In den meisten Fällen standen ein Adliger und ein Lama an der Spitze eines solchen Distrikts. Sie waren beide dem Dalai Lama und der Regierung in Lhasa direkt verantwortlich.

Zu einem Dzong gehörten im Durchschnitt etwa 500 steuerpflichtige Bauernfamilien, die entsprechend der von ihnen bebauten Flächen Abgaben an den Dzong, das heißt an den Staat, zu leisten hatten, die bis zu zwei Fünftel der eingebrachten Ernte betragen konnten. Dazu kam eine indirekte Steuer in Form der Verpflichtung, für Regierungsvertreter und im offiziellen Auftrag reisende Personen einschließlich ihrer Begleitung Verpflegung, Transporttiere und Hilfskräfte zur Verfügung zu stellen.

Bauern, die im Einzugsbereich von Klöstern wohnten,

hatten, wie wir es schon im Falle des Klosters Samye gese-hen haben, ähnliche Leistungen für die Klöster zu er-bringen.

Es gibt viele Zeugnisse dafür, daß diese Steuerpflichten für die meisten tibetischen Bauern zur harten, oft kaum zu leistenden Aufgabe wurden, der viele dadurch zu entgehen suchten, daß sie zum nicht so leicht kontrollierbaren Nomadenleben überwechselten.

Im Gegensatz zu anderen Ländern, wo sich Bauern mehr zu sein dünken als die herumziehenden Viehzüchter, hat es in der tibetischen Bevölkerung immer die Sehnsucht nach ungebundenem Nomadentum gegeben. Und es wurde als gesellschaftlicher Aufstieg gewertet, wenn man mit einer Herde und Zelten durchs Land ziehen konnte.

Nomadentum war allerdings für den Tibeter, selbst wenn er nicht zu den umherziehenden Stämmen des Nordens oder des Ostens zählte, mehr als ein erstrebter Stand. Es prägt zu einem guten Teil noch heute das tibetische Lebens-gefühl. Wandern, Herumziehen, Reisen sind Wunschvor-stellungen fast eines jeden Tibeters, und zwar solche, die er, im Gegensatz zu den meisten anderen, auch verwirklichen kann.

Hier hat das verbreitete Pilgertum des Landes, wie es seit 1980 wieder so mächtig auflebt, seine Wurzeln. Von den Wandermönchen haben wir schon gehört. Auch die Hand-werker müssen, mit Ausnahme derer, die in größeren Sied-lungen oder Städten ansässig sind, häufig unterwegs sein, wenn sie ihr Auskommen finden wollen. Denn weder der Tischler noch der Schreiner, weder der Gerber noch der Kürschner haben in einem tibetischen Dorf genug zu tun. Nur die Teppichknüpfer und Weber, wie wir sie in Gyantse angetroffen haben, bleiben am Ort. Händler übernehmen dann den Verkauf ihrer Produkte auf dem flachen Land.

Aber auch die Bauern lieben es, unterwegs zu sein. Der wöchentliche Markttag in größeren Flecken bietet dazu willkommene Gelegenheit. Und hat einer auch nur wenig angebaut, so ist ihm doch der Weg zum Markt nie zu weit. Die Freude, Menschen zu treffen und Neuigkeiten zu erfahren, wiegt mehr als der erhoffte Gewinn.

Tibetisches Leben hat sich für die Massen immer an der Grenze des Existenzminimums abgespielt. Reichtümer, ja selbst Besitz in bescheidenem Maße, konnten in diesem Land nur diejenigen erwerben, die andere um geringen Lohn für sich arbeiten ließen, Grund und Boden besaßen oder große Ländereien für besondere Verdienste vom Dalai Lama zu Lehen erhielten. Das war immer nur ein sehr kleiner Kreis.

Die Durchschnittsbehausung des Tibeters ist äußerst einfach und ohne jeden Komfort. Eine Küche, ein Lager aus Decken, ein paar Kisten für die wenigen Habseligkeiten, ein kleiner Altar, oft sogar eine bescheidene Hauskapelle, in der eine Butterlampe brennt, sind alles, was die meisten Tibeter besitzen. Und sie versichern immer wieder, daß sie mehr auch nicht brauchen.

Wie sieht nun der Alltag dieser Menschen aus? Er folgt weitgehend dem Rhythmus der Natur. Mit der Sonne steht man auf, mit der Sonne geht man schlafen. Jahreszeit und Wetter bestimmen die Möglichkeiten und Notwendigkeiten des täglichen Tuns. Aussaat und Ernte müssen schnell erledigt werden, wenn es das wechselhafte Wetter eben zuläßt.

Doch so gut man auch in den Wolken lesen kann und jeden Witterungsumschlag vorausweiß – man möchte sich doch nicht auf solches Erfahrungsgut allein verlassen. Der Kalender wird befragt und der schicksalskundige Mönch, der ihn zu deuten weiß. Sternkonstellationen und Himmelsveränderungen wie Sonnen- und Mondfinsternisse, das Auftreten von Kometen, auffällige Veränderungen der Umwelt sind maßgebend für Planung, Zeiteinteilung von Arbeiten, Verkäufen, Käufen, Besuchsreisen und weite Pilgerfahrten.

Es gibt keine Stunde des Tages, keinen Tag in der Woche und keine Woche im Jahr, die nicht unter dem Gesichtspunkt ihrer Vorbestimmung und der sich daraus für den einzelnen Menschen ergebenden Konsequenzen betrachtet und eingeschätzt werden. So tritt das, was wir Realität nennen – der Ablauf von Arbeit, Geschäften, Vergnügungen –, für den Tibeter völlig zurück hinter dem, was ihm seine Religion durch ihre wissenden Vertreter zu den Vorgängen sagt und rät. Die Spontaneität, die viele unserer Entscheidungen und Handlungen bestimmt, ist dem Tibeter völlig fremd. Selbst einem militärischen Überraschungsangriff ist er nie begegnet, ohne sich vorher zu vergewissern, ob er von den Göttern gewollt und von den Dämonen nicht vereitelt wird.

Doch die Abhängigkeit vom Allzusammenhang des Daseins und seinen vorbestimmten Abläufen, wie sie der Tantrismus lehrt, bedingt nicht nur die Befragung von Mönchen und Orakelpriestern bei allen anstehenden Entscheidungen, sie fordert auch Opfer zu ihrer Beeinflussung und als Dank für gutes Gelingen. Außerdem schützt sich der Tibeter durch Amulette und Gaus – kleine, meist silberne Kästchen mit Miniaturbuddhas oder Schutzgottheiten – vor bösen Einflüssen und drohenden Gefahren.

Auch trug jeder Tibeter immer eine Gebetsmühle bei sich, und viele, auch jüngere Leute, benutzen sie heute wieder, nachdem es über ein Jahrzehnt streng verboten war. Die Gebetsmühle, die man durch Handbewegung in schnelle Drehung versetzt, ist eine Art Brücke zwischen Mensch und All. Die in ihr enthaltenen Papierstreifen mit der Silbenfolge Om mani padme hum – »O Du Kleinod im Lotos« – sollen eine ständige Verbindung zur buddhistischen Idee der Überwindung der irdischen Scheinwelt und ihrer Aktivitäten herstellen.

Aus solcher, mehr dem Kosmischen als dem Jetzt und Hier verbundener Lebenshaltung erklärt sich das Festhalten der Tibeter an mittelalterlichen Zuständen bis in die Gegenwart, ihr Mißtrauen gegenüber allem Fremden und ihre Furcht vor Veränderungen und unbekannten Einflüssen.

Wie stark das tibetische Leben in all seinen Traditionen bis 1959 mittelalterlich geprägt war, zeigt sich auch daran, daß wir nicht nur bei den Bauern und Nomaden, sondern auch bei den Handwerkern, von denen viele nur Saisonarbeiter mit kleinen bäuerlichen Anwesen waren, eine Berufserbfolge feststellen können, so daß wir die tibetische Gesellschaft vor 1959 als eine fast reine Ständegesellschaft bezeichnen dürfen.

Gerade unter den Handwerkern gab es zudem eine strenge Gliederung nach dem Ansehen der einzelnen Berufe. An der Spitze standen die mit den Klöstern verbundenen, oft auch von Mönchen ausgeübten künstlerischen Berufe – vor allem des Malers und des Figurengießers. Dagegen galten die anderen metallverarbeitenden Berufe, wie der des Schmieds, als niedrig. Viele Klöster nahmen Kinder von Schmieden deshalb nicht als Novizen auf.

Besonders verachtet waren alle Handwerker, die mit tierischen oder menschlichen Leichnamen zu tun hatten: der Schlächter, der Gerber, vor allem aber der Leichenzerteiler, der sich nach tibetischem Brauch Besitztümer des Toten aneignete, den er auf den Leichenacker schleppte, um ihn dort zu zerhacken und den Geiern zum Fraß vorzuwerfen.

Mit Ausnahme dieser verachteten Berufe konnten die niederen Mönche in den Klöstern grundsätzlich jedes Handwerk ausüben, obwohl es unter ihnen kaum Schmiede gab. Dabei findet sich sogar unter den großen tibetischen Gurus ein berühmter Kettenschmied und Brückenbauer: Than ston rgyal, der im 15. Jahrhundert lebte.

Der tibetische Alltag ist hart. Doch die Menschen begegnen ihm, wie ich immer wieder feststellen konnte, mit ungebrochener Lebensfreude, die in der Lust an Geselligkeit ihren deutlichsten Ausdruck findet. Ob man bei der Ausübung des Berufs die traditionellen Lieder singt oder in Arbeitspausen auf den Kommunen Gruppentänze einstudiert – es ist immer die Freude am gemeinsamen Tun, die Menschen zusammenführt. Musizieren und Kartenspiel haben dabei genauso ihren Platz wie das Rezitieren von Gedichten, Märchen und Erzählungen, bei dem es immer dankbare Zuhörer gibt. Wie auch sonst in Asien stehen dabei die alten bekannten Stoffe im Vordergrund. Nicht das Neue erfreut die Menschen, sondern das immer wieder gehörte Alte, das man als Lebensbasis und Voraussetzung des eigenen Daseins begreift und achtet.

Bei solcher Lebenseinstellung ist es verständlich, daß jede Gelegenheit zum Feiern von Festen gern und ausgiebig wahrgenommen wird. Bieten doch Feste nicht nur eine gute Gelegenheit, alles zu tun, was Freude macht. Sie führen auch Menschen zusammen, für die Einsamkeit zu den Grunderfahrungen ihres Daseins gehört.

Wer einmal erlebt hat, mit welchem Eifer tibetische Nomadengruppen, die sich begegnen, aufeinander einreden, begreift, was es bedeutet, tage-, ja wochenlang in der ereignislosen Abgeschlossenheit einer kleinen Gruppe durchs Land zu ziehen und nichts zu erleben als den Hingang der Tage und Nächte.

So ist es verständlich, daß überall in Tibet und im Himalayagebiet die großen Klosterfeste Anziehungspunkte waren und auch heute noch sind für alle, die es sich leisten können, zuweilen aus dem Rhythmus ihrer täglichen Pflichten auszubrechen und sich dem Festtreiben hinzugeben – gleichgültig, ob man mit einem kleinen Bauchladen dabei ist oder das Fest als Müßiggänger in vollen Zügen genießen kann. Wichtig ist die Begegnung mit anderen. Und die hat man als Bettler genauso nötig wie als Händler oder als Mönch. So verschieden auch das Wissen um den religiösen Sinn der Feste und die innere Einstellung dazu sein mögen, jeder hat Teil an dem ersehnten Erlebnis der Gemeinsamkeit.

Eine große Rolle bei den Klosterfesten, die zur Feier des Gründungsdatums, des Geburtstages Buddhas oder bedeutender Gurus, aber auch zu Neujahr und im Rhythmus der Jahreszeiten stattfinden, spielen die von Mönchen aufgeführten Maskentänze – der Tscham.

In diesen Tänzen wird das Pantheon der Götter und Dämonen lebendig, das sonst nur stumm in den Klöstern als Malerei oder Skulptur gegenwärtig ist. Für Stunden beherrscht es den Hof des Klosters und damit das Blickfeld der Menge. Für die Zuschauer sind das nicht Tanzvorführungen in unserem

Sinne. Sie dienen nicht der Unterhaltung, sind nicht künstlerische Darbietung, sondern Konfrontation des Menschen mit seinem eigenen Inneren: mit Gedanken, Gefühlen, Verdrängungen, Ängsten und Nöten. Denn jede der im Tanz auftretenden Figuren verkörpert, so wie die Bilder und Skulpturen in den Tempeln, ein Stück unseres zwiespältigen, problematischen Daseins mit all seinen Tendenzen und Impulsen, seinen Erwartungen und Enttäuschungen.

»Tscham ist getanztes Sterben«, sagte mir einmal ein Lama in Ladakh.

Tatsächlich verkörpern die Maskentänze die Gottheiten des Totenbuchs, die dem Verstorbenen nach tibetischem Glauben in den ersten 49 Tagen nach seinem Ableben hilfreich oder bedrohlich begegnen.

»Das Schlimmste für mein Volk war neben der Schließung der Tempel das Ende der großen Klosterfeste«, sagt mir der Abt von Sera, »denn diese Feste waren ihr eigentlicher Lebensinhalt. Sie stellten die bildhafte Verbindung her zwischen jedem Einzelnen und dem Kosmos.«

Als er das sagt, muß ich an ein Buch denken, das ich vor Jahren gelesen und damals nur teilweise verstanden habe: »Tibetische Medizinphilosophie«. Sein Verfasser, Cyrill von Korvin-Krasinski, ist Benediktiner in Maria Laach. Sein Buch, über das ich nach meiner ersten Rückkehr aus Tibet mit ihm eingehend sprechen konnte, macht die Worte des Abtes von Sera verständlich und zeigt auch, ohne mit einem einzigen Satz direkt auf diese Frage einzugehen, daß sich tibetisches und chinesisches Denken nie werden vereinbaren lassen, daß tibetisches und chinesisches Lebensgefühl nichts miteinander zu tun haben. Hier öffnet sich eine andere Welt – eine Gedankenwelt, die tibetisches Leben, so wie wir es kennengelernt haben, verständlich macht. Es ist ein aus dem kosmischen Allzusammenhang begriffenes und gelebtes Dasein, zu dem Fremde nur schwer einen Zugang finden. Auch zur indischen Denkart gibt es da nur wenige Brücken. Wo dort Vielfalt ist, herrscht hier in Tibet Konsequenz. Scheint es doch, daß kein Volk dieser Erde das ganzheitliche Denken, das die Verbindung von allem mit allem aufzeigt, zu größerer Vollkommenheit gebracht hat als die Tibeter. So mußte es sie auch am härtesten treffen, als wesentliche Stücke unter Zwang aus ihrem ganzheitlichen Weltbild herausgebrochen und durch oberflächliche, materialistische Thesen ersetzt wurden.

Nichts macht das deutlicher als die auf Grund von Forschungen des russischen Mediziners Badmajeff in Korvin-Krasinskis Buch ausführlich dargestellte Dreiprinzipienlehre, auf die bisher kaum jemand bei der Darstellung tibetischer Geschichte und Kultur eingegangen ist, obwohl wir hier eines der Fundamente des Denkens und Glaubens vor uns haben, das tibetisches Leben bis in den Alltag hinein bestimmt.

Die Dreiprinzipienlehre basiert auf der tibetischen Auffassung, daß sich der Makrokosmos des Alls – das Universum – im Mikrokosmos dieser Erde wie eines jeden einzelnen Menschen spiegelt, da sich Makrokosmos und Mikrokosmos ganzheitlich, das heißt nicht nur in ihrer äußeren materiellen Erscheinungsform, entsprechen. Krankheiten sind aus solcher Sicht Störungen dieser Entsprechung und werden von den Ärzten auf dieser Grundlage behandelt.

Die Schwierigkeit, das der makro-mikrokosmischen Vorstellungswelt zugrundeliegende Dreiprinzipiendenken zu verstehen, beginnt bei den Begriffen. Dr. Badmajeff bedient sich in seiner Darstellung einer mongolischen Übersetzung der Sanskritwörter vayu, pitta und kapha, die das physiologische System der altindischen Denker umschreiben, aber als Fremdwörter verständlicherweise nur sehr ungenau ausdrücken, was die tibetische Lehre von der dreifachen Struktur des Kosmos meint. Auch die von Dr. Badmajeff aus der Übersetzung gewonnenen Begriffe Chi, Schara und Badgan geben jeweils nur einen Aspekt des Gemeinten wieder. So heißt Chi wörtlich übersetzt Luft oder Wind. Gemeint aber ist die »das All begründende und durchdringende Vernunft« – so Korvin-Krasinski. Schara heißt das Gelbe, auch Galle, meint aber hier, wieder nach Korvin-Krasinski, »das den Kosmos beherrschende und bewegende Prinzip jeglicher Aktivität und Mächtigkeit«. Im Gegensatz zum Vernunftprinzip Chi ist es das Tatprinzip. Badgan ist das Wasser, aber auch der Schleim. Im Rahmen der Dreiprinzipienlehre begreift es Krovin-Krasinski dualistisch. Für die materiellen Wesen – so für den Menschen – ist es das Stoffprinzip. Es meint auch die Mutter Erde, ja die Materie in jeder Form. Für die geistigen Wesen dagegen, die in der tibetischen Vorstellungswelt eine große Rolle spielen und auch in den Alltag allgegenwärtig hineinwirken, ist Badgan das Prinzip der Passivität. Denn das Geistige verhält sich dem Materiellen gegenüber inaktiv, ich möchte sagen neutral.

Nun ist mit diesen Hinweisen die Fülle an Bedeutungen, welche die Dreiprinzipienlehre umschließt, natürlich nur angedeutet. Sie ist das Ganze des Kosmos, denn es gibt nichts, auch nichts Unsichtbares, das sich mit diesem Prinzip nicht erklären und verstehen ließe. Insofern bildet es die Basis tibetischen Daseins wie des kosmischen Seins überhaupt. Religiös, im Sinne des Tantrismus gesprochen, ist es die dem Urbuddha Vajradhara und den fünf Tathagatas zugrundeliegende Lehre. Sie gilt für den höchsten Lama wie für den ungebildeten Laien. Denn alle gläubigen Tibeter wissen sich in ihr geborgen und gehören einer der den Tathagatas zugeordneten fünf Buddhafamilien an.

Wenn auch längst nicht jeder Tibeter die Lehre von den drei Prinzipien kennt, geschweige denn beherrscht – wer weiß denn bei uns über komplizierte wissenschaftliche oder philosophische Zusammenhänge Bescheid? –, so ist sie doch das verbindende geistige Element dieses Volkes, das daraus seine ganzheitliche, kosmisch begründete Lebenshaltung bezieht.

Nichts beweist das deutlicher als das Verhältnis der Tibeter zum Tode oder richtiger zum Sterben. Die tibetischen Totenbücher, die darüber Auskunft geben, wurzeln in diesem kosmischen Lebensgefühl. Ein Buch über Tibet kann deshalb nicht schließen, ohne auf dieses Zentralthema einzugehen.

Ich beziehe mich hier noch einmal auf den Abt von Sera,

der mir auf meine Frage nach der Einstellung des Tibeters zum Tode sehr umfassend antwortete: »Im Sterben zeigt sich das wahre Verhältnis des Menschen zum Leben.« Und er wies mich darauf hin, daß man tibetisches Leben nicht verstehen könne, ohne das Studium der Totenbücher und ohne die Kenntnis der Rituale, die das Sterben und den sogenannten Zwischenzustand begleiten, der den Zeitraum zwischen Tod und Wiedergeburt eines Lebewesens umfaßt.

Im Gegensatz zur Dreiprinzipienlehre, die vor allem der Gelehrte und Arzt studiert, oder zu den Tantras, deren Studium den Lamas vorbehalten ist, gilt das Totenbuch – das Bardo-Thödol –, das wir in verschiedenen Versionen kennen, als geistiger Gemeinbesitz aller Tibeter, ist es doch eine Art tibetische Bibel, ein Buch der Erlösung oder richtiger, der möglichen Befreiung.

Es gehört zu den Padmasambhava zugeschriebenen Schriften, die als Schätze – Termas – überall in Tibet und dem Himalayagebiet versteckt waren und auf den vorbestimmten Entdecker warteten, dem es beschieden war, ihre Lehren in das buddhistisch-tantrische System einzubringen.

Nach der Legende hat Padmasambhava die Urschrift des Bardo-Thödol bei den Gampo-Hügeln in Zentraltibet vergraben. Dort wurde sie Jahrhunderte später von Karma-Lingpa, der Reinkarnation eines Padmasambhava-Schülers, aufgefunden. Aus seinen Händen gelangte sie an hohe Lamas, die sie abschreiben und verbreiten ließen. Heute gehören die Bardo-Thödol-Texte in der lamaistischen Welt zu den wichtigsten Unterweisungsschriften. Sie sollen der Befreiung des Menschen aus dem Samsara, dem Kreislauf der Wiedergeburten, dienen.

Entsprechend der Vielschichtigkeit tibetischen Denkens und Glaubens weist auch das Bardo-Thödol verschiedene Wege, die, entsprechend den unterschiedlichen Reifegraden des Menschen zur Erleuchtung im Augenblick des Sterbens und damit zur Beendigung des Samsara führen. Von der Möglichkeit der spontanen Befreiung bis zum langen Weg über Meditation und Hören der Texte des Totenbuches gibt es drei Formen, das zu erreichen, was die Tibeter Bewußtseinsübertragung nennen. Es ist die eigene oder mit der Hilfe von Lamas, die dem Sterbenden oder Toten beistehen, erworbene Kraft, seine Geist-Natur mit Amitabha, dem Tathagata des Grenzenlosen Lichtes, zu vereinen und so, unabhängig vom persönlichen Karma, den ersehnten Zustand ohne Wiedergeburt zu erreichen.

Nach urbuddhistischer Lehre, die heute noch für die südliche Schule, die Theravada-Buddhisten, verbindlich ist, bestimmt das Karma allein die nächste Wiedergeburt eines Lebewesens. Dabei wird Karma als die Summe aller Taten, Gedanken, Gefühle und Empfindungen in diesem jetzigen wie in allen vorangegangenen Leben begriffen. Die Tendenzen, die in einem Menschen walteten und walten, sind nach dieser Lehre ausschlaggebend für den Eintritt in ein neues Leben oder ins Nirvana, wobei letzteres als große Seltenheit – besonders in unserer Weltzeit – angesehen wird.

Anders ist es im Mahayana – und vor allem im tantrischen Buddhismus. Hier bieten verschiedene geheimnisvolle, uns zum Teil unglaublich erscheinende Praktiken, bis hin zum Austritt des Bewußtseins aus der durch Yoga wieder geöffneten Fontanelle unseres Schädeldachs, die Möglichkeit der Befreiung. Insbesondere aber ist sie jedem Sterbenden erreichbar, dem es gelingt, seine Geist-Natur unbehelligt durch die auf ihn einstürmenden Kräfte des kosmischen Seins, die er als Buddhas, Götter und Dämonen bildhaft erlebt, zu steuern und sie, das aber heißt seine karmischen Tendenzen, ein für alle Mal hinter sich zu lassen.

Wie vollzieht sich nun dieser eigenartige Prozeß, den fast ein jeder Tibeter ständig vor Augen hat, tatsächlich? Er beginnt mit dem Studieren oder auch nur Hören von Texten, die im Leben auf den Tod vorbereiten sollen. Deshalb sprechen Kenner des Bardo-Thödol wohl mit Recht von einem Lebensbuch und lehnen die bei uns geläufige Bezeichnung Totenbuch ab.

Denn der Grundgedanke des Bardo-Thödol ist es, den Menschen im Laufe seines Lebens mit der einzigen Gewißheit, die er haben kann – seinem Sterben – so gut wie möglich vertraut zu machen. So sind ihm die Worte, die er als Sterbender aus dem Munde von Mönchen vernimmt, wohlbekannt, und er weiß, daß die Stunde seines Hinübergehens gekommen ist, wenn sie erklingen.

Diese Texte sprechen von der Begegnung des Toten mit den fünf Tathagatas und den übrigen gütigen wie auch mit den zornvollen, schrecklichen Gottheiten. Es sind über hundert, mit deren Erscheinung und Bedrängungen er sich im verwirrenden Zustand seines Verstorbenseins, von dem er nach tibetischer Auffassung zunächst noch nichts weiß, auseinandersetzen muß.

Bevor die Lesungen aus dem Bardo-Thödol beginnen, sind im Hause des Sterbenden oder – bei plötzlich eingetretenem Tod – des schon Verstorbenen viele Vorbereitungen zu treffen.

Der Hausaltar oder die Hauskapelle, die, wenn auch zum Teil in schlichtester Form, in jedem Tibeterhaus vorhanden sind, sollen, wenn möglich, mit Blumen geschmückt werden. Butterlampen, Schalen mit geweihtem Wasser, Opferkuchen, Früchte und Weihrauchgefäße werden aufgestellt. In reicheren Häusern legte man früher Wert darauf, 108 Opferlampen aus Messing oder Silber, oft auch nur aus Teig geformt und mit Butter gefüllt, anzuzünden.

Auf dem Altar werden neben den ständig dort bewahrten Figuren und Gegenständen weitere, eigens für den Totenkult bestimmte Geräte sowie Skulpturen der Gottheiten des Totenbuches aufgestellt. Wenn Thangkas mit den friedvollen und zornigen Gottheiten des Bardo-Thödol im Hause nicht vorhanden sind, werden sie von den Mönchen aus dem Kloster mitgebracht und zur Anschauung für den Sterbenden oder Verstorbenen aufgehängt.

Zu den Geräten, die von den Mönchen bei der Lesung aus dem Totenbuch gebraucht werden, gehören Vajra und

Ghanta, ferner die kleine Handtrommel Damaru, ein Paar Zimbeln und die Schädelschale – die Kapala –, die das wichtigste Symbol menschlicher Vergänglichkeit ist. Vor jedem Mönch stehen außerdem eine Schale mit Opferreis und eine Kanne mit Weihwasser, in der ein Wedel aus Pfauenfedern steckt. In diesem Wedel ist ein Bild des dunkelblauen Urbuddha Samantabhadra in Umarmung mit seiner nackten weißen Yum zu sehen, wie wir es auch im Mittelpunkt eines jeden die Bardo-Thödol-Gottheiten zeigenden Thangka finden. Ferner haben die Mönche kleine gemalte Karten mit allen Gottheiten des Totenbuches in der Hand, um sie dem Verstorbenen während der Lesung bildhaft vor Augen führen zu können.

Nur selten ist der Leichnam bei allen Lesungen anwesend. Meist ist er dann längst auf dem Totenacker zerhackt und den Vögeln zum Fraße vorgeworfen worden. Doch das spielt beim tibetischen Seinsverständnis keine Rolle, hat doch der entseelte Körper für den Weg des Karmas keinerlei Bedeutung. So genügt es, wenn der Verstorbene in Form eines auf Papier gezeichneten Bildes, das mit einem Stab in einen Lotos aus Teig oder Lehm gesteckt wird, Zeuge des Totenrituals wird.

Wenn alle Vorbereitungen getroffen und von den anwesenden Mönchen als dem Ritus entsprechend akzeptiert worden sind, beginnt die eigentliche Sakralhandlung, die alle Tibeter als den wichtigsten Vorgang in einem menschlichen Leben ansehen.

Ist der Leichnam noch vorhanden, wird er mit den einleitenden Sätzen des Bardo-Thödol direkt angesprochen und auf die dreifache Seinsweise tantrischer Vorstellungen hingewiesen:

»Om! Verehrung sei den Lamas in ihrer dreifachen Seinsweise:

im Wahren Sein als grenzenloses Licht Amitabhas,

im Mitteilenden Sein in der Gestalt der Friedvollen und Schrecklichen Gottheiten der Lotos-Kategorie, im Wirkenden Sein als Padmasambhava, der gekommen ist als Herr der Lebewesen!«

Danach entfaltet der Text in oft mehrfacher Wiederholung alle Aspekte des irdischen Seins als Spiegelungen unseres Bewußtseins, das für den Toten jetzt allein noch die Verbindung zur Umwelt herstellt.

Ist der Leichnam nicht mehr vorhanden, gestaltet sich der Beginn des Rituals wesentlich schwieriger. Muß doch zunächst der Geist des Verstorbenen beschworen und zur Einkehr in das bereitgestellte Bild veranlaßt werden. Dieser Vorgang bedarf oft langer angestrengter Bemühungen der Mönche, die als einzige erkennen können, ob die Beschwörung des Totengeistes auch wirklich gelingt.

Bis zu 49 Tagen kann das Ringen der Mönche mit dem Geistleib des Toten – dem, was wir vielleicht Seele nennen würden – dauern. Dann ist es entschieden, ob der Verstorbene den Weg durch alle Bedrängungen und über alle Klippen ins Nirvana gefunden hat, oder ob sein karmisches Bündel erneut in einen wachsenden Fötus eintritt und damit zu einer Wiedergeburt gelangt.

Am Ende der langwierigen, in ihrer Durchführung äußerst komplizierten Zeremonie, die oft auch nachts nicht unterbrochen wird, steht die Verbrennung des Bildes, durch die erst sich das Tor ins Nirvana oder – weit häufiger – zur nächsten Wiederverkörperung öffnet.

Sind wir damit am Ende eines Tibeterlebens und zugleich an seinem neuen Anfang?

»Es geht im Bardo-Thödol nicht nur, ja noch nicht einmal hauptsächlich, um den leiblichen Tod«, erklärte mir ein tantrischer tibetischer Guru, den ich im ladakhischen Leh kennenlernte.

»Wir gehen durch viele Tore, sterben viele Tode in unserem Leben, wenn wir die Lehre des Buddha ernst nehmen und ihm nachfolgen wollen«, fährt er fort und zeigt auf einen blinden Jungen.

»Sind wir nicht alle ein wenig so geartet wie dieser Blinde? –

Wir ahnen, daß es etwas gibt, was wir nicht sehen und doch begreifen können. Wir spüren das Geheimnis einer uns umgebenden unsichtbaren geistigen Welt. Das Bardo-Thödol versucht, sie dem verständlich zu machen, dem es schwer wird, geistige Realitäten zu akzeptieren, ohne sie zu schauen. Das ist der Grund, weshalb wir Buddhisten, die wir an keinen Gott glauben, ein ganzes Pantheon von Gottheiten brauchen, um unserem Volk die geistige Welt, von der Buddha gesprochen hat, verständlich zu machen.«

Dieses Gespräch stand am Anfang einer Begegnung, die damals – 1974 – meinen alten Wunsch, Tibet kennenzulernen, Lhasa zu erleben, wenn möglich noch steigerte.

Ich wollte wissen, wie es in einem Lande aussieht, von dem so Widersprüchliches, so Unglaubliches berichtet wurde. Es konnte nicht alles Phantasie sein, was gläubige Adepten dort erlebt haben wollten. Es konnte aber auch nicht alles wahr sein, was ihnen angeblich, zum Teil in unbestreitbarer Euphorie, widerfahren war.

Der Guru, dem ich in Leh begegnete, gab die Aufklärung: »Eure westliche Vorstellung von Wirklichkeit ist eine andere als die von uns Tibetern. Was ihr Realität nennt, ist für uns Schein. Träume, auch Wachträume, Phantasmagorien, Meditationserlebnisse haben für uns mehr Wahrheitsgehalt als das, was ihr gewohnt seid Fakten zu nennen. Es ist ungeheuer schwer für uns, eure an den Erscheinungen orientierte Denkweise nachzuvollziehen. Und eure großen Philosophen sind so erschreckend abstrakt. Die Griechen, die wußten noch etwas von den Geheimnissen des geistigen Seins. Platon beschrieb sie, nachdem er es aufgegeben hatte, Dichter zu werden, weil er ihren Wahrheitsgehalt erkannt hatte, weil er spürte, daß da eine Wirklichkeit war, die weit über alles hinausreicht, was wir mit unseren begrenzten Sinnen erfassen können. Er wußte von der Wiedergeburt.«

Ich war erstaunt über diese Worte, über die Kenntnisse des Gurus in abendländischer Philosophie.

Als ob er meine Gedanken erraten hätte, sagte er bescheiden lächelnd: »Ich habe mich an der Universität Calcutta ein wenig mit europäischer Philosophie beschäftigt.«

Mit der Erwähnung Platons hatte er eine jener geistigen Brücken genannt, die Asien mit dem Abendland verbinden. Und plötzlich wurde mir klar, daß Tibet nicht die entrückte, uns unzugängliche Region auf dem Dach der Welt ist, als die sie von vielen angesehen wird. Es ist, unabhängig von seiner exponierten geographischen Lage, die man auf Reisen eindrucksvoll erleben kann, ein Stück geistige Wirklichkeit, die aus frühen Zeiten in unsere Gegenwart herüberreicht und eine Ahnung gibt von dem, was Menschen innerlich ständig bewegt hat neben den äußeren Freuden und Nöten des Alltags. In Tibet ist dieses Lebensgefühl immer besonders stark ausgeprägt gewesen und ist es, wie ich feststellen konnte, noch heute. Es ist jene Haltung, auf die man stößt, wenn man versucht, das Land und seine Bewohner nicht nur oberflächlich zu sehen.

Ein Stück dieses »Tibets von Innen« zu erfassen, von dem ich eingangs schrieb, sollte deshalb zum Programm derer gehören, die sich mit Tibet beschäftigen oder eine Reise zum Dach der Welt unternehmen wollen. Denn viele Rätsel, die Tibet scheinbar aufgibt, enthüllen sich dann, und auf viele Fragen – wenn auch längst nicht auf alle – findet man eine überraschende Antwort.

TIBETS BAUDENKMÄLER – EIN ÜBERBLICK

Seit 1985 hat sich der für ausländische Besucher zugängliche Teil tibetischer Baudenkmäler und buddhistischer Kultstätten innerhalb wie auch außerhalb der Autonomen Region Tibet wesentlich erweitert. Heute erstreckt sich das Gebiet, in dem man tibetische Architektur und Kunst kennenlernen kann, mehr und mehr auch auf das eigentliche Kernland dieser wichtigen, aber noch immer zu wenig erforschten Kultur. Was man früher nur an der Peripherie Tibets – im indischen Ladakh sowie in Nepal, Sikkim und Bhutan – studieren konnte, ist dem Interessierten nun auch in Tibet selbst und in den zum Teil von Tibetern bewohnten chinesischen Westprovinzen Tsing-hai und Gansu zugänglich.

Die verhältnismäßig wenigen in der Kulturrevolution unbehelligt gebliebenen Klöster und Tempel Tibets sind in den letzten Jahren zum Teil gründlich renoviert, ihre Kunstschätze aber nicht immer ganz zufriedenstellend restauriert worden. So zeigen viele Wandmalereien heute grelle Farben und eine glänzende Isolierschicht, die den ursprünglichen Zustand nur noch ahnen lassen. Viele Figuren sind mit mehr oder weniger großem Stilgefühl in den letzten Jahren erneuert oder doch sehr stark ausgebessert worden.

Bei der Beurteilung dieser Restaurierungen ist zu bedenken, daß die Schöpfer der Wandmalereien, Thangkas und Skulpturen nie ästhetische, sondern allein ikonographische und kultische Absichten mit ihrem Werk verbunden haben. So wird auch kein Tibeter den von uns beklagten Unterschied zwischen einer alten, wenn auch verblichenen, und einer mit modernen Farben erneuerten Malerei verstehen. Im Gegenteil! Ihm kommt es darauf an, den Buddha oder die Gottheit mit allen Attributen genau zu erkennen.

Die größte Schwierigkeit für den interessierten, aber mit dem tibetischen Buddhismus und seiner Formenwelt noch nicht vertrauten Besucher stellt die überraschende Fremdheit dar, mit der man sich in Tempeln und Klöstern unvermittelt konfrontiert sieht. Darüber sollte man sich bei der Planung einer Tibetreise im klaren sein, zumal es im Lande nur wenige Experten für die alte Kultur gibt, die eine europäische Sprache sprechen. Die chinesischen Begleiter sprechen kaum Tibetisch, so daß man auch mit einer einwandfreien Übersetzung der vor Ort von Lamas gegebenen Erklärungen nicht rechnen kann. Man sollte deshalb selbst gut vorbereitet die Reise antreten. Eine Hilfe dazu will das Literaturverzeichnis am Schluß dieses Buches bieten. Wer sich für eine der heute schon zahlreich angebotenen Gruppenreisen entscheidet, die einem die schwierigen Organisationsprobleme in Tibet abnehmen, tut gut daran, sich zu vergewissern, ob der die Gruppe begleitende Reiseleiter ein Fachmann ist. Nur dann kann man mit einem zufriedenstellenden Reiseerlebnis rechnen. Denn die tibetische Kultur und ihr Niederschlag in der Bilder- und Skulpturenwelt der Klöster und Tempel ist von einer solchen Vielfalt, daß allein die Einführung eines Kenners das notwendige Wissen um die schwer verständliche, dabei überaus faszinierende Kultur vermitteln kann.

Bemerkt sei noch, daß man in den tibetischen Tempeln und Klöstern überall an den heiligen Handlungen teilnehmen und – nach Rückfrage – meist auch gegen Bezahlung fotografieren darf. Vorteilhaft ist es immer, für solche Fälle die sehr begehrten Fotos des Dalai Lama dabeizuhaben. Sie helfen auch manche sonst verschlossene Tür zu öffnen.

Einen ersten, die wichtigsten Plätze berücksichtigenden Überblick sollen die nachstehenden Hinweise geben. Die Namen der hier kurz beschriebenen Städte und Bauwerke sind alphabetisch geordnet. Auch ist die Zeit angegeben, die man für eine Besichtigung benötigt.

Drepung (Reishaufenkloster). Dieses bedeutende Gelbmützen-Kloster liegt zehn Kilometer westlich von Lhasa. Es wurde 1416 im Auftrag Tsongkhapas gegründet. Die Bauten der ausgedehnten, einem Berg vorgelagerten Klosteranlage stammen zum großen Teil aus dem 17. und 18. Jahrhundert. 1642–1653 regierte der 5. Dalai Lama bis zur Fertigstellung des neuen Potala von Drepung aus Tibet. Die Grabchorten des 2., 3. und 4. Dalai Lama befinden sich in Drepung. 1706 erlitt das Kloster Kriegsschäden durch die Mongolen. Bis Anfang 1959 lebten hier 8 000 Mönche. 3 000 flohen im Frühjahr 1959 nach Indien. Die unteren Gebäudekomplexe der riesigen Anlage enthalten die heute weitgehend leerstehende Wohnstadt der Mönche und die Wirtschaftstrakte. 1735 wurde darüber die Hauptversammlungshalle (Tsung, Lakhang) errichtet. Ihre Vorhalle ruht auf acht rotbemalten, kunstvoll geschnitzten Pfeilern und ist an den Eingängen durch riesige Sonnensegel mit dem Glückszeichen des ewigen Knotens abgeschirmt. An den Seitenwänden befinden sich überlebensgroße Malereien der vier Himmelskönige, die als Beschützer des Tsung Lakhang verehrt werden. 130 Pfeiler gliedern die mehrschiffige Halle, die durch einen kleinen Lichtschacht in der Mitte von oben nur spärlich beleuchtet wird. Die Wände sind mit Malereien bedeckt, die Szenen aus den früheren Leben des Buddha (Jatakas) darstellen. Hauptfigur der Halle ist ein 15 Meter hoher vergoldeter Maitreya, der als Buddha der Zukunft Schutzherr Drepungs ist. Im oberen Stockwerk der Halle werden kostbare Drucke der Heiligen Schriften Kanjur und Tanjur sowie die Werke des 1. und des 5. Dalai Lama aufbewahrt. Unterhalb der großen Versammlungshalle befindet sich eine von zwei gewaltigen Butterteekesseln flankierte Lehrhalle, über deren Eingang ein vergoldetes Rad der Lehre, zu dessen Seiten zwei Gazellen liegen, auf Buddhas erste Predigt im Tierpark von Sarnath bei Varanasi am Ganges hinweist. Auch hier begegnen wir im Vestibül als Wandmalerei den vier Himmelskönigen, ferner dem vom Totengott Yama gehaltenen Lebensrad, das den Kreislauf

Vorhergehende Seite: Eine
Bodhisattva-Statue im Sommerpalast des 14. Dalai Lama, vor der
Pilger einen Apfel als Opfergabe
niedergelegt haben

Rechts: Ein Mönch am Butterfaß
für die Butterlampen des
Klosters Drepung

Unten: Gespräch über die
Klosterverwaltung in Drepung

Rechts: Ein alter Lama
trägt die berühmte Zahn-
reliquie des Tsongkhapa
zurück in den Grab-
chorten von Ganden

Links: Lama vor den Tempelhallen des Tashilumpo in Shigatse

Rechts: Eine zerstörte Halle des Tashilumpo-Klosters wird wieder aufgebaut

Unten: Die Versammlungshalle und der berühmte Kumbum von Gyantse, umgeben von der den heiligen Bezirk einschließenden Mauer

Links: Es gibt wieder Nachwuchs in den Klöstern

Unten: Opferhandlung der Lamas im Kloster Tashilumpo

Rechts: Die Wohlstand schaffende Schutzgottheit als Wandmalerei im Südkloster von Sakya

Ganz rechts: Eine Wandmalerei mit dem Überwinder des Todes Yamantaka im Kloster Tashilumpo

Rechts unten: Diese Wandmalerei aus dem Kloster Mindoling zeigt zwei buddhistische Lehrmeister im Gespräch; dabei entsteht als Bild ihrer Gedanken ein Mandala

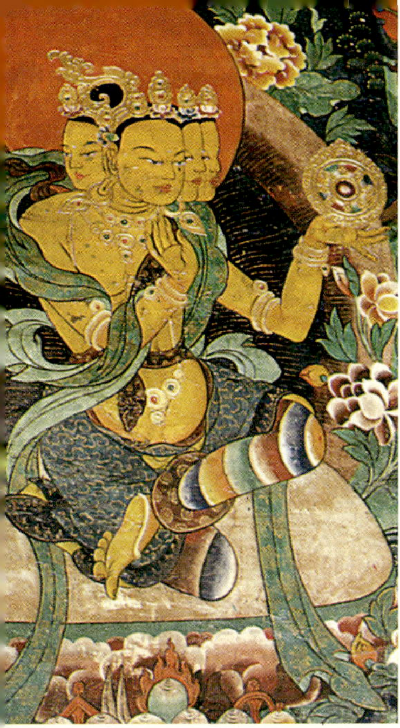
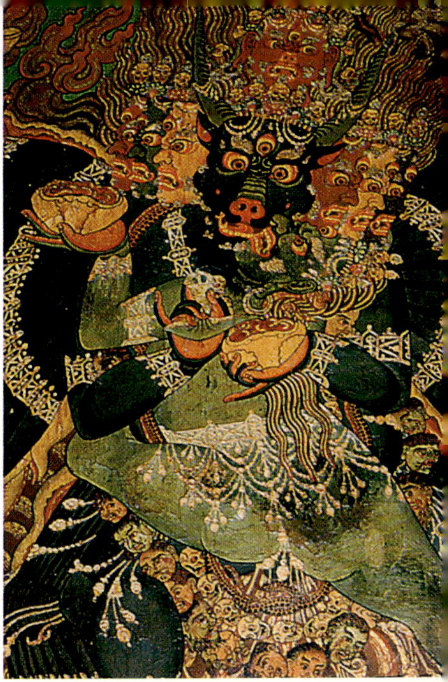
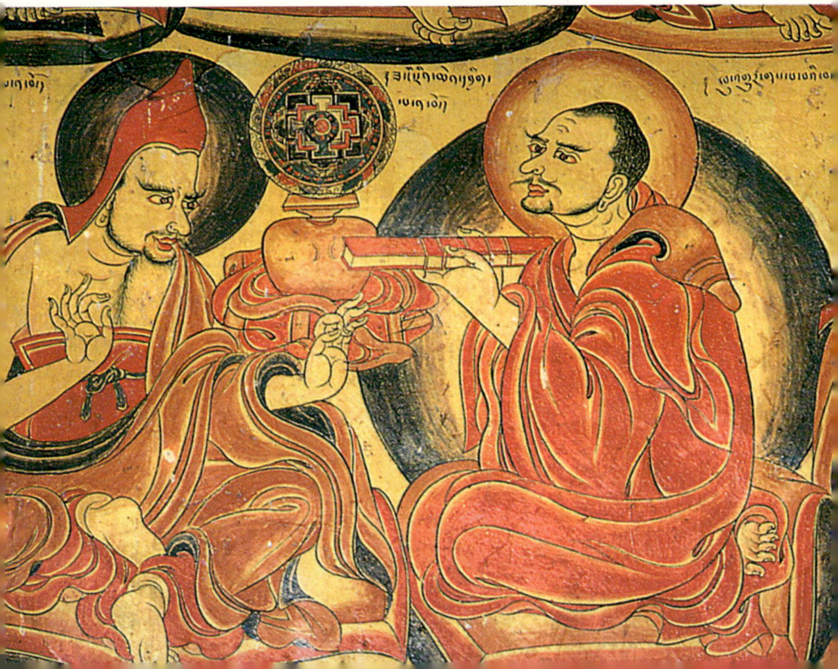

Oben: Kinder vor einem alten Haus in Gyantse

Unten: Pilger aus Osttibet, wie man sie lange Zeit an den heiligen Stätten von Lhasa und Shigatse nicht gesehen hat

unseres Daseins und die verschiedenen Lebensbereiche zwischen Himmel und Hölle zeigt. An den Innenwänden der Halle sind die tantrischen Schutzgottheiten Lhamo – die Behüterin Lhasas –, die tausendarmige Sitatapatra und der Große Schwarze – Mahakala – dargestellt, die als einstige Dämonen von Padmasambhava überwunden und in den Dienst der buddhistischen Lehre gezwungen wurden, wo sie nun als Schutzgötter und Initiationsgottheiten der Lamas wirken. Der Raum wird von einer riesigen Gebetsmühle, einem Reliquienchorten und den Statuen Tsongkhapas sowie des 5., 7. und 8. Dalai Lama beherrscht. In drei hinter der Haupthalle liegenden Kapellen finden wir von links nach rechts in der ersten Statuen der 16 Arhats, der ältesten indischen Lehrer des Buddhismus, die zusammen mit weiteren Schutzgottheiten einen Chorten umgeben. In der mittleren, mit Bücherwänden ausgestatteten Kapelle thront ein in Brokat gehüllter Maitreya. Ganz rechts finden wir einen Reliquienchorten als Symbol des Nirvana und daneben, als Schutzherrn menschlichen Daseins, Amitayus, den in Tibet wie in China eine zentrale Stellung einnehmenden Buddha des ewigen Lebens, der in seinen zur Meditation ineinandergelegten Händen die Amphore mit dem heiligen lebenspendenden Wasser hält, das auch bei den Zusammenkünften der Mönche eine wichtige Rolle spielt. Drepung hat in der Kulturrevolution kaum gelitten. Nach 1979 ist es gründlich restauriert worden. Für eine Besichtigung benötigt man mindestens drei Stunden.

Ganden (Das Freudeerfüllte). Das von Tsongkhapa 1409 gegründete Mutterkloster der Gelbmützen-Sekte (Gelugpa) liegt 55 Kilometer östlich von Lhasa hoch in den Bergen. Das Grabeskloster Tsongkhapas, eine der heiligsten Stätten Tibets, wurde 1966 in der Kulturrevolution völlig zerstört. Nur der kleine Bibliotheksbau rechter Hand über dem Hauptgebäude, das den Grabchorten Tsongkhapas enthielt, blieb erhalten. Inzwischen (1985) ist die Grablege des Begründers der Gelbmützen-Sekte – als Zentrum des Klosters – weitgehend wiederhergestellt. In einer tantrischen Kapelle unterhalb des Grabchortens wird vor den Schutzgottheiten und einer Statue des Staatsorakels von Nechung in ständiger Rezitation die Hilfe der Glaubensschützer erfleht. In der Grabkapelle sind der Chorten, in dem die berühmte Zahnreliquie Tsongkhapas aufbewahrt wird, und das Bild des Klostergründers wiederentstanden. In den Chorten wurden Goldbeschläge des zerstörten Originals, die Gläubige verborgen gehalten hatten, eingefügt. Im oberen Klosterbereich hat man eine Reihe von Gästehäusern für Lamas aus anderen Provinzen wieder aufgebaut. Die Neubauten im traditionellen Stil bilden einen seltsamen Gegensatz zu dem weiten Ruinenfeld, das von vielen Pilgern auf dem heiligen Rundweg, der das Kloster umschließt, umwandelt wird. Für Ganden braucht man von Lhasa aus einen ganzen Tag, wobei im Kloster auch Zeit bleibt, um an einer der zahlreichen Kulthandlungen teilzunehmen.

Gyantse (Stadt des Königlichen Gipfels) liegt 300 Kilometer westlich von Lhasa am Schnittpunkt der tibetischen Ost-West-Verbindung mit der aus dem Süden, von Sikkim her über das Chumbi-Tal kommenden Straße. Seit dem 14. Jahrhundert war Gyantse Hauptstadt eines zum Sakya-Gebiet gehörenden Fürstentums. Die hoch über der Stadt gelegene Burg wurde 1904 von den Engländern zerstört. In restaurierten Räumen zeigt man eine Ausstellung zu dieser britischen Invasion. Gegenüber der Burg liegt am Ende der im traditionellen Stil erneuerten Basarstraße ein von einer kreisförmigen Mauer umschlossener, im 14. Jahrhundert gegründeter Klosterbezirk, der, einmalig in seiner Art, 18 Klöster verschiedener Schulrichtungen mit 3 000 Mönchen der Rot- und Gelbmützen beherbergte. Von den 18 Klöstern sind nur noch zwei erhalten. Die wichtigsten Bauwerke des Klosterbezirks sind der Tsung Lakhang, die gemeinschaftliche Versammlungshalle der verschiedenen Mönchsgruppen, und der Kumbum, ein begehbarer Chorten, der als das schönste Bauwerk Tibets gilt. Beide Bauwerke haben einen mandalaartigen Grundriß, so wie auch die Gesamtanlage des Klosterbezirks als Mandala zu verstehen ist.

Kumbum (Chorten der 100 000 Bilder Buddhas) ist ein zwischen 1414 und 1424 entstandenes, in seiner Art einzigartiges Sakralbauwerk. Der Grundriß entspricht der inneren, sonst noch von einem Kreis eingeschlossenen Struktur des Mandala. Über der Basis erheben sich vier Stockwerke mit 68 Kapellen, in denen wir dem gesamten tantrischen Pantheon begegnen. Das Bauwerk symbolisiert den Aufstieg des Bewußtseins aus seiner körperlichen, erdhaften Bindung über den bewußt geleisteten Verzicht auf irdisches Streben und weltliche Güter zur Vollkommenheit der klarsten Erkenntnis, die zur Erleuchtung führt. Die fünf Grundstockwerke sind von vier weiteren Stufen gekrönt. Ein zylinderartiger Rundbau beherbergt vier Kapellen für die Hauptgottheiten des Kumbum (s. S. 198), über denen sich eine weitere Kapelle für den heute nicht mehr als Figur vorhandenen Urbuddha Vajradhara, als dem Ursprung der Buddhaidee und dem Symbol des in Zeit und Raum anfang- und endlosen Absoluten befindet. Darüber sehen wir die Harnika mit den gleichfalls in die vier Himmelsrichtungen blickenden Augen des Urbuddha, wie wir sie auch von nepalesischen Chorten her kennen. Den vergoldeten Abschluß des Chorten bilden der Ehrenschirm und das Flammenjuwel, das höchstes Erleuchtungsbewußtsein (bodhicitta) symbolisiert. Die neun Stockwerke des Kumbum stellen als magische Zahl die Verbindung zwischen Mensch und All – zwischen Mikro- und Makrokosmos – her. Sie versinnbildlichen zugleich den menschlichen Erlösungsweg.

Das hier in Malereien und Skulpturen versammelte Pantheon ist als eine Widerspiegelung des menschlichen Bewußtseins in allen seinen Stufen, mit seinen Gefährdungen und Bedrohungen, anzusehen. Die Bilder dienen wie alle buddhistischen Darstellungen nicht der Verehrung, sondern der

Selbsterkenntnis des den Chorten in seinen ansteigenden Stockwerken umwandelnden Buddhisten. Für die Besichtigung des Kumbum sollte man mindestens zwei Stunden veranschlagen.

Tsung Lakhang. Die große Versammlungshalle (Sutrahalle) von Gyantse gehört neben dem Jokhang in Lhasa zu den wichtigsten zentralen Tempelbauten Tibets. Ihre Entstehung dürfte in die Zeit der Gründung des Fürstentums Gyantse im 14. Jahrhundert fallen. Der rotgetünchte Bau hat wie der Kumbum einen mandalaförmigen Grundriß, über dem sich, von 48 Säulen getragen, die durch einen Lichthof beleuchtete Sutrahalle erhebt. Im Zentrum sitzt eine bis in den Oberstock aufragende Statue des gekrönten Buddha, vor der Buttergaben (Tormas) als schützende Symbole aufgestellt sind. Von besonderer Bedeutung sind im Tsung Lakhang die Vairocana- und die Maitreya-Kapelle, die sehr schöne, heute braunglänzende Stuckfiguren verschiedener Bodhisattvas sowie – in der Maitreya-Kapelle – eine Gruppe von Sitzfiguren der drei Religionskönige Srong Tsan Gampo (609–649), Trisong Detsen (755–797) und Ralpatschan (817–836) enthalten, die den Buddhismus in Tibet eingeführt und verbreitet haben. Im Oberstock finden wir eine Kapelle mit Statuen der Arhats, die sich um eine zentrale Buddhafigur gruppieren, und eine Kapelle mit den acht Sakya-Patriarchen, die im Fürstentum Gyantse die Rolle politisch-geistlicher Oberherren gespielt haben. Das Zentrum dieser Kapelle wird von einem plastischen Mandala beherrscht, das der tantrischen Initiationsgottheit Samvara – dem Herrn des heiligen Berges Kailas – geweiht ist. An der Rückseite des 3. Stockwerks befindet sich der von acht Säulen gegliederte wichtigste Raum des Tsung Lakhang, die Mandala-Kapelle, in der die Einführung der Lamas in die tantrischen Geheimlehren stattfand. Die Wände sind mit 15 zum Teil noch recht gut erhaltenen Mandalas aus dem 15. Jahrhundert bemalt, die zu den bedeutendsten frühen tibetischen Malereien zählen. Für die Besichtigung dieses großartigen, auch in seiner künstlerischen Qualität hervorragenden Tempelbaus sollte man mindestens zwei Stunden veranschlagen, was oft Schwierigkeiten bereitet, da Gyantse nur Zwischenstation auf der sehr langen Fahrt von Lhasa nach Shigatse ist. Man kann den Besuch so organisieren, daß der Tsung Lakhang auf der Hinfahrt und der Kumbum auf der Rückfahrt besichtigt werden.

Kumbum (Taer si – Das Kloster der 100 000 Bilder Buddhas). Die Klosterstadt Kumbum in der Provinz Tsing-hai ist seit 1577 am Wege des Lamaismus von Tibet in die Mongolei entstanden. Schon seit 1560 gab es an diesem Platz Mönchsklausen. Ein großer Chorten wurde zur Erinnerung an den hier geborenen Tsongkhapa an der Stelle errichtet, wo drei Jahre nach dieser Geburt ein Sandelholzbaum auf seinen Blättern hunderttausendfach das Bild des Buddha und heilige Silben (Mantras) gezeigt haben soll. An diesem Ort steht heute als zentrales Heiligtum ein von einem goldenen Dach gekrönter Bau, der einen zwölf Meter hohen Silberchorten birgt, der an den Wunderbaum erinnert, von dem das Kloster seinen Namen hat. Vor diesem Gedenkbau liegt die große Sutrahalle von Kumbum, die von 108 Pfeilern getragen wird und in der Glanzzeit des Klosters (bis 1950) 3 500 Mönchen Platz bot. Heute leben wieder 300 Mönche in Kumbum. Das älteste erhaltene Bauwerk Kumbums ist die 1583 errichtete Maitreya-Halle, in der eine vergoldete Statue des zwölfjährigen Maitreya das Zentrum bildet. An die Maitreya-Halle schließen sich die 1594 entstandenen Vajra-Hallen und die 1604 erbaute Shakyamuni-Halle an – ein quadratischer, von farbigen Gebetsmühlen umgebener pavillonartiger Bau mit Doppeldach, in dem sich eine Statue des gekrönten Buddha Shakyamuni befindet. Zu den wichtigsten Bauten der Klosterstadt gehört die 1592 entstandene Manjushri-Halle, in der wir neben einem reichverzierten Manjushri auf dem Löwenthron vergoldete Statuen des Buddha Simhanada, der Bodhisattvas Avalokiteshvara und Vajrapani sowie der Göttinnen Vasud-

hara und Sarasvatidevi finden. Vor gemalten Buddhas, Bodhisattvas und Herukafiguren, die hier das untere Pantheon des
tibetischen Totenbuches verkörpern, sitzen Statuen der fünf
Tathagatas und des von einem goldenen Nimbus umgebenen
Tsongkhapa. Aus dem Jahre 1649 stammt die Tantra-Schule,
in der wir bildhaften Darstellungen der großen Tantras –
Guhyasamaja, Samvara u. a. – begegnen. Dem Kalacakra-
Tantra wurde 1817 ein eigenes Haus geweiht, in dem heute
wieder Kalacakra-Zeremonien, wie sie auch der Dalai Lama
als friedenfördernde Handlungen in der ganzen Welt zele-
briert, abgehalten werden. Auch die 1757 entstandene Schule
für tibetische Medizin ist heute wieder als Lehr- und Heil-
stätte in Betrieb. Im Gegensatz zu den zentraltibetischen
Kultbauten im Gebiet um Lhasa und Shigatse zeigt die Architektur von Kumbum starke chinesische Einflüsse der Ming-
Zeit. Berühmt sind die heute wieder zu hohen Festen angefer-
tigten Torma-Figuren, Dekorationen aus Gerstenteig und
Butter, in die man die Kräfte des Bösen, aber auch hilfreiche
Gottheiten zu bannen versteht. Der Eingang zum Kloster ist
von einer Reihe von Gedenkchorten flankiert, die an wichtige
Ereignisse im Leben des Buddha Shakyamuni erinnern sollen.
Es gibt im Kloster ein kleines, einfaches Gästehaus, in dem
man übernachten kann, um auch an den frühmorgens stattfin-
denden Zeremonien teilzunehmen. Zur Besichtigung von
Kumbum benötigt man mindestens sechs Stunden.

Labrang (La Bu lensi – Das Lamakloster, wo sich das Glück
ansammelt). Die am weitesten östlich, 260 Kilometer südlich
von Lanchow, der Verwaltungshauptstadt der Provinz
Gansu, in 2 900 Meter Höhe gelegene tibetische Klosterstadt
befindet sich am Song Chu, einem Nebenfluß des Huang Ho
(Gelber Fluß). Von der 1708 gegründeten, einst größten Klosteranlage des Gelbmützen-Lamaismus, mit 3 600 ständig hier
lebenden Mönchen, ist nur ein geringer Teil erhalten geblieben, der allerdings nach wie vor von der einstigen Bedeutung
dieser Klosterstadt zeugt. Sie stellt so wie Kumbum ein

246

Bindeglied zwischen dem tibetischen und dem mongolischen Lamaismus dar, hat aber auch stark auf den Lamaismus in China eingewirkt. Im Zentrum Labrangs stehen die mit einem doppelten Golddach geschmückte große Versammlungshalle und der hohe, an Tashilumpo erinnernde Maitreya-Tempel, der, wie in Tashilumpo, die Hoffnung der Menschen auf den in 2 500 Jahren zu erwartenden neuen Buddha richtet und auf seine das ständig zunehmende Elend dieser Erde bannenden Lehren. Labrang ist die östlichste, typisch tibetisch geprägte Klosteranlage der Gelbmützen. Sie zeigt in ihrem Baustil weniger chinesische Einflüsse als Kumbum. Das verhältnismäßig spät gegründete Labrang ist nicht so sehr künstlerisch als vielmehr religionsgeschichtlich bedeutend. Für den Besuch und die Besichtigung von Labrang braucht man von Lanchow aus drei Tage. Im Kloster gibt es seit 1985 ein Gästehaus.

Lhasa. Die Verwaltungshauptstadt der Autonomen Region Tibet war bis 1959 Regierungssitz der Dalai Lamas. Von der alten traditionsreichen, für Fremde verbotenen Stadt haben sich unter chinesischer Herrschaft nur wenige wichtige Bauwerke erhalten. Der Charakter der Stadt selbst hat sich bis auf den Jokhang – den zentralen Lamatempel Lhasas – und den ihn umschließenden Parkhor völlig verändert. Selbst der Platz vor dem Jokhang hat ein neues Gesicht bekommen. Moderne chinesische Bauten bestimmen weite Teile des Stadtbilds. Seit 1982 errichtet man Neubauten in einem der traditionellen tibetischen Architektur angeglichenen Stil. Für Lhasa und seine Umgebung sollte man fünf bis sechs Tage veranschlagen. Neben dem in der Nähe des Sommerpalastes (Norbulingka) gelegenen 1985 eröffneten modernen Lhasahotel gibt es in Lhasa auch einfache, preiswerte Unterkünfte.

Jokhang (Haus des Meisters). Gegründet in der Mitte des 7. Jahrhunderts durch König Srong Tsan Gampo, im 11. Jahrhundert erweitert, erhielt er seine jetzige Form im 14. Jahrhundert. Die ihn krönenden, vergoldeten Kupferdächer stammen aus dem 17. Jahrhundert. 1959 wurde der Jokhang als Tempel geschlossen und diente zunächst als Kino und Gästehaus. Zwischen 1972 und 1975 wurden die wichtigsten Innenräume restauriert. Seit 1979 ist der Jokhang wieder als zentrales Heiligtum Lhasas zugänglich und wird täglich von Hunderten von Pilgern besucht. Vor dem Tempeleingang vollziehen sie ihre Niederwerfungen. Von diesem Vorhof aus gelangt man in das Innere des Tempels und erreicht durch die von acht Säulen getragene Vorhalle und einen Durchgang mit den vier Weltenwächtern (Lokapalas) die große, um einen Lichthof angelegte Versammlungshalle (Dukhang), an deren linker Seite sich der Thron des Dalai Lama für die großen Festveranstaltungen befindet. Von der Versammlungshalle aus betritt man durch ein Sandelholztor den inneren Jokhang, das alte, in Teilen auf die Gründungszeit zurückgehende Heiligtum, das von 18 Kapellen umgeben ist und durch einen Lichthof beleuchtet wird. Hier fällt der Blick zunächst auf eine Statue des elfköpfigen Bodhisattva Avalokiteshvara (tib. Chenresi), des »Herrn, der gütig auf uns herabschaut«, und auf drei rechts davon aufgestellte Maitreyafiguren. In den Kapellen befinden sich, wenn man der heiligen Vorschrift entsprechend von links nach rechts geht, Tsongkhapa mit acht Schülern, der Tathagata Amitabha als Herr des Westens und daneben in einer Nische ein Gedenkchorten für den Sakya Pandita. In den weiteren Kapellen der linken Seitenwand sieht man acht Medizinbuddhas, einen tausendarmigen elfköpfigen Chenresi, von dem die Legende berichtet, daß er sich selbst erschaffen habe, und einen Maitreya. Es folgen eine weitere, über eine Treppe zu erreichende Tsongkhapa-Kapelle sowie die Kapelle des Othang-Sees, der einst den Platz bedeckt haben soll, auf dem sich der Jokhang befindet. Die Hauptkapelle, die, größer als die anderen, in der Mitte der Rückseite zwischen einer Amitabha- und einer Maitreya-Kapelle liegt, ist dem heiligsten Bild des Jokhang – dem Jo-bo-Rinpotsche-Buddha – geweiht. Die Legende berichtet, daß diese Statue zu Lebzeiten Buddhas in Nordindien durch göttliche Kräfte geschaffen

worden sei. Ein indischer König soll sie dann dem chinesischen Kaiser als Dankgeschenk für geleistete Hilfe nach
Changan geschickt haben. Von dort aus gelangte sie im 7.
Jahrhundert durch König Srong Tsan Gampos chinesische
Frau, die Tang-Prinzessin Wen Cheng, als Hochzeitsgabe
nach Tibet. Das Bild wurde zuerst im Ramochhe-Tempel
aufgestellt und kam nach dem Tod des Königs aus Sicherheits-
gründen in den Jokhang. Die heutige Figur ist vielfach restauriert und in Teilen ergänzt worden. Über ihr wirkliches Alter
ist jede Aussage Spekulation. Die zur Umwandlung im Mittelpunkt der Kapelle stehende Skulptur ist von einem Buddha,
sechs in Brokat gekleideten Bodhisattvas, ferner von Schutz-
göttern sowie von Figuren des 5. und 13. Dalai Lama umgeben. Über der Kapelle befindet sich ein Hohlraum, der von
einem goldenen Dach bedeckt ist, das den Platz des Jo bo als
sakralen Mittelpunkt des Jokhang kennzeichnet. Rechts befinden sich Kapellen, die Chenresi, Padmasambhava, Maitreya,
Amitayus und dem König Srong Tsan Gampo geweiht sind.
Über eine Treppe in der rechten Ecke gelangt man in den
Schrein der Schutzgöttin Lhasas, Palden Lhamo. Pfeiler und
Paneele an den Kapelleneingängen zeigen figürliche Schnitze-
reien von nepalesischem Einfluß, die wohl auf die Gründungszeit des Jokhang im 7. Jahrhundert zurückgehen. Das
innere Heiligtum ist von einer großen Zahl weiterer, zum Teil
unzugänglicher Sakralräume umgeben. Fast alle Wände sind
von inzwischen restaurierten Wandmalereien bedeckt, deren
Ursprünge ins 17. Jahrhundert zurückweisen. Kapellen mit
älteren Malereien waren im Herbst 1985 noch nicht wieder
zugänglich, da dort restauriert wird. Viele der Skulpturen, so
auch die Gruppe des Königs Srong Tsan Gampo und seiner
beiden Frauen, der chinesischen Prinzessin Wen Cheng und
der nepalesischen Prinzessin Bhrikuti, der wir im ersten Stock
begegnen, sind ergänzt, neu bemalt oder völlig neu geschaffen
worden. Auch in den tantrischen Räumen des Obergeschosses
mit sehr schönen Thangkas, die das legendäre mystische Reich
Chambala zeigen, ist fast alles erneuert. Trotzdem bietet der

Jokhang einen sehr einheitlichen, geschlossenen Eindruck, der durch die zahllosen Pilger, die ihn täglich durchwandeln, noch erhöht wird. Besonders schön ist der Blick vom Dachgeschoß über die goldenen Dächer und Schatzbehälter (Ganjiras) hinüber zum Potala, der Residenz der Dalai Lamas. Für die Besichtigung des Jokhang sollte man drei bis vier Stunden veranschlagen, zumal hier auch die Details außerordentlich ergiebig sind.

Potala. Der Potala, der die Hauptstadt Lhasa mit seinen goldenen Dächern um mehr als 200 Meter überragt, ist eines der erhabensten Bauwerke – nicht nur Tibets, sondern der ganzen Welt. Man erreicht ihn über steile Stufen von der Frontseite her, wo der Weg rechts durch ein gewaltiges Tor, an einer großen Hängetrommel vorbei, in den Hof der Festveranstaltungen, vor allem der Sakraltänze, führt. Dieser weite Hof wird von einem jener typischen, vielstöckigen, trapezförmigen Bauwerke überragt, das, wie der ganze Potala, Ausdruck traditioneller tibetischer Architektur ist. Von der Rückseite führt eine Straße bis zum Erdgeschoß des Palastes, den man hier über einen kleinen Hof betreten kann, an dessen Rückwand das Schwert Manjushris, des Bodhisattvas der göttlichen Weisheit, Sinn und Aufgabe des Dalai-Lama-Tums symbolisiert. Der Palast enthält in dreizehn Stockwerken mehr als 1 000 Räume. Neun Könige und zehn Dalai Lamas regierten seit dem 7. Jahrhundert von hier aus Tibet. Seine heutige Größe und Gestalt erhielt der Potala im 17. Jahrhundert durch den 5. Dalai Lama.

Ein zum Teil in den Fels gehauener Raum wird als Relikt des ersten Potala und Brautkammer des Königs Srong Tsan Gampo und der Prinzessin Wen Cheng gezeigt. In diesem Raum befindet sich ein tausendarmiger Avalokiteshvara, der in die Gründungszeit gehören soll. Der Potala enthält in seinem Kellergeschoß die Gräber von acht Dalai Lamas, die von bis zu 14 Meter hohen Reliquienchorten aus Gold, Silber und Edelsteinen überragt sind. 1653 ist der 5. Dalai Lama aus seinem Residenzkloster Drepung in den Potala umgezogen. 1717 plünderten die Dsungaren den Palast. Die chinesischen Besatzungstruppen und die Roten Garden der Kulturrevolution haben dem Palast mit seinen Audienzhallen und zahlreichen Repräsentationsräumen offenbar wenig Schaden zugefügt. Die Wandmalereien, die auch von den Beziehungen der Dalai Lamas zum chinesischen Kaiserhof erzählen, sind gut erhalten und teilweise restauriert. Die mit zahllosen Skulpturen von Buddhas, Bodhisattvas, Dalai Lamas, großen Religionslehrern (Mahasiddhas) und Schutzgottheiten (Yidams) besetzten Galerien geben dem Palast ein geheimnisvolles, sakrales Gepräge. Im rechten obersten Geschoß befinden sich die ebenfalls zu besichtigenden Privaträume des Dalai Lama. Hier liegt die goldgelbe Staatsrobe des 14. Dalai Lama auf dem Thronsitz in Erwartung seiner Rückkehr ausgebreitet. Vom Dach aus hat man einen schönen Blick über ganz Lhasa, auch hinüber zum Eisenberg, auf dem die berühmte, in der Kulturrevolution zerstörte tibetische Medizinschule stand. Für den Potala sollte man mit Auf- und Abstieg mindestens vier Stunden veranschlagen.

Norbulingka (Juwelenpark mit den Sommerpalästen der Dalai Lamas). Im Norbulingka, einer großen Parkanlage vor den Toren Lhasas, befinden sich mehrere Sommerresidenzen, deren erste hier 1755 vom 7. Dalai Lama begründet wurde. Der 13. Dalai Lama ließ sich eine von Wassergräben durchzogene Pavillonanlage im chinesischen Stil errichten. Der Sommerpalast des 14. Dalai Lama entstand zwischen 1954 und 1956 als letzter auf traditionelle Formen zurückgehender Neubau des alten Tibet. Von hier aus verließ der 14. Dalai Lama am 17. März 1959 sein Land. Der Palast enthält Repräsentationsräume mit Wandmalereien aus der Geschichte Tibets und aus dem Leben Buddhas. Ein Raum mit tantrischen Kultfiguren zeigt die enge Verbindung auch des letzten Dalai Lama mit dem Geist des Tantrismus, ohne den Tibet und das Leben seiner Menschen nicht zu denken sind. Die

Sutrahalle mit dem Thronsitz des Dalai Lama enthält neben den Statuen Buddhas und Tsongkhapas auch die des Padmasambhava, was ebenfalls ein Hinweis auf die buddhistisch-tantrische Lehrtradition Tibets ist. Für den weitläufigen Park und den Palast des 14. Dalai Lama benötigt man zwei bis drei Stunden. Der Palast allein ist in einer Stunde eingehend zu besichtigen.

Ramochhe (Die große Umfriedung) ist das dritte der mit seinem Ursprung in die Gründungszeit Lhasas zurückweisenden Baudenkmäler. Doch seine Geschichte ist fast ausschließlich Legende. Sie nennt die nepalesische Frau des Königs Srong Tsan Gampo, Prinzessin Bhrikuti, als Begründerin. Auf nepalesischen Einfluß weist auch die Dachkonstruktion des Tempels hin, der bereits im 19. Jahrhundert in Verfall begriffen war und schon damals nur noch wenige Mönche beherbergte. Seit 1959 diente er als kommunistische Schulungsstätte. 1982 war er Ruine. Im Herbst 1985 fand ich Handwerker beim Wiederaufbau. Seine Frontseite ist mit farbigen Tüchern bespannt, die ihn als Tempel in Funktion ausweisen. In einer mit neuen Buddhabildern ausgestatteten, von Butterlampen erleuchteten Kapelle hielten Mönche eine heilige Handlung ab. Der Ramochhe liegt im Norden von Lhasa, 15 Minuten vom Parkhor entfernt. Er lohnt den Besuch als ein Beispiel für den frommen Aufbaueifer der Tibeter.

Bhrag-Cha-klu-phug Gompa (Jugendkloster) ist ein heiliger Platz am Eisberg, der auf die Gründungszeit Lhasas zurückgeht. Eine Manimauer weist den Weg zum Kloster, das einer den heiligen Naga-Schlangen geweihten Höhle vorgebaut ist. Aus der Höhlenwand sind Buddhafiguren herausgehauen, von denen die Legende sagt, sie hätten sich selbst aus dem Fels herausmodelliert. Für die Besichtigung des Höhlenklosters benötigt man weniger als eine Stunde.

Mindoling. Auf halbem Wege zwischen dem Flughafen und der Stadt Tsetang liegt an einer rechts abbiegenden Neben-straße in ca. zehn Kilometer Entfernung vor einem Berghang das Kloster Mindoling. Dem von einer Mauer umschlossenen Zentralbau gegenüber steht ein quadratischer Chorten, der mit bunten Wimpeln auf die heilige Stätte hinweist. Es handelt sich um das 1676 in seiner heutigen Form entstandene Haupt-kloster der Nyingmapa-Rotmützen-Sekte. Der erhaltene Zen-tralbau wurde nach der Schließung des Klosters durch die Chinesen als Getreidespeicher verwendet. Im Herbst 1985 war das Kloster wieder in Funktion. Ein großer Teil seiner alten bedeutenden Schätze, die von der Dorfbevölkerung in Obhut genommen worden waren, sind im Kloster zu besich-tigen. Dazu gehören vor allem eine Reihe indischer Votivstu-pas aus Bronze sowie frühe Bronzefiguren des tantrischen Pantheons. Im obersten Stockwerk des Klosters sind Wand-malereien mit den großen Lehrern des Buddhismus zu sehen, wobei einige Figurenzyklen die geistliche Disputation und ihre Ergebnisse ins Bild umsetzen. Zur Besichtigung von Mindoling benötigt man zwei Stunden.

Nechung war bis 1959 Sitz des Staatsorakels von Tibet. Erstaunlicherweise haben die Chinesen den aus dem 17. Jahr-hundert stammenden Wohn- und Amtssitz des von ihnen über Jahrhunderte am stärksten angefeindeten Vertreters Tibets – des Orakelpriesters von Nechung – nicht zerstört. Die Haupthalle, in der die Befragungen des Staatsorakels stattfanden, ist weitgehend unversehrt. Ihre Wandmalereien mit Darstellungen des Orakelgottes Pekar und seiner Nach-folger – der Orakelpriester – sind verhältnismäßig gut erhal-ten. Nur die gesamte alte Innenausstattung dieser historischen Stätte muß als verloren gelten. Auch das vergoldete Dach und der kostbare alte Dachschmuck fehlen. Doch die an den Türen gemalten abgehäuteten Menschenleiber und die Dämo-nenfiguren der tantrischen Schwarzgrundmalereien vermitteln auch heute noch jene gespenstische Stimmung, wie sie zur

Zeit der mächtigen Trancetänzer und ihrer Orakelsprüche, die so oft über das Schicksal Tibets entschieden haben, hier geherrscht hat. An den Wänden der den Hof umgebenden Wandelgänge haben sich gleichfalls tantrische Malereien von bedeutender Qualität erhalten, die allerdings sehr restaurierungsbedürftig sind. In einem Nebengebäude rechts von der Haupthalle ist eine Schule für junge Mönche untergebracht. Für die Besichtigung von Nechung braucht man etwa eine Stunde. Da man den Besuch am besten mit der Besichtigung des nur einen Kilometer entfernten Klosters Drepung verbindet, ist das bei der Zeitplanung zu berücksichtigen und auch mit dem Fahrer vorher zu vereinbaren.

Nethang. Das Grabkloster des großen indischen Gelehrten Atisha liegt 30 Kilometer südwestlich von Lhasa direkt an der Straße zum Flughafen. Die zweifellos frühe Entstehungszeit – 12./13. Jahrhundert? – dieses kleinen, von einem ummauerten Vorhof her zugänglichen Klosters, das der Göttin Tara (tib. Dölma) – der Schutzgottheit Atishas – geweiht ist, kann nicht genau bestimmt werden. Das Bauwerk enthält einen Gedenkchorten an Atisha, vor dem Bronzebuddhas westtibetischer Herkunft aus dem 13. Jahrhundert aufgestellt sind, sowie zwei alte Bronzechorten und 21 Bronzen der Grünen Tara; ferner eine wohl gleichfalls aus dem 13. Jahrhundert stammende Bodhisattvafigur und acht stehende, um einen Buddha gruppierte Bodhisattvas, deren Form auf eine sehr frühe Entstehungszeit hindeutet. Wandmalereien aus dem Leben des Atisha, der 1042 einer Einladung des tibetischen Königs folgte und den Buddhismus im Land neu begründete, runden das Bild des guterhaltenen, gepflegten Klosters ab, um dessen Besuch auf der Fahrt vom Flughafen nach Lhasa man bitten muß. Zu einer eingehenden Besichtigung braucht man weniger als eine Stunde.

Sakya (Helle Erde) ist eine 170 Kilometer südwestlich von Shigatse in der Tsang-Provinz gelegene Klosterstadt der Rotmützen-Sekte Sakyapa, die 1249 mit der Ernennung des Sakya Pandita (1182–1251) zum tibetischen Statthalter der Mongolen vorübergehend zu einer der wichtigsten Städte Tibets wurde. Sie besteht aus einem Nordkloster am Berghang, das in der Kulturrevolution völlig zerstört wurde, und einem Südkloster, das als riesiger quadratischer Zentralbau in der Ebene liegt und schon aus der Ferne deutlich als Verteidigungsanlage zu erkennen ist. Hinter den mit Ecktürmen bewehrten hohen Mauern liegt die große Sutrahalle, deren alte, zum Teil sehr wertvolle Ausstattung weitgehend erhalten ist. Neben einer bedeutenden Bibliothek verdienen vor allem die alten Wandmalereien und die große Sammlung von Votivfiguren, die Pilger aus Indien, Nepal und Westtibet mitgebracht haben, Beachtung. Wichtigste Reliquie des Klosters ist ein an die Mongolenzeit erinnerndes Muschelhorn, das der indische König Dharmapala (769–816) dem chinesischen Kaiser geschenkt haben soll. Sein späterer Besitzer Kubilai Khan hat es dann dem Sakya-Kloster gestiftet. In der Haupthalle des Südklosters begegnen wir tantrischen Malereien und Figuren, unter denen Hevajra immer wiederkehrt. Das Hevajratantra spielt im Sakyapa-Kult eine besondere Rolle. Die Mönche rezitieren aus dem Tantra, während das Muschelhorn geblasen wird. Entlang der Wände befinden sich überlebensgroße Buddhastatuen, die von Schülern umgeben sind. In den hinteren Kapellen begegnen uns wiederum tantrische Gruppierungen, darunter Ushnishavijaya, die Mutter aller Buddhas, und der Urbuddha Vajradhara. In der rechten Kapelle stehen 18 Grabchorten verschiedener Sakya-Fürsten. Sakya Pandita ist mit der typischen roten Kappe als Skulptur zu sehen, aber hier nicht beigesetzt. Die Wandmalereien zeigen Lehrer der Sakyapa-Tradition Besonders wichtig sind die Mandalamalereien der hinteren Kapellen, die wiederum auf die Bedeutung des Tantrismus für Sakya und sein Südkloster hinweisen. Im Bereich des Nordklosters hat man einen weißen Chorten neu errichtet, der wohl an die einstige Bedeutung der heute weitgehend zerstörten heiligen Stätte erinnern soll.

Für den Besuch Sakyas von Shigatse aus benötigt man einen ganzen Tag, wobei sich die Abfahrt früh am Morgen empfiehlt.

Samye, am linken Ufer des Tsang Po, 60 Kilometer Luftlinie südöstlich von Lhasa gelegen, ist das älteste Kloster Tibets. Es wurde im 8. Jahrhundert gegründet und in der Form eines architektonischen Mandala angelegt. Den quadratischen Zentralbau umgibt noch heute, den kosmischen Kreis symbolisierend, eine Rundmauer. Das Kloster war schon zu Anfang des Jahrhunderts vom Verfall bedroht. Nur wenige Mönche der direkt auf Padmasambhava zurückgehenden Rotmützen-Sekte Nyingmapa versahen hier bis 1959 ihren Dienst. Das obere Stockwerk des einst turmartig aufragenden Mittelbaus wurde als heiligster Ort des Klosters in der Kulturrevolution zerstört. Heute sind die den Weg entlang des Tsang Po säumenden Chorten, die zum Kloster hinweisen, neu getüncht. In der ersten Halle des Zentralbaus – einer Lehr- und Meditationshalle – begegnet uns rechts ein Hevajra inmitten anderer tantrischer Gottheiten, die auf den Gründer des Klosters und die tantrischen Kulte, die hier ausgeübt wurden, hinweisen. In der dahinterliegenden Halle befindet sich ein von zwei Wächterfiguren und acht stehenden Bodhisattvas umgebener gekrönter Buddha. Hier ist die Decke mit großen Mandalas bemalt. Eine Skulptur des Atisha zeigt die Bedeutung des großen indischen Lehrers und Erneuerers des tibetischen Buddhismus auch für Samye. Links von der Haupthalle liegt ein Raum mit dem tausendarmigen Avalokiteshvara, der das Wunschjuwel in seinen vor der Brust erhobenen Haupthänden hält. Im ersten Stock sieht man stark beschädigte Wandmalereien, die verschiedene Bauzustände des Klosters durch die Jahrhunderte zeigen. Die Padmasambhava-Kapelle ist dem Gedenken des Gründers der Nyingmapa geweiht. Im dritten Stock verblieb als letztes Relikt eine Dakinimalerei am Ausstieg auf das jetzt offene Dach. Von hier hat man einen guten Rundblick über die weiteren Bauten, die zum Teil auch

weltlichen Zwecken dienten. Zum Besuch von Samye benötigt man wegen der schwierigen Anfahrt von Tsetang einen
ganzen Tag. Man kann von hier aus in vier Stunden zu Fuß
das Nonnenkloster Tshibu erreichen, wo heute wieder 37
Nonnen unter Leitung eines Rinpotsche leben.

Sera (Wildrosen-Hof) entstand 1419 als letztes der großen
Gelbmützen-Klöster im Umkreis von Lhasa. Das zuletzt im
18. Jahrhundert erweiterte wichtige Lehrkloster der Gelugpa
wurde 1947 während einer innenpolitischen Auseinandersetzung von tibetischen Truppen beschossen und verlor dabei
weite Teile der alten Klosterstadt. Die drei großen Lehrhal-
len für die Anfangsstudien (Seramad), die Esoterik und für
Gastmönche wurden in den siebziger Jahren restauriert.
Man erreicht von der bis ins Kloster führenden Straße aus
zuerst die Seramad-Halle mit alten Malereien aus der Buddhalegende. Von den hinteren Kapellen ist die linke den
tantrischen Gottheiten geweiht, die sich um die Figur eines
Yamantaka – des stierköpfigen Überwinders des Todes –
gruppieren. In einer der Nebenhallen befindet sich ein
gekrönter Buddha – wahrscheinlich eine spätere Kopie des
Jo bo aus dem Jokhang. Acht Bodhisattvas und zwei Vajra-
tragende Schutzgottheiten umgeben den Buddha. Ganz
rechts begegnen wir in einer Kapelle Tsongkhapa mit seinen
beiden Lieblingsschülern sowie weiteren Lehrern des tibetischen Buddhismus, unter denen man auch Atisha und
Bromston erkennt. Eine besondere Bedeutung kommt den
bis unter die Decken der Kapellen gestapelten Büchern
Seras zu. In der Halle für esoterische Studien findet man
neben den üblichen nimbusgerahmten Großstatuen einen
tausendarmigen Avalokiteshvara mit nicht übereinanderge-
türmten, sondern – wie bei der japanischen Quan yin –
nebeneinander angeordneten Köpfen, wie er sonst in Tibet
nicht vorkommt. Besonders hervorzuheben sind noch die
sehr schönen Applikationsstickereien über dem Halleinein-
gang, die auf eine spezielle Art tibetischer Bilddarstellung

neben der Malerei hinweisen. Für die Besichtigung von Sera benötigt man zwei Stunden.

Shalu. Das Ende des 11. Jahrhunderts gegründete bedeutende Rotmützen-Kloster liegt 20 Kilometer östlich von Shigatse an einer südlichen, schwer befahrbaren Nebenstraße. Vier Hallen sind von dem einst 3 800 Mönche beherbergenden Kloster übriggeblieben. Ihr Erhaltungszustand ist unterschiedlich. Die Mandalas aus dem 14. und 15. Jahrhundert gehören zum Bedeutendsten, was man heute in Tibet an frühen Malereien sehen kann. Doch sie haben zum Teil schwere Wasserschäden. Shalu als Ausbildungsstätte der Geisterläufer hat offenbar immer viele Pilger und Mönche angezogen, die Bronzen als Opfergaben mitbrachten. Viele dieser alten, zum Teil aus Nepal und Westtibet stammenden Votivgaben sind heute wieder im Kloster aufgestellt. Für Shalu benötigt man von Shigatse aus einen halben Tag.

Shigatse (Das vorzügliche Landgut), die zweitgrößte Stadt Tibets, liegt 380 Kilometer westlich von Lhasa und ist von dort über zwei Pässe in etwa zehnstündiger Autofahrt zu erreichen. Die Stadt war bis 1959 Sitz des Panchen Lama, der zweithöchsten geistlichen Autorität des Lamaismus. Die über der Stadt liegende Burg der Panchen Lamas wurde – im Gegensatz zum Potala – in der Kulturrevolution total zerstört. Der Panchen Lama, der heute wieder eine bedeutende Position im Führungsgremium der Volksrepublik China einnimmt, saß damals in Peking im Gefängnis. In Shigatse selbst haben sich keine alten Bauwerke erhalten. Aber das Stammkloster der Panchen Lamas vor den Toren der Stadt – Tashilumpo – gehört zu den bedeutendsten Bauwerken Tibets.

Tashilumpo (Der Segensberg) ist eine riesige Klosterstadt der Gelugpa innerhalb einer Ringmauer, über die sich am höchsten Punkt eine mächtige Thangkawand erhebt, an der zu großen Festtagen die im Kloster bewahrten Riesenthangkas als den Festanlaß beschreibende Bilder aufgehängt wurden. Das Kloster wurde 1447 von einem Schüler Tsongkhapas, dem späteren 1. Dalai Lama, gegründet, der auch in Tashilumpo begraben liegt. Zentrum des Klosters ist die große Versammlungshalle (Tsung Lakhang), vor der ein von Doppelgalerien umgebener Hof für Zusammenkünfte unter freiem Himmel und Sakraltänze liegt. Die Haupthalle wird von 48 riesigen Holzpfeilern getragen. Sie erhält ihr Licht durch einen südlichen Obergaden. Die Wandmalereien sind hier teilweise kaum noch erkennbar. Sakrales Zentrum der Halle ist der von einem gelben Baldachin überspannte Thron des Panchen Lama. Rechts hinter der Haupthalle befindet sich in einer quadratischen Kapelle ein von zwei Schülern flankierter gekrönter Buddha, vor dem sich als kleinere Dreiergruppe Tsongkhapa mit seinen beiden Lieblingsschülern befindet. An den Seiten stehen, in Brokat gewandet, die acht Mahabodhisattvas. Ferner finden wir links die Statue des Gründers von Tashilumpo – des 1. Dalai Lama –, und rechts eine Statue des 1. Panchen Lama in dieser Kapelle. In der danebenliegenden Tara-Kapelle ist die aus dem 15. Jahrhundert stammende Cintamanicakra-Tara als Zentralfigur von der Weißen und Grünen Tara begleitet. In die Entstehungszeit des Tashilumpo weist die von einem goldenen Dach bekrönte Grabkapelle des Gründers, in der sich der mit kostbaren Goldbeschlägen und Edelsteinen verzierte Silberchorten des 1. Dalai Lama befindet. Von großer künstlerischer Bedeutung sind in dieser Grabkapelle die alten Wandmalereien, von denen die Versuchung Buddhas durch Mara – den Teufel – an Bilder von Breughel und Bosch erinnert. Von den Mausoleen der Panchen Lamas hat nur das des Zweiten die Kulturrevolution überstanden. Doch war man im Herbst 1985 beim Wiederaufbau der zerstörten Teile. Der alle Bauten des Tashilumpo überragende, ganz links oben gelegene Maitreya-Tempel ist das jüngste Bauwerk der Klosterstadt. Er wurde 1917 als Heiligtum für die gleichzeitig entstandene 26,2 Meter hohe Maitreya-Statue geweiht. Sie zeigt, welche künstlerischen Leistungen die damals noch über 30 Kunsthandwerker verfügenden Werkstätten von Tashilumpo bis in die jüngste Zeit erbringen konnten. Das Kloster Tashilumpo verlangt für eine eingehende Besichtigung mindestens drei Stunden.

Yarlungtal. Auch das sich südöstlich von Lhasa rechts des Tsang Po erstreckende fruchtbare Yarlungtal und seine Seitentäler sind seit 1985 zugänglich. In Tsetang (Spielplatz im Paradies) wurde ein Hotel eröffnet, von dem aus man in einem Tagesausflug die legendenumwobenen Grabhügel der ersten tibetischen Könige besuchen kann. Die Gräber sind noch nicht geöffnet. Der Hügel des Königs Srong Tsan Gampo ist von einem kleinen buddhistischen Heiligtum gekrönt. In den Bergen, vor dem am höchsten gelegenen Königsgrab, findet man zwei sitzende Löwenfiguren in blaugrauem Stein, deren Material und Stil nach Westen weisen. Die machtvollen Statuen dürften ins 9. Jahrhundert gehören und sind damit die ältesten tibetischen Kunstdenkmäler. Im Yarlungtal hat man die Burg Yumbu-lakhang, einen der ältesten Herrschersitze Tibets, wieder aufgebaut. Auch das nicht weit entfernte Kloster Chang Zhu befindet sich nach weitgehender Zerstörung 1985 im Wiederaufbau. Als besondere Kostbarkeit wird hier eine aus mehr als 20 000 Perlen gestickte Thangka der Weißen Tara gezeigt, die, wie so viele Klosterschätze, von Dorfbewohnern in Obhut genommen wurde, als die Roten Garden Klöster und Tempel plünderten und zerstörten. Auch wertvolle alte Thangkamalereien mit den Mahasiddhas sind von Bauern gerettet und dem Kloster zurückgegeben worden, so daß sich auch in diesem kleinen, im Wiederaufbau befindlichen Kloster der Eindruck, den man an fast allen historischen Plätzen Tibets gewinnt, bestätigt: Vieles Alte, das als verloren galt, ist durch die einfachen Menschen des Landes – durch Bauern und Hirten – bewahrt und gerettet worden.

Was wird aus Tibet?

Im Jokhang-Tempel von Lhasa haben die Mönche am Morgen des 27. September 1987 wie jeden Tag die Butterlampen vor den Buddha-Statuen angezündet. Doch dann sind sie entgegen ihrer Gewohnheit auf die Straße gegangen. Sie haben die traditionelle Fahne Tibets mit dem legendären Schneelöwen entrollt und fordern auf ihrem Marsch über den Parkhor, den Rundweg, der den Jokhang umschließt, Freiheit für Tibet.

Neugierige drängen sich – Einheimische und Touristen. Was zunächst noch wie ein Marionettenspiel wirkt – keiner will nach den langen Jahren der Ruhe so recht an den Ernst der Demonstration glauben –, endet vor der Stadtverwaltung von Lhasa mit der Verhaftung von einundzwanzig Mönchen. Unter den Touristen gibt es Stimmen des Protests. Zur Eskalation kommt es nicht. Nach einer Stunde sind »Ruhe und Ordnung«, wie es im Polizeijargon heißt, wieder hergestellt.

Doch im nahen Lhasa-Hotel laufen die Drähte des Telefons heiß, und die Touristen diskutieren über das Ereignis. Was steckt hinter der spontanen Aktion einer Handvoll Mönche? Vor Ort hat man schnell eine Fülle von Antworten bereit. Der Dalai Lama hatte auf seiner USA-Reise vor dem Menschenrechts-Unterausschuß des Kongresses einen Fünf-Punkte-Plan zur Verbesserung der Lebensbedingungen in Tibet vorgelegt und war damit in Peking auf harte Kritik gestoßen. Viele Exiltibeter hatten in der letzten Zeit ihre alte Heimat besucht und dabei nicht nur Kontakt mit ihren Familien, sondern auch mit den in die Klöster zurückgekehrten befreundeten Lamas von einst aufgenommen. So ist man heute in Tibet über die Vorgänge draußen, auch über die

Aktivitäten des Dalai Lama und seiner im nordindischen Dharamsala residierenden Exilregierung, sehr gut unterrichtet. Das hatte im Lande spürbare Folgen. In den Klöstern herrscht schon seit mehr als einem Jahr vor allem unter den jungen Mönchen eine aufsässige, aggressive Stimmung, die sich zuweilen in Handgreiflichkeiten gegen Touristen entladen hat. Im August traf ich dann zum erstenmal Ausländer, die zu Fuß oder per Rad unterwegs waren und Freiheitsparolen in englischer Sprache mit sich führten. Sie suchten Kontakt zu den Mönchen, der infolge der Verständigungsbarriere meist nicht zustande kam. Auch in unseren Medien ist immer wieder von tibetischen Lamas die Rede, ohne daß der Frage nachgegangen wird, wer heute in Tibet Mönch ist und Mönch werden kann. Und doch ist das die Kernfrage des Tibet-Problems.

In den Klöstern Tibets wandelte sich das neuerwachte religiöse Leben von Jahr zu Jahr. Die alten Lamas waren inzwischen längst meine vertrauten Freunde geworden, mit denen ich ikonographische Probleme ihrer vielschichtigen, geheimnisvollen religiösen Bilderwelt diskutiere. Zu den jüngeren Lamas und zum Mönchsnachwuchs fand ich nur langsam Kontakt. Ich spürte bald, daß den meisten der jungen Mönche, wie auch den Schülern in den Klöstern, das tiefere Interesse für die Religion fehlt. Und ich erkannte, daß es andere Impulse sein mußten, die sie ins Kloster gebracht hatten. Ein Gespräch, das ich mit einem seit vielen Jahren in der Bundesrepublik lebenden Tibeter, T. T. Thingo, dem ehemaligen Abt eines Lamaklosters in Ost-Tibet, führte, öffnete mir die Augen. Thingo, einer der Vertrauten des Dalai Lama, der über die Entwicklung in Tibet hervorragend unterrichtet ist, bestätigte meine Beobachtungen unter den jungen Mönchen. »Sie sind gute Tibeter«, sagte er, »aber sie haben keine buddhistisch-lamaistische Bildung. Viele von ihnen waren als Halbwüchsige mit den chinesischen Roten Garden unterwegs. Sie haben teilgenommen an den schrecklichen Zerstörungen, die damals unsere Heimat verwüstet haben.«

Thingo zeichnet das Bild einer entwurzelten, gewalttätigen Generation, die ihre Disziplinlosigkeit auch in die Klöster trägt: »Sie sind keine Buddhisten mehr, aber sie sind Verfechter der Freiheit Tibets, die ihnen heute von den alten Lamas als höchstes Gut suggeriert wird.«

Dabei geht es, wie Thingo sagt, für diese Tibeter schon nicht mehr um die Frage nach der politischen Unabhängigkeit der Autonomen Region Tibet, die ein Gebiet fünfmal so groß wie die Bundesrepublik mit weniger als drei Millionen Einwohnern umfaßt, sondern vielmehr um den gesamten tibetischen Siedlungsraum, der, zehnmal so groß wie die Bundesrepublik, die Heimat von mehr als sechs Millionen Tibetern ist.

So erklärt es sich auch, daß im großen Lamakloster Labrang, das weit im chinesischen Osten, an der Grenze zwischen den Provinzen Gansu und Quinghai liegt, Dalai-Lama-Bilder genauso gefragt sind wie in Lhasa. Denn der Dalai Lama ist für alle Tibeter, ob sie ihn nun als Gottkönig verehren oder in ihm den politischen Führer sehen, Bezugsfigur all ihres Denkens und Tuns. Daß es sich dabei nicht um den Illusionismus einiger politischer Fanatiker, sondern um sehr konkrete tibetische Vorstellungen handelt, wurde jetzt durch eine offizielle chinesische Regierungsverlautbarung aus Peking bestätigt. Darin heißt es, die Forderung nach der Wiederherstellung eines »Groß-Tibet« sei »unrealistisch und unerreichbar, da die einzelnen Gebiete durch hohe Gebirge getrennt seien. Außerdem würde eine Ausdehnung der jetzigen Autonomen Region Tibet die Wirtschaftsentwicklung der Provinz behindern.« Zum erstenmal hat China damit auf eine alte Forderung der Tibeter reagiert, wie überhaupt das intensive Eingehen auf die Ereignisse in Tibet zeigt, welche Bedeutung man in Peking der Entwicklung im fernen Südwesten des Landes beimißt.

Ausgelöst wurden diese Reaktionen Pekings durch die Eskalation der Gewalt in Lhasa am 1. Oktober 1987 – dem chinesischen Nationalfeiertag. An diesem Morgen demonstrierten vor der Polizeiverwaltung der tibetischen Verwaltungshauptstadt etwa vierzig Mönche aus dem großen Kloster Drepung für die Freilassung ihrer am 27. September verhafteten Brüder. Polizisten schlugen auf die Mönche ein und versuchten, sie zu verhaften. Da flogen Steine. Polizeifahrzeuge wurden in Brand gesteckt. Die Holztüren der Polizeiwache fingen Feuer. In diesem Augenblick fielen vom Dach des Polizeigebäudes die ersten Schüsse. Ein fünfzehnjähriger Junge war das erste unschuldige Opfer. Die genaue Zahl der Toten dieses 1. Oktober in Lhasa ist nicht zu ermitteln. Man spricht von sechs bis dreizehn Getöteten und von zwanzig Verletzten. Keine Zahlen, die auf einen Volksaufstand schließen lassen. Auch die Chinesen scheinen auf das erneute Aufflammen des Protestes nicht vorbereitet gewesen zu sein. Schuldzuweisungen von beiden Seiten können die Probleme nicht aus der Welt schaffen. Die Chinesen sind davon überzeugt, daß sie den Tibetern genügend Freiheit für ihre religiösen Bedürfnisse lassen. Außerdem betonen sie, wie groß ihr Einsatz für die Entwicklung Tibets in den letzten Jahren gewesen sei. Die Tibeter dagegen rücken von ihrer Forderung nach politischer Unabhängigkeit nicht ab. Die Wiedererlangung der religiösen Freiheit ist für sie ein Teilerfolg. Aber sie wollen mehr. Ihr Traum ist eine Friedenszone am Dach der Welt zwischen Indien, China und der Sowjetunion, mit dem Dalai Lama als religiösem und politischem Führer. Wie dieses Ziel zu erreichen sei, darüber gehen die Vorstellungen der Tibeter allerdings weit auseinander. Auch zwischen dem Dalai Lama und seiner Umgebung herrscht darüber kein Einvernehmen.

Der Dalai Lama, das ist mir bei meinen Begegnungen mit ihm deutlich geworden, ist ein Verfechter der Gewaltlosigkeit oder – wie es Thingo sagt – »ein echter Buddhist«. Daran sollte man auch in Peking denken, wenn man ihn für eine Entwicklung verantwortlich macht, die ohne ihn wahrscheinlich nicht mehr zu kontrollieren wäre – es sei denn mit Waffengewalt. Doch das wollen die Chinesen genausowenig wie der Dalai Lama.

Thingo dagegen: »Die jungen Tibeter warten auf das Zeichen zum Aufstand. Sie sind zu allem bereit.« Und er spricht mit großem Ernst von mehr als einer Million zum Kamikazeeinsatz entschlossenen Tibetern, die im gesamten tibetischen Siedlungsraum bereitstehen, um für die Freiheit ihres Volkes zu kämpfen und auch zu sterben – nicht als gläubige Buddhisten, wie heute noch viele Beobachter meinen, sondern als Entwurzelte und Enthemmte, die gestern mit den Roten Garden zogen und ihre eigene Kultur zerstören halfen, und die heute, ähnlich wie die jungen Perser, zu allem bereit sind, wozu man sie aufruft. Das ist schlimm. Aber vor dieser Tatsache dürfen wir die Augen nicht verschließen, so sehr auch verantwortliche Politiker in China und sonst in der Welt dazu neigen.

Eine Situation, wie sie 1904 auf Bali eintrat, als ein balinesischer König mit seinen Gefolgsleuten unerschrocken in das Gewehrfeuer der Holländer marschierte, wäre auch in Tibet denkbar. Doch sie hülfe weder den Tibetern noch den Chinesen. Sie würde auf dieser Erde nur ein weiteres grausiges Beispiel von Unmenschlichkeit geben. Doch da ist der eine, der das verhindern kann und kraft seiner Autorität wohl auch verhindern wird: der Dalai Lama.

Wenn man in den letzten Jahren durch Tibet fuhr, erklangen überall, wo man Menschen begegnete, unausgesetzt die gleichen Worte: »Dalai Lama«. Damit wurde der Wunsch nach einem Bild des wie ein Gott verehrten, im Exil lebenden höchsten Lamas ausgedrückt. Schon seit 1982 gab es in Tibet keinen Tempel, keine Kapelle, ja kaum einen Hausaltar ohne Dalai-Lama-Bild. Überall prangen sie heute als Ikone einer Integrationsfigur, die auf unserer Erde nicht ihresgleichen hat. Im Gegensatz zu den vielen entmachteten Königen dieses Jahrhunderts, die in ihren Ländern kaum noch erwähnt werden, hat der Dalai Lama seit seiner Emigration an Ansehen und Verehrung gewonnen für alle Tibeter – die im Lande wie die in der Welt, die mit ihm oder nach ihm ins Exil gegangen sind.

Die Bedeutung des Dalai Lama für Tibet und für eine mögliche Lösung der komplizierten Probleme, die es heute am Dach der Welt gibt, ist kaum zu unterschätzen. Denn sein Wort gilt für alle Tibeter. Und sein Bild ist das Symbol für eine Form des Buddhismus, der sich seit der Besetzung Tibets durch die Chinesen über die ganze Welt verbreitet hat und durch die Missionstätigkeit hoher Lamas in vielen Ländern begeisterte Anhänger findet.

So ist der Dalai Lama in unserer Zeit mehr denn je Schlüsselfigur für das Problem Tibet wie für das Denken und Handeln seines Volkes daheim wie in der Welt. Die Unruhen vom September und Oktober 1987 haben das besonders deutlich gemacht, wenn auch in einer Weise, die der Position und Haltung des Dalai Lama nicht gerecht wird.

Die Chinesen treffen zweifellos den Falschen, wenn sie ihm die Schuld an dem wieder aufgeflammten Protest einiger Mönchsgruppen geben. So sehr er sich für die Freiheit seines Volkes einsetzt, so wenig wird er je zur Gewalt aufrufen. Deshalb ist für ihn Gewaltlosigkeit kein Lippenbekenntnis, sondern eine selbstverständliche menschliche Grundhaltung, die in seiner religiösen Überzeugung wurzelt.

An dieser Überzeugung freilich scheiden sich heute, das ist nicht mehr zu übersehen, die Geister – in Tibet wie überall in der Welt. Das Tibet-Problem ist weder durch die lapidare Feststellung sich pragmatisch gebender Politiker »Tibet ist ein Teil Chinas«, noch durch das Beharren der Tibeter auf dem Recht nach politischer Unabhängigkeit zu lösen. Auch das Aufrechnen von Jahren einer mehr oder weniger großen Abhängigkeit Tibets von China durch die Jahrhunderte hilft da nicht weiter. Sicher aber ist, daß die Tibeter keine Chinesen sind – eine ganz andere Sprache sprechen, eine andere Religion, eine andere Kultur haben. Von daher ist ihr Wunsch nach Unabhängigkeit, nach Freiheit zu verstehen, zumal ihnen auch das chinesische Gesellschaftssystem fremd ist. Die meisten von ihnen halten wenig von dem Fortschritt, den ihnen Peking anbietet. Zudem hatte der Dalai Lama in seiner

Jugend, noch vor dem chinesischen Einmarsch, angemessene Reformen für sein Land proklamiert. Ja, schon sein Vorgänger, der 1933 verstorbene 13. Dalai Lama, war für gesellschaftliche Veränderungen in seinem noch unter mittelalterlichen Bedingungen lebenden Land eingetreten, aber damals am Widerstand konservativer Lamas gescheitert.

Der heutige Dalai Lama ist ein moderner, der technischen Entwicklung gegenüber aufgeschlossener Mensch, dem man eine vernünftige Führung seines Volkes wohl zutrauen könnte, zumal er das volle Vertrauen dieses Volkes genießt. Außerdem würden Tausende von hohen Lamas, die im Exil inzwischen viel Welterfahrung gesammelt haben, mit ihm nach Tibet zurückkehren. Das wäre eine hoffnungsvolle Zukunftsperspektive, die China aus dem verhängnisvollen Erbe jener euphorischen Mao-Proklamation von der »Befreiung des tibetischen Volkes« entlassen würde, ohne das Gesicht zu verlieren. Um diesen Weg zu versuchen, bedürfe es freilich auch des Mutes jener zahlreichen Politiker, in Amerika wie in europäischen Ländern, die aus reinem Opportunismus, aus weltpolitischem Nützlichkeitsdenken, das undifferenzierte Bekenntnis »Tibet ist ein Teil Chinas« im Munde führen, wo immer nur sie meinen, China gefällig sein zu müssen. Sie begreifen dabei offenbar nicht, daß sie damit einer zwangsweise schlimmen Entwicklung Patenhilfe gewähren. Denn eins ist sicher: Heute hat der Dalai Lama sein Volk noch am Zügel. Er kann weitere Eskalationen am Dach der Welt verhindern. Deshalb sollten die Chinesen in ihm den ehrlichen Gesprächspartner für eine vernünftige Regelung der Tibet-Frage sehen und nicht ihren Feind. Denn der Dalai Lama ist, wie ich ihn kenne und einschätze, keines Menschen Feind – aber nicht der der Chinesen, soviel auch China seinem Land zwischen den fünfziger und den siebziger Jahren angetan hat.

Die heutige, um Liberalisierung und Reformen bemühte chinesische Regierung, die durch jene Schuld der Vergangenheit nicht belastet ist, hat die Möglichkeit, mit dem Dalai Lama nach einer beiden Seiten gerecht werdenden Lösung für Tibet zu suchen. Sie sollte wissen, daß ein Dalai Lama im Potala als Integrationsfigur für die Tibeter zugleich ein Gewährsmann für die Chinesen sein würde, die den Frieden am Dach der Welt sichern würde. Aber auch die Tibeter sollten wissen, daß Gewalt nicht zur Lösung ihrer Probleme beiträgt. Der Dalai Lama darf in der bevorstehenden, auch für China nicht mehr zu umgehenden Auseinandersetzung über die Zukunft Tibets mit seiner Haltung nicht allein gelassen werden – vor allem nicht von seinem Volk und nicht von den Mönchen. Hier steht der Lamaismus vor einer großen Aufgabe. Sie heißt Ausbildung der ungebildeten Mönche, Aufrichtung und Durchsetzung eines neuen Mönchsideals, wie es vor fünfhundert Jahren von dem großen Lehrer Tsongkhapa für Tibet verbindlich formuliert worden ist. Dem Dalai Lama helfen keine bedingungslosen Gefolgsleute, die ohne religiöse Wurzel als enthemmte Chaoten ein Mönchsgewand tragen, das ihnen nicht zusteht. Hier sind auch die Klosterverwaltungen Tibets aufgerufen, Ordnung in den eigenen Reihen zu schaffen und auszusondern, was nicht ins Kloster gehört. Die Strenge, die der Dalai Lama sich selbst vielfältig auferlegt, muß er auch von denen erwarten, die ihm zwar bedingungslos ergeben sind, aber offenbar den Geist, den er repräsentiert, nicht mehr begreifen. Hier stellt sich auch die Frage nach Bedeutung und Wirkung der weltweit verbreiteten Lehre des Lamaismus in unserer Zeit und für die Zukunft. Es ist zugleich die Frage nach der Rolle, die Religion in unserer sich schnell wandelnden Welt zukünftig spielen wird.

Die zu Anfang dieses Buches zitierte Prophezeiung Padmasambhavas von der Verbreitung des Buddhismus über die ganze Erde scheint sich tatsächlich zu erfüllen. Seit der Schließung der Klöster in Tibet erleben wir die Verbreitung des tibetischen Buddhismus über die ganze Erde. Er ist zu einer Art religiös fundierter Friedensbewegung geworden, für die der Dalai Lama in den letzten Jahren im Schweizer Rikon, wo viele Exiltibeter leben, wie im indischen Bhodgaya, wo Buddha vor zweitausendfünfhundert Jahren die Erleuchtung fand, Initiationstage für Tausende von Menschen aller Hautfarben abgehalten hat.

Auf Padmasambhavas Prophezeiung berufen sich auch die Lamas, die heute durch die Welt ziehen und in Vorträgen sowie auf Seminaren das geheime, verschlüsselte, selbst für Eingeweihte schwer verständliche Wissen des Lamaismus und die damit verbundenen Meditationsformen an Fremde vermitteln. Begegnungsstätten und Lamaklöster sind seit den sechziger Jahren in Amerika und in vielen Ländern Europas entstanden. Wenn der Dalai Lama einen Vortrag hält, drängen sich die Besucher in überfüllten Sälen, und junge Amerikaner oder Europäer im dunkelroten Mönchsgewand der Lamas sind bei solchen Veranstaltungen wie auch im Straßenbild unserer Städte heute keine Seltenheit mehr.

Hier hat sich eine seltsame Umkehr vollzogen, die der Padmasambhava-Prophezeiung eine neue Dimension hinzufügt. Tibet ist aus solcher Sicht kein ausschließlich nationales Phänomen mehr. So stellt auch die politische Tibet-Frage nur eine Seite des Gesamtproblems dar. Tibet ist durch die Aktivitäten seiner im Exil lebenden Lamas, mit dem Dalai Lama an der Spitze, in den letzten Jahrzehnten weltweit zu einer geistigen Macht geworden, die nicht mehr zu übersehen ist. Oder wie es ein amerikanischer Physiker während der Initiationsfeier des Dalai Lama im Schweizer Rikon formulierte: »Hier entfaltet sich eine metaphysische Potenz, mit der in Zukunft auch das politische und wirtschaftliche Management dieser Erde zu rechnen hat.«

Eine Ausstrahlung solcher Art hat Tibet auf die Länder seiner Umgebung – auf China, Zentralasien, die Mongolei und die Mandschurei – durch den Buddhismus schon in frühesten Zeiten ausgeübt. Hohe Lamas, aus denen im 15. Jahrhundert die Dalai Lamas als Gottkönige Tibets hervorgingen, wurden Berater der chinesischen Kaiser. Unter den Mandschus – der letzten chinesischen Dynastie, die bis 1912 herrschte – spielte der Lamaismus eine große Rolle in ganz China. Einer der wichtigsten Tempel Pekings, der auch heute wieder in Funktion ist, wurde in dieser Zeit der Lamatempel, ein früherer Palast der kaiserlichen Familie.

So beobachten wir ein seltsames Kräftespiel zwischen Tibet und seinen Nachbarländern. Auf politischen Druck oder militärische Aktionen reagierte Tibet mit religiöser Infiltration. So gelang es den Tibetern immer wieder, Gewalt durch geistige Kraft, durch die Ausstrahlung buddhistischer Gedanken auszugleichen. Viele Tibeter glauben, daß auch die seit 1979 wiedererlangte Religionsfreiheit in ihrem Lande den meditativen Kräften des Dalai Lama und der tief im Religiösen wurzelnden Mönche zu danken ist.

Der chinesisch-tibetische Gegensatz zwischen pragmatischem Handeln und spiritueller Wirkung magisch religiöser Ausstrahlungen ist bis in die jüngste Gegenwart zu beobachten. Während die Chinesen durch ein großangelegtes Umsiedlungsprogramm tibetischen Siedlungsraum mit Han-Chinesen bevölkern, was in der gegenwärtigen Situation eine weitere Belastung des chinesisch-tibetischen Verhältnisses bedeutet, nimmt traditionelles tibetisches Denken weltweit Geister gefangen, die über die Bedeutung und vor allem über die Zukunft dieser friedlosen, technisierten, waffenstrotzenden Erde nachzudenken beginnen unter dem Aspekt dessen, was tibetischer Buddhismus über unser Leben sagt. Er verneint den Sinn aktiven Eingreifens in die historische Entwicklung. Und hier wieder erreicht die lamaistische Lehre das Dilemma Tibets heute. Es ist das Dilemma des Dalai Lama und seiner Exilregierung, die es im Gegensatz zu den neuen, rein religiös gestimmten Anhängern des Lamaismus in aller Welt mit dem konkreten Fall Tibet und seiner Bewältigung zu tun haben. Doch auch von daher scheint nur die gegenwärtige, auf Gewaltverzicht beruhende Position des Dalai Lama akzeptabel. Denn sonst würde der sich ausbreitende, überall neue Anhänger findende Lamaismus seine Glaubwürdigkeit verlieren und damit als Hoffnung vermittelnde Botschaft für die Menschheit seine Wirkung einbüßen.

Die Konsequenzen hat nicht nur der Dalai Lama zu bedenken. Sie ist von allen Tibetern in ihre Überlegungen einzubeziehen, wenn sie über die Zukunft nicht nur ihres Landes, sondern auch dieser krisengeschüttelten Erde nachdenken.

Der Friedensplan des Dalai Lama für Tibet:

1. Tibet soll zu einer Friedenszone erklärt werden: Alle Truppen sollen aus ganz Tibet (Ü-Tsang, Kham, Amdo) abgezogen werden. Die gegenwärtigen militärischen Spannungen zwischen China und Indien werden dadurch aufgehoben, und die Stabilität Zentralasiens wird somit erhöht. Beide Länder können dann Riesensummen einsparen – Geld, das sie besser für ihre friedliche Entwicklung einsetzen können. Nepal strebt nach dem Status als Friedenszone, deren Wirkung natürlich viel größer werden würde, könnte Tibet den gleichen Status erlangen.

2. Die massive Umsiedlung von Chinesen nach Tibet muß aufhören: Die von Peking betriebene Großansiedlung von Chinesen in Tibet bedeutet, daß die Tibeter schon jetzt nur eine Minderheit in ihrem eigenen Land darstellen. In der Geburtsprovinz des Dalai Lama, Amdo, wohnen jetzt über zweieinhalb Millionen Chinesen, aber nur siebenhundertfünfzigtausend Tibeter. Wenn dieser Umsiedlung nicht unmittelbar Einhalt geboten wird und die Chinesen wieder nach China ziehen, wird es nicht lange dauern, bis der Begriff Tibet nur noch ein Fleck Boden in China bedeutet.

3. Die fundamentalen Menschenrechte und demokratischen Freiheiten müssen respektiert werden: Auch wenn die offizielle Darstellung anders lautet, haben die Tibeter nicht das Sagen in Tibet. Die volle Macht liegt fest in chinesischen Händen und wird in erster Linie für chinesische Bedürfnisse eingesetzt. Die vielbeschworenen Entwicklungen im Land dienen selten den Tibetern, sondern dem chinesischen Militär, den chinesischen Siedlern oder den Touristen.

4. Die Umweltzerstörung in Tibet muß gestoppt werden. Das Land darf nicht als Müllhalde für radioaktiven Abfall aus

China oder westlichen Ländern mißbraucht werden. Nach der Okkupation Tibets hat China eine enorme Umweltzerstörung im Land verursacht. Die Tierwelt am Land und im Wasser ist erheblich reduziert worden. Riesige Wälder, besonders in Ost-Tibet, sind kahlgeschlagen worden, um den chinesischen Holzbedarf zu decken. Verhandlungen laufen zur Zeit mit westlichen Ländern, auch mit der Bundesrepublik, über die Übernahme von radioaktivem Müll. Sie haben 1987 neuen Auftrieb bekommen.

5. Ernsthafte Verhandlungen zwischen dem tibetischen und dem chinesischen Volk über den künftigen Status Tibets müssen aufgenommen werden: Tibeter und Chinesen sind zwei verschiedene Völker. Dies muß anerkannt und respektiert werden, aber braucht nicht einer engen zukünftigen Zusammenarbeit im Wege zu stehen. Eine Lösung des Tibet-Problems, die Vorteile für alle betroffenen Völker bietet, muß in offenen und fairen Verhandlungen gefunden werden.

NACHWORT UND DANK DES AUTORS

Der Plan zu einem Buch über Tibet entstand lange vor all meinen anderen Asienbüchern. Ich faßte ihn 1959 nach den ersten Begegnungen mit tibetischen Lamas und der Umwelt, in der sich ihr strenggeordnetes Leben in einer ganz anderen Weise als das unsere vollzieht. Eingehende Studien der tibetischen Religionsformen und der aus ihnen entstandenen Kultur sowie viele weitere Reisen, die mich immer wieder in den Himalaya und in den tibetischen Kulturraum führten, festigten in mir den Gedanken, mit einem Tibet-Buch zum Verständnis dieser Welt beizutragen, die fast immer nur von außen, nicht aber aus ihren geistigen Voraussetzungen und religiösen Fundamenten gesehen und dargestellt worden ist.

Mein erster Besuch in Tibet im Herbst 1980 wurde zur Bestätigung meiner Studienergebnisse über Tibet. Hier lebte, wie ich feststellen konnte, nach zwanzigjährigen intensiven Bemühungen der Chinesen, diesem Volk »modernes« Denken beizubringen, der Geist des Buddhismus in einer den Verhältnissen des Landes genau entsprechenden Form trotz vieler Bedrängnisse, denen die Menschen ausgesetzt waren, ungebrochen weiter. Nirgendwo auf der Welt, auch nicht in Indien, Nepal und Südostasien – die kleine Insel Bali ausgenommen –, habe ich ein so rein aus religiösen Bindungen und Impulsen lebendes Volk getroffen wie in Tibet. Die Verwurzelung dieser Menschen, die einen harten Alltag in Armut zu bewältigen haben, in ihrer Religion erscheint mir wie ein Wunder. So konnte ein Buch über Tibet auch nur ein Buch über dieses Wunder werden, allerdings ohne die Schattenseiten und Gefahren solchen Lebens zu verschweigen.

Beobachtet man die Tibeter genau, so stellt man fest, daß auch heute – ein Vierteljahrhundert nach dem Beginn chinesischer Umerziehungsversuche – alles Denken und Tun religiös ausgerichtet ist. Die wiedererlangte Religionsfreiheit wird deshalb von fast allen Tibetern als ein geistiger Sieg empfunden. Oder, wie es ein Lama im Gespräch formulierte: »Der Weg zu unseren Göttern ist wieder frei. Wir dürfen ohne Verstellung mit ihnen leben.« Die Tibeter haben entgegen allen Widerständen heimgefunden zu ihren Göttern, die wie gesagt keine Verehrungswesen, sondern Erfahrungswesen sind, wenn man ihnen auch in Verehrung begegnet.

Dieses Buch hätte nicht entstehen können ohne die Hilfe zahlloser Menschen, hier im Westen wie in Tibet und in den Ländern des Himalaya. Für persönliche Gespräche, die mich mit dem schwierigen Thema Tibet mehr und mehr vertraut gemacht haben, möchte ich namentlich danken S. H. dem 14. Dalai Lama, S. H. Rangjung Rigpe Dorje, dem XVI. Gyalwa Karmapa, dem Kalu-Rinpoche, dem Bakula-Rinpoche, dem tantrischen Guru Chhimet Ricdzen Lama sowie all den vielen Lamas und Mönchen in Tibet, Indien, Nepal, Sikkim und Bhutan, die mir beim Eindringen in die Geheimnisse des tantrischen Buddhismus geholfen haben. Mein Dank gilt ferner Professor Lokesh Chandra, Delhi, Heidi und Ulrich von Schroeder, Zürich, Michael Henss, Zürich, Gerd Wolfgang Essen, Hamburg, sowie all den vielen anderen, die in zahllosen Gesprächen über Tibet und seine Kultur zur Klärung der schwierigen Problemlage beigetragen haben, die ich in diesem Buch zu erhellen versucht habe.

Die Fotos des Bandes wurden mit der Yashica-Kamera Contax RTS und den Zeiss-Objektiven Distagon 35 mm, Planar 50 mm, Sonnar 85 mm, Sonnar 135 mm und dem Yashica Zoom-Objektiv 80:200 auf Kodak-Kodachrome-Film 25 und 64 aufgenommen und im Kodak Farblabor Stuttgart entwickelt. Die Fotos 15, 28, 29 sowie SW 6, 7 verdanke ich meinem Sohn Christian Alexander, der mich auf meiner ersten Tibetreise begleitet hat. Von ihm stammen auch das Literaturverzeichnis und das Register des Buches.

Helmut Uhlig

Eine umfassende Zusammenstellung der Tibet-Literatur bis 1970 bietet:
Chaudhuri, S.: Bibliography of Tibetan Studies. Kalkutta 1971.

Abelein, M.: Shisha Pangma. Eine deutsche Tibetexpedition bezwingt den letzten Achttausender. Bergisch Gladbach 1980.
Anderson, W.: Das offene Geheimnis. Der tibetische Buddhismus als Religion und Psychologie. Bern, München 1981.
Argüelles, J. u. M.: Das große Mandala-Buch. Freiburg i. Br. 1974.
Avedon, J. F.: Ein Interview mit dem Dalai Lama. München 1982.

Back, D. M.: Eine buddhistische Jenseitsreise. Das sogenannte »Totenbuch der Tibeter« aus philologischer Sicht. Wiesbaden 1979.
Bacot, J. (Übers.): Le Poète Tibétain Milarépa. Paris 1925. (Dt. Übers. von B. Heisz, Milaräpa. Pfullingen 1956.)
Barber, N.: From the Land of Lost Content. The Dalai Lamas Fight for Tibet. Boston 1970.
Baumgardt, U.: Geistliche Titel und Bezeichnungen in der Hierarchie des tibetischen Klerus unter besonderer Berücksichtigung der Ge-lug-pa-Schule. (Diss.) Zürich 1977. (Opuscula Tibetana, Bd. 8.)
Baumhauer, O. (Hrsg.): Dokumente zur Entdeckungsgeschichte. Bd. 2: Tibet und Zentralasien. Stuttgart 1965.
Bechert, H. u. R. Gombrich (Hrsg.): Die Welt des Buddhismus. München 1984.

Becker, A.: Eine chinesische Beschreibung von Tibet aus dem 18. Jhdt. (Diss.) München 1976.

Beckh, H.: Die Tibetische Übersetzung von Kālidāsas Meghaduta. Nach dem roten und schwarzen Tanjur hrsg. u. ins Deutsche übertragen. 1906. (Aus dem Anhang zu den Abh. d. K. Preuss. Ak. d. Wiss. Phil.-hist., Abh. III, S. 3 bis 85.)

Beer, R. (Hrsg.) u. I. J. Schmidt (Übers.): Der Weise und der Tor. Buddhistische Legenden aus Tibet. Leipzig, Weimar 1978.

Bell, C.: Tibet einst und jetzt. Leipzig 1925.

Bernbaum, E.: Der Weg nach Shambhala. Auf der Suche nach dem sagenhaften Königreich im Himalaya. Hamburg 1982.

Beyer, S.: The Cult of Tara. Magic and Ritual in Tibet. Berkeley, Los Angeles, London 1973. Repr. 1978.

Bharati, A.: Die Tantra-Tradition. Freiburg i. Br. 1977.

Bhattacharya, B. (Hrsg.): Sādhanamālā. 2 Bde. Baroda 1925. Neudruck 1968.

Bhattacharya, B. (Hrsg.): Guhyasamaja Tantra or Tathāgataguhyaka. Baroda 1931. Neudruck 1967.

Bhattacharya, B. (Hrsg.): Nispannayogāvali of Mahāpandita Abhayākaragupta. Baroda 1949.

Bhattacharya, B.: An Introduction to Buddhist Esoterism. Varanasi (Indien) 1964. Neudruck New Delhi 1980.

Bhattacharya, B.: The Indian Buddhist Iconography. Mainly Based on the Sādhanamālā and Cognate Tāntric Texts of Rituals. Kalkutta 1968.

Bhattacharya, B.: Tantric Buddhist Iconographic Sources. New Delhi 1974.

Bleichsteiner, R.: Die gelbe Kirche. Wien 1937.

Blofeld, J.: Der Weg zur Macht, Praktischer Führer zur tantrischen Mystik Tibets. Weilheim/Obb. 1970.

Blofeld, J.: Die Macht des heiligen Lautes. Die geheime Tradition des Mantra. Bern, München, Wien 1978.

Bogle, G.: Ins Land der lebenden Buddhas. Entdeckungsreise in das verschlossene Tibet 1774–1775. Darmstadt 1984.

Borer, E. R.: China ohne Maske. Die tibetische Tragödie. 2. erg. Aufl. Kreuzlingen 1973.

Bosshard, W.: Durch Tibet und Turkistan. Stuttgart 1930.

Bräutigam, H.: Märchen aus Tibet. Frankfurt/Main 1979.

Brauen, M.: Heinrich Harrers Impressionen aus Tibet. Innsbruck 1974.

Bruchhausen, K. von: Die britische Expedition nach Lhasa. In: Marine Rundschau XV, 1904, S. 1248 bis 1267.

Burmann, B. R.: Religion and Politics in Tibet. New Delhi 1979.

Catalogue of the Tibetan Collection and other Lamaist articles in The Newark Museum. 5 Bde. Newark, New Jersey 1950 ff. Neuauflage 1971 ff.

Chandra, L. u. R. Vira: A New Tibeto-Mongol Pantheon. 20 Bde. New Delhi 1961 bis 1972.

Clark, W. E.: Two Lamaistic Pantheons. New York 1965.

Copeland, C.: Tankas from the Koelz Collection. Ann Arbor 1980.

Dagyab, L. S.: Tibetan Religious Art. 2 Bde. Wiesbaden 1977.

Dagyab, L. S.: Die Sādhanas der Sammlung Ba-Ri Brgya-Rtsa. In: Ikonographie und Symbolik des Tibetischen Buddhismus, hrsg. v. K. Sagaster. Wiesbaden 1983. (Asiatische Forsch., Bd. 77.) Teil A I (Text), Teil A II (Abbildungen).

Dalai Lama: Mein Leben und mein Volk. Die Tragödie Tibets. München, Zürich 1965.

Dalai Lama (Gyatsho, G. T.): Das Auge der Weisheit. Bern, München, Wien 1975.

Dargyay, E. u. G. L. (Hrsg.): Das tibetische Buch der Toten. Bern, München, Wien 1977.

Dargyay, E. M.: The Rise of Esoteric Buddhism in Tibet. 2. durchges. Aufl. New Delhi 1979.

Dargyay, G. L. (Hrsg. u. Übers.): Atiśa's »Juwelenkranz des Bodhisattva«. Zürich 1978. (Opuscula Tibetana, Bd. 9.)

Dargyay, L. (Hrsg. u. Übers.): Die Legende von den Sieben Prinzessinnen. (Suptakumārikā-Avadāna). Wien 1978.

Das, S. C.: Contributions on the Religion and History of Tibet. 1881–82. Repr. New Delhi 1970.

Das, S. C.: Journey to Lhasa and Central Tibet. London 1902. Repr. New Delhi 1970.

Dasgupta, S. B.: An Introduction to Tantric Buddhism. Kalcutta 1974.

David-Neel, A.: Arjopa. Die erste Pilgerfahrt einer weißen Frau nach der verbotenen Stadt des Dalai Lama. Leipzig 1930.

David-Neel, A.: Heilige und Hexer. Glaube und Aberglaube im Lande des Lamaismus. Leipzig 1932.

David-Neel, A.: Mönche und Strauchritter. Leipzig 1933.

David-Neel, A.: Meister und Schüler. Die Geheimnisse der lamaistischen Weihen. Leipzig 1934.

David-Neel, A.: Unbekannte Tibetische Texte. Weisheitsbücher der Menschheit. München 1955.

David-Neel, A.: Altes Tibet – Neues China. Wiesbaden 1955.

David-Neel, A.: Der Weg zur Erleuchtung. Geheimlehren und Zeremonien in Tibet. Stuttgart 1960.

David-Neel, A.: Unsterblichkeit und Wiedergeburt. Lehren und Bräuche in China, Tibet und Indien. Wiesbaden 1962.

David-Neel, A.: Leben in Tibet. Kulinarische und andere Traditionen aus dem Lande des ewigen Schnees. Basel 1976.

David-Neel, A.: Wanderer mit dem Wind. Reisetagebücher in Briefen 1904–1917. Wiesbaden 1979.

David-Neel, A.: Liebeszauber und Schwarze Magie. Basel 1983.

Dawa-Samdup, K. (Hrsg.): Shrīchakrasambhāra Tantra. A Buddhist Tantra. London, Kalkutta 1919. (Tantric Texts, Bd. VII.)

Douglas, N.: Tibetan Tantric Charms and Amulets. New York 1978.

Douglas, N. u. M. White: Karmapa. The Black Hat Lama of Tibet. London 1976.

Dowman, K. (Hrsg.): Der heilige Narr. Bern, München, Wien 1982.

Eimer, H.: Berichte über das Leben des Atiśa (Dîpamkaraśrîj-nana). Wiesbaden 1977.

Evans-Wentz, W. Y.: Yoga und Geheimlehren Tibets. 2. Aufl. München 1937.

Evans-Wentz, W. Y.: Milarepa. Tibets großer Yogi. Weilheim/Obb. 1971.

Evans-Wentz, W. Y.: Der geheime Pfad der großen Befreiung. 3. Aufl. Weilheim/Obb. 1972.

Evans-Wentz, W. Y.: Das tibetanische Totenbuch oder die Nachtod-Erfahrungen auf der Bardo-Stufe. 13. Aufl. Olten 1978.

Ferrari, A.: Mk'yen Brtse's Guide to the holy Places of Central Tibet. Rom 1958.

Filchner, W. (Hrsg.): Sturm über Asien. Erlebnisse eines diplomatischen Geheimagenten. Berlin 1924.

Filchner, W.: Kumbum Dschamba Ling. Leipzig 1933.

Finckh, E.: Grundlagen tibetischer Heilkunde. Bd. 1 Uelzen 1975, Bd. 2 Uelzen 1985.

Fischle, W. H.: Der Weg zur Mitte. Wandlungssymbole in tibetischen Thangkas. Stuttgart, Zürich o. J.

Francke, A. H.: Der Frühlingsmythus der Kesarsage. 1902. Neudruck Osnabrück 1968.

Fremantle, F. u. C. Trungpa (Übers. u. Komm.): Das Totenbuch der Tibeter. Düsseldorf, Köln 1976.

Fürholzer, E.: Arro! Arro! So sah ich Tibet. Berlin 1942.

Futterer, K.: Geographische Skizze von Nordost-Tibet. Gotha 1903. Petermanns Mitteilungen, Ergänz. Nr. 143.

Gelder, S. u. R.: Visum für Tibet. Wien, Düsseldorf 1965.

George, A. A., Augustinus Antonius Georgius: Alphabetum Tibetanum Missionum apostolicorum commodo editum. Rom 1762.

Gerner, M.: Schneeland Tibet. Frankfurt/Main 1981.

Getty, A.: The Gods of Northern Buddhism. Oxford 1914. Repr. Rutland (Vermont) u. Tokyo 1962.

Goidsenhoven, J. van: Art Lamaïque, Art des Dieux. Brüssel 1970.

Gordon, A. K.: Tibetan Religious Art. New York 1963.

Gordon, A. K.: The Iconography of Tibetan Lamaism. New York 1972.

Govinda, Lama A.: Grundlagen tibetischer Mystik, 2. erw. Aufl. Zürich, Stuttgart 1966.

Govinda, Lama A.: Der Weg der Weißen Wolken. Zürich 1969.

Govinda, Lama A.: Die psychologische Haltung der früh-buddhistischen Philosophie und ihre systematische Dar-stellung nach der Tradition des Abhidhamma. Wiesbaden o.J.

Govinda, Lama A.: Mandala. 3. erw. Aufl. Zürich 1973.

Govinda, Lama A.: Schöpferische Meditation und multidi-mensionales Bewußtsein. Freiburg i. Br. 1977.

Govinda, Lama A.: Der Stupa. Psychokosmisches Lebens-und Todessymbol. Freiburg i. Br. 1978.

Govinda, L. G.: Tibet in Pictures. A Journey into the Past. 2 Bde. Berkeley 1979.

Grueber, J.: Als Kundschafter des Papstes nach China: 1656–1664. Die erste Durchquerung Tibets. Stuttgart 1985.

Grünwedel, A.: Ein Kapitel des Ta-she-sung. In: Festschrift für A. Bastian. Berlin 1896. S. 461–482.

Grünwedel, A.: Mythologie des Buddhismus in Tibet und der Mongolei. Leipzig 1900. Neudruck Osnabrück 1970.

Grünwedel, A. (Übers.): Tāranātha's Edelsteinmine, das Buch von den Vermittlern der Sieben Inspirationen. o.O. 1914. Neudruck Osnabrück 1970.

Grünwedel, A. (Übers.): Die Geschichten der 84 Zauberer (Mahāsiddhas). In: Baessler-Archiv, 1916, V., S. 137–228.

Grünwedel, A. (Hrsg. u. Übers.): Die Tempel von Lhasa.

Gedicht des ersten Dalai Lama, für Pilger bestimmt. In: Sitzungsberichte der Heidelberger Akademie d. Wissenschaften, Phil.-hist. Klasse. Heidelberg 1919.

Grünwedel, A. (Hrsg. u. Übers.): Die Legenden des Nā-Ro-Pa. Leipzig 1933.

Guenther, H. von (Hrsg. u. Übers.): The Life and Teaching of Nāropa. Oxford 1963.

Guenther, H. von: The Tantric View of Life. Berkeley, London 1972.

Guenther, H. von: Tantra als Lebensanschauung. Bern, München, Wien 1974.

Guenther, H. von u. T. Trungpa: Tantra im Licht der Wirklichkeit. Wissen und praktische Anwendung. Freiburg i. Br. 1976.

Gupta, T. K. D.: Der Vajra – eine vedische Waffe. Wiesbaden 1975.

Gyaltag, G.: Tibet einst und heute. Rikon 1979.

Harrer, H.: Sieben Jahre in Tibet. Frankfurt/Main 1952.

Hauser, H. u. E. Siao: Tibet. Leipzig o.J.

Hedin, S.: Transhimalaya. Entdeckungen und Abenteuer in Tibet. 2 Bde. Leipzig 1909.

Heissig, W.: Tibet und die Mongolei als literarische Provinzen. Köln, Opladen 1967.

Hellbach, M. (Übers.): Wege zur universellen Verantwortung. Aus Tushita 2. (Mündliche Übermittl. d. tibetanischen Trad.). Rheinberg 1981.

Henss, M.: Tibet. Die Kulturdenkmäler. Zürich 1981.

Henss, M.: Kalachakra. Ein tibetisches Einweihungsritual. Zürich 1985.

Hermanns, M.: Mythen und Mysterien der Tibeter. Stuttgart o.J.

Hermanns, M.: Schöpfungs- und Abstammungsmythen der Tibeter. In: Anthropos. Internationale Zeitschrift für Völker- und Sprachenkunde, Bd. 41–44, 1946–49, S. 275–298; 817–847.

Hermanns, M.: Die Nomaden von Tibet. Wien 1949.

Hermanns, M.: Himmelsstier und Gletscherlöwe. Mythen, Sagen und Fabeln aus Tibet. Kassel 1955.

Hermanns, M.: Die Familie der A mdo-Tibeter. Freiburg, München 1959.

Hermanns, M. (Übers. u. Hrsg.): Das Nationalepos der Tibeter. Gling König Ge Sar. Regensburg 1965.

Hermanns, M.: Schamanen – Pseudoschamanen, Erlöser und Heilbringer, 3 Bde. Wiesbaden 1970.

Heyde, G.: fünfzig Jahre unter Tibetern. Herrnhut 1921.

Hinze, O. M.: Tantra Vidyā. Wissenschaft des Tantra. Zürich 1976.

Hoffmann, H. (Hrsg. u. Übers.): Quellen zur Geschichte der tibetischen Bon-Religion. Abh. d. Ak. d. Wissensch. u. d. Lit. Mainz. Wiesbaden 1950.

Hoffmann, H.: Mi-la ras-pa. Sieben Legenden. München 1950.

Hoffmann, H.: Die Gräber der tibetischen Könige im Distrikt 'P'yonsrygas. In: Nachrichten der Akademie der Wissenschaften in Göttingen. Phil.-hist. Kl. 1950 S. 1–14.

Hoffmann, H.: Die Religionen Tibets. Freiburg, München 1956.

Hoffmann, H.: Das Kâlacakra, die letzte Phase des Buddhismus. In: Saeculum 15, Freiburg, München 1964, S. 125–131.

Hoffmann, H.: Symbolik der tibetischen Religionen und des Schamanismus. Stuttgart 1967.

Hoffmann, H. (Hrsg. u. Übers.): Märchen aus Tibet. Düsseldorf, Köln 1965.

Hopkins, J. (Hrsg.): Tantra in Tibet. Das geheime Mantra des Tsong-ka-pa. Düsseldorf, Köln 1980.

Hopkins, J. (Hrsg. u. Übers.): The Kalachakra Tantra. (Mit einem Kommentar von Tenzin Gyatso, des 14. Dalai Lamas, zum Kalachakra Initiationsritus.) London 1985.

Hopkins, J. u. G. L. Sopa: Der tibetische Buddhismus. Düsseldorf, Köln 1977.

Huc, R. E.: Wanderungen durch die Mongolei nach Tibet. (1844–1846). Stuttgart 1966.

Hummel, S.: Elemente der tibetischen Kunst. Leipzig 1949.

Hummel, S.: Geheimnisse tibetischer Malereien. Leipzig 1949.

Hummel, S.: Lamaistische Studien. Leipzig 1950.

Hummel, S.: Der lamaistische Ritualdolch (Phur-Bu) und die alt-vorderorientalischen Nagelmenschen. In: Asiatische Studien 1/4, 1952, S. 41–51.

Hummel, S.: Geschichte der tibetischen Kunst, Leipzig 1953.

Hummel, S.: Tibetisches Kunsthandwerk in Metall. Leipzig 1954.

Hummel, S.: Die lamaistische Kunst in der Umwelt von Tibet. Leipzig 1955.

Huntington, J. C.: The Phur-Pa, Tibetan Ritual Daggers. Ascona 1975. (Artibus Asiae, Suppl. 33.)

Illion, T.: Rätselhaftes Tibet. Hamburg 1936.

Jigmei, N. N. u. a.: Tibet. Luzern 1981.

Jisl, L., V. Sis u. J. Vaniš: Tibetische Kunst. Prag 1958.

Jussow, B. W.: Tibet. Leipzig 1953.

Kalff, M. M.: Selected Chapters from the Abhidhanottara-Tantra. The Union of Female and Male Deities. Diss. Columbia University 1979.

Karmay, H.: Early Sino-Tibetan Art. Warminster 1975.

Kaschewsky, R.: Das Leben des lamaistischen Heiligen Tsongkhapa Blo-Bzan-Grags-Pa (1357–1419), dargestellt und erläutert anhand seiner Vita »Quellort allen Glücks«. 2 Bde. Wiesbaden 1971.

Klaus, C.: Der aus dem Lotos Entstandene. Ein Beitrag zur Ikonographie und Ikonologie des Padmasambhava nach dem Rin chen gter mdzod. Wiesbaden 1982.

Koch, E. E.: Auf dem Dach der Welt. Tibet – Die Geschichte der Dalai Lamas. Frankfurt/Main 1960.

Koeppen, C. F.: Die Religion des Buddha und ihre Entstehung. Bd. 1. 2., unveränderte Auflage. Berlin 1906.

Kolmas, J.: The Iconographie of the Derge Kanjur and Tanjur. Dew Delhi 1978.

Kongtrul, J.: Das Licht der Gewißheit. Freiburg i. Br. 1979.

Korvin-Krasinski, P. C. von: Die tibetische Medizinphilosophie. Der Mensch als Mikrokosmos. Zürich 1953.

Kuroda, S.: Mahayana. Die Hauptlehren des nördlichen Buddhismus. Leipzig o. J.

Landor, H. S.: Auf verbotenen Wegen. Reisen und Abenteuer in Tibet. Leipzig 1905.

Lati Rinbochay u. J. Hopkins: Death, Intermediate State and Rebirth in Tibetan Buddhism. London 1979.

Lauf, D.-Y.: Das Erbe Tibets. Bern 1972.

Lauf, D.-Y.: Tshe-ring-ma, die Berggöttin des langen Lebens und ihr Gefolge. In: Ethnologische Zeitschrift. Zürich 1972, I, S. 259–269.

Lauf, D.-Y.: Das Bild als Symbol im Tantrismus. München 1973.

Lauf, D.-Y.: Geheimlehren tibetischer Totenbücher. Jenseitswelten und Wandlung nach dem Tode. Freiburg i. Br. 1975.

Lauf, D.-Y.: Verborgene Botschaft tibetischer Thangkas. Freiburg i. Br. 1976.

Lauf, D.-Y.: Eine Ikonographie des tibetischen Buddismus. Graz 1979.

Laufer, B. (Hrsg. u. Übers.): Der Roman einer tibetischen Königin. Leipzig 1911.

Laufer, B. (Hrsg. u. Übers.): Das Citralakshana nach dem tibetischen Tanjur. Leipzig 1913.

Laufer, B. (Übers.): Milaraspa. Hagen, Darmstadt 1922.

Lavizzari-Raeuber, A.: Thangkas: Rollbilder aus dem Himalaya. Kunst und mystische Bedeutung. Köln 1984.

Lehmann, P.-H. u. J. Ullal: Tibet. Das stille Drama auf dem Dach der Erde. Hamburg 1981.

Lessing, F. D.: Yung-Ho-Kung. An Iconography of the Lamaist Cathedral in Peking, Band 1. Stockholm 1942.

Lessing, F. D. u. A. Wayman: Introduction to the Buddhist Tantric Systems. Den Haag 1968. 2. Ausg. New Delhi 1978.

Lessing, F. D. u. A. Wayman (Übers.): Mkhas Grub Rje's Fundamentals of the Buddhist Tantras. Den Haag, Paris 1968.

Lindegger, P.: Griechische und römische Quellen zum peripheren Tibet. Teil 1: Frühe Zeugnisse bis Herodot. In: Opuscula Tibetana, Fasc. 10, 1979. Teil 2: Überlieferungen von Herodot bis zu den Alexanderhistorikern. In: Opuscula Tibetana, Fasc. 14, 1982.

Lowry, J.: Tibetan Art. London 1973.

Lucas, H.: Lamaistische Masken. Der Tanz der Schreckensgötter. Kassel 1962.

Luetjohann, S. (Übers.): Die Legende vom großen Stupa. Prophezeiungen aus Tibet. Haldenwang 1981.

MacDonald, A.: Le Mandala du Manjuśrīmūlakalpa. Paris 1962.

MacDonald, A. u. Y. Imaeda (Hrsg.): Essais sur l'Art Tibet. Paris 1977.

Mallmann, M.-T. de: Etude iconographique sur Manjuśrī. Paris 1964.

Mallmann, M.-T. de: Introduction à l'iconographie du Tantrisme Bouddhique. Paris 1975.

Markham, C. R.: Aus dem Lande der lebenden Buddhas. Die Erzählungen von der Mission G. Bogle's nach Tibet u. T. Mannings Reise nach Lhasa (1774 u. 1812). (Dt. Bearb. v. M. von Brandt.) Hamburg 1909.

McGovern, W. M.: Als Kuli nach Lhasa. Berlin o. J.

Mehlig, J. (Hrsg.): Buddhistische Märchen. Leipzig 1984.

Meisezahl, R. O.: Die Göttin Vajravārāhī. Eine ikonographische Studie nach einem Sādhana-Text von Advayavajra. Leiden 1967.

Meisezahl, R. O.: Geist und Ikonographie des Vajrayana-Buddhismus. St. Augustin 1980.

Meurs, W. J. G. van: Tibetan Temple Paintings. Leiden 1953.

Migot, A.: Vor den Toren Tibets. Stuttgart 1954.

Mookerjee, A. u. M. Khanna: Die Welt des Tantra in Bild und Deutung. Bern, München, Wien 1978.

Müller, C. C. u. W. Raunig (Hrsg.): Der Weg zum Dach der Welt. Innsbruck o. J.

Muralt, R. von (Hrsg.): Meditations-Sutras des Mahâyana-Buddhismus. 2 Bde. 2. Aufl. Zürich 1973.

Nebesky-Wojkowitz, R. de.: Das tibetische Staatsorakel. In: Archiv für Völkerkunde, Bd. I, Wien 1946, S. 136 bis 155.

Nebesky-Wojkowitz, R. de.: Wo Berge Götter sind. Drei Jahre bei unerforschten Völkern des Himalaya. Stuttgart 1955.

Nebesky-Wojkowitz, R. de.: Oracles and Demons of Tibet. S'Gravenhage 1956. Repr. Graz 1975.

Neumeier, E.: Mātarah und Ma-Mo. Studien zur Mythologie des Lamaismus. (Diss.) München 1966.

Norbu, T. D.: Tibet – Verlorene Heimat. Wien, Berlin, Frankfurt/Main 1960.

Olschak, B. C.: Tibet, Erde der Götter. Vergessene Geschichte, Mythos und Saga. Zürich, Stuttgart 1960.

Olschak, B. C.: Perlen alttibetischer Literatur. Basel 1967.

Olschak, B. C. u. G. T. Wangyal: Mystik und Kunst Alttibets. Bern, Stuttgart 1972.

Olschak, B. C. u. T. Wangyal (Übers.): Guide to the Jewel Island. Wegführer zur Juweleninsel (Tib.-engl.-dt.). Zürich 1973.

Olson, E.: Tantric Buddhist Art. Ausstellungskatalog. New York 1974.

Om Mani Padme Hum. Ausstellungskatalog. Musée Royal de Mariemont. 1980.

Pal, P.: The Art of Tibet. New York 1969.

Pal, P.: Tibetan Art in The J. G. Ford Collection. In: Arts of Asia, V, Heft 6, 1975, S. 50 bis 61.

Pal, P.: Art of Tibet. Ausstellungskatalog Los Angeles County Museum of Art. 1983.

Pal, P.: Tibetan Paintings. Vaduz (Indien), Basel 1984.

Pander, E.: Das lamaische Pantheon. In: Zeitschrift für Ethnologie 21, 1889, S. 44 bis 78.

Pander, E.: Das Pantheon des Tschangtscha Hutuktu. Ein Beitrag zur Ikonographie des Lamaismus. Berlin 1890. (Veröffentlichungen aus dem Königlichen Museum für Völkerkunde, I, Heft 213).

Pemba, T.: Tibet im Jahr des Drachen. Freiburg, Basel, Wien 1968.

Petech, L.: Tibet. In: Handbuch der Orientalistik, Bd. V/5 (Geschichte Mittelasiens), S. 311–347.

Petech, L.: Aristocracy and Government in Tibet 1728 to 1959. Rom 1973.

Pochhammer, W. von: Die Auseinandersetzung um Tibets Grenzen. Frankfurt/Main, Berlin 1962.

Proceedings of Symposium on Quinghai-Xizang (Tibet) Plateau. Peking 1980.

Rabten, G.: Leben und Lehren eines tibetischen Meditationsmeisters. Hrsg. u. übers. von B. A. Wallace. Hamburg 1981.

Rácz, I.: Kunst in Tibet. Bern, Stuttgart 1968.

Ramachandra Rao, S. K.: Tantra, Mantra, Yantra. The Tantra Psychology. New Delhi 1979.

Ribbach, S. H.: Vier Bilder des Padmasambhava und seiner Gefolgschaft. In: Mitteilungen aus dem Museum für Völkerkunde in Hamburg, V, 1917.

Richardson, H. E.: Tibet – Geschichte und Schicksal. Frankfurt/Main, Berlin 1964.

Riencourt, A. de: Tibet im Wandel Asiens. Wiesbaden 1951.

Roerich, G.: Tibetan Paintings. Paris 1925.

Roerich, G. N.: The Blue Annals (Deb-ther-Sngong-po). 2. Ausg. New Delhi 1976.

Ronge, V.: Das Tibetische Handwerkertum vor 1959. Wiesbaden 1978.

Rütimann, H.: Der wahre Pfad. Geschichte einer Flucht aus Tibet. Erlenbach, Zürich, Stuttgart 1969.

Sagaster, K. (Hrsg. u. Übers.): Die weiße Geschichte. Eine mongol. Quelle zur Lehre von den Beiden Ordnungen. Religion und Staat in Tibet und der Mongolei. Wiesbaden 1976. (Asiat. Forsch., 41.)

Sandberg, G.: The Exploration of Tibet. Its History and Particulars from 1623 to 1904. London, Kalkutta 1904.

Schäfer, E.: Berge, Buddhas und Bären. Berlin 1933.

Schäfer, E.: Unbekanntes Tibet. Berlin 1937.

Schäfer, E.: Dach der Erde. Tibetexpedition 1934/36. Berlin 1938.

Schäfer, E.: Fest der weißen Schleier. Braunschweig 1950.

Schäfer, E.: Über den Himalaya ins Land der Götter. Braunschweig 1950.

Schätz, J. J.: Heiliger Himalaya. München 1952.

Schiefner, A. (Übers.): Târanâtha's Geschichte des Buddhismus in Indien. St. Petersburg 1869.

Schlagintweit, E.: Buddhism in Tibet. Illustrated by Literary Documents and Objects of Religious Worship. 1863. Zweite Ausgabe: London 1968.

Schlagintweit, E.: Die Könige von Tibet von der Entstehung königlicher Macht in Yárlung bis zum Erlöschen in Ladák. München 1866.

Schlagintweit, E.: Die Lebensbeschreibung von Padma Sambhava, dem Begründer des Lamaismus 747 n. Chr. Teil I: Die Vorgeschichte, München 1899; Teil II: Wirken und Erlebnisse in Indien. In: Abh. d. Königl. bayer. Akademie d. Wissenschaften, XXII, S. 519 bis 576.

Schmid, T.: The eighty-five Siddhas. Stockholm 1958.

Schroeder, U. von: Indo-Tibetan Bronzes. Hongkong 1981.

Schüttler, G.: Die letzten tibetischen Orakelpriester. Wiesbaden 1971.

Schuh, D. (Hrsg.): Märchen, Sagen und Schwänke vom Dach der Welt. Tibetisches Erzählgut in deutscher Fassung. 4 Bde. St. Augustin 1982.

Schulemann, G.: Geschichte der Dalai Lamas. Leipzig 1958.

Schulemann, W.: Die Kunst Zentralasiens als Ausdrucksform religiösen Denkens. Köln, Opladen 1967.

Schwieger, P. (Hrsg. u. Übers.): Ein tibetisches Wunschgebet um Wiedergeburt in der Sukhāvatī. St. Augustin 1978.

A scientific Guidebook to south Xizang (Tibet). Peking 1980.

Senanayake, R. D.: Tibet – Beispiel der friedliebenden Politik der Volksrepublik China. Münster 1973.

Senft, W.: Tibets Götter leben. Graz 1983.

Shakabpa, T. W. D.: Tibet. A political History. New York 1984.

Sherring, C. A.: Western Tibet and the Indian Borderland. New Delhi 1974.

Sinha, N. C.: An Introduction to the History and Religion of Tibet. Kalkutta 1975.

Sis, V. u. J. Vaniš: Der Weg nach Lhasa. Prag 1956.

Snellgrove, D. L.: Buddhist Himalaya. Travels and Studies in Quest of the Origin and Nature of Tibetan Religion. Oxford 1957.

Snellgrove, D. L. (Hrsg. u. Übers.): The Hevajra Tantra, a critical study. Part I: Introduction and Translation, Part II: Sanskrit and Tibetan Texts. 2 Bde. London 1959. 3. Neudruck 1976.

Snellgrove, D. L.: The Chester Beatty Library. A Catalogue of the Tibetan Collection. Dublin 1969.

Snellgrove, D. u. H. Richardson: A cultural History of Tibet. Boulder, Colorado 1980.

Snellgrove, D.: Himalayan Pilgrimage. Boulder, Colorado 1981.

Snelling, J.: The sacred Mountain. London, Den Haag 1983.

Stein, R. A.: Tibetan Civilization. London 1972.

Stötzner, W.: Ins unerforschte Tibet. Tagebuch der Expedition Stötzner 1914. Leipzig 1924.

Šťovičková, D. u. M.: Tibetische Märchen. 2. Aufl. Hanau 1976.

Suyin, H.: Chinas Sonne über Lhasa. Das neue Tibet unter Pekings Herrschaft. Bern, München 1978.

Tafel, A.: Meine Tibetreise. 2 Bde. Berlin, Stuttgart, Leipzig 1914.

Taring, R. D.: Eine Tochter Tibets. Leben im Land der vertriebenen Götter. Hamburg, Düsseldorf 1972.

Taring, Z. J.: Lhasa Tsug-Lag Khang Gi Sata and Karchhag. The index and plan of Lhasa Cathedral in Tibet. Raipur o.J.

Thomas, L.: Tibet im Gewitter. Berlin, Darmstadt 1951.

Tibet heute (Bildband). Peking 1974.

Tibet – Kunst des Buddhismus. Ausstellungskatalog Haus der Kunst. München 1977.

Tibetisch-mystische Lebensweise. München 1953.

Tichy, H.: Zum heiligsten Berg der Welt. Wien 1937.

Tokya-Fuong, U.: Die Kultplastiken der Sammlung Werner Schulemann im Museum für Ostasiatische Kunst, Köln. In: Ikonographie und Symbolik des Tibetischen Buddhismus. Hrsg. v. K. Sagaster. Teil B. Wiesbaden 1983. (Asiatische Forschungen, Bd. 78.)

Trungpa, C.: Visual Dharma. The Buddhist Art of Tibet. Berkeley, London 1975.

Trungpa, C.: Feuer trinken, Erde atmen. Die Magie des Tantra. Köln 1982.

Trungpa, T.: Spiritueller Materialismus. Vom wahren geistigen Weg. Freiburg i. Br. 1975.

Trungpa, T.: Das Märchen von der Freiheit und der Weg der Meditation. Freiburg i. Br. 1978.

Trungpa, T.: Das Spiel der Illusion. Haldenwang 1980.

Tucci, G.: Indo-Tibetica, Bd. I–IV. Rom 1932–1941.

Tucci, G.: Indo-Tibetica: I. »Mc'od rten« e »Ts'a ts'a« nel Tibet-Indiano ed occidentale. Rom 1932.

Tucci, G.: Indo-Tibetica: II. Rin c'en Bzan Po e la rinascata del Buddhismo nel Tibet intorno al Mille. Rom 1933.

Tucci, G.: Indo-Tibetica: III. I templi del Tibet occidentale ed il loro simbolismo artistico, 2 Bde. Rom 1935/36.

Tucci, G.: Indo-Tibetica: IV. Gyantse ed i Suoi Monasteri. 3 Bde. Rom 1941.

Tucci, G.: Tibetan Painted Scrolls, 3 Bde. Rom 1949.

Tucci, G.: To Lhasa and beyond. Diary of the Expedition to Tibet in the Year 1948. Rom 1956.

Tucci, G.: Geheimnis des Mandala. Theorie und Praxis. Weilheim/Obb. 1972.

Tucci, G.: Tibet. Land of Snows. London 1967. 2. Aufl. 1973.

Tucci, G.: Tibet. München, Genf, Paris 1973. (Archaeologia Mundi.)

Tucci, G. u. W. Heißig: Die Religionen Tibets und der Mongolei. Stuttgart 1970.

Tulku, T.: Psychische Energie durch inneres Gleichgewicht. Wege zu höherem Bewußtsein, Selbstheilung und Meditation. Freiburg i. Br. 1979.

Tulku, T.: Selbstheilung durch Entspannung. Bern, München 1980.

Tulku, T. (Hrsg. u. Übers.): Ruhig und klar. Das Rad der Analytischen Meditation. 2. Aufl. Haldenwang 1981.

Uhlig, H.: Am Thron der Götter. Abenteuerliche Reisen im Hindukusch und Himalaya. München 1978.

Uhlig, H.: Das Bild des Buddha. Berlin 1979.

Uhlig, H.: Himalaya. Reich der tausend Buddhas. Berlin, Frankfurt/Main, Wien 1980.

Uhlig, H.: Tantrische Kunst des Buddhismus. Berlin, Frankfurt/Main, Wien 1981.

Waddell, A.: The Buddhism of Tibet or Lamaism. London 1895. Neudruck Kathmandu, New Delhi 1978. (Buddhism and Lamaism of Tibet.)

Waddell, L. A.: Lhasa and its Mysteries. With a Record of the

Expedition of 1903–1904. London 1905. Nachdruck Taipei 1972.

Waldschmidt, E. (Hrsg.): Das Catusparisatsutra. Eine kanonische Lehrschrift über die Begründung der Buddhistischen Gemeinde. Berlin 1962.

Wangyal, G.: Tibetische Meditationen. Zürich 1975.

Wayman, A.: The Buddhist Tantras. Light on Indo-Tibetan Esotericism. New York 1973.

Wayman, A.: Yoga of the Guhyasamājatantra. The Arcane Love of Forty Verses. A Buddhist Tantra Commentary. New Delhi 1977.

Wegener, G.: Tibet und die englische Expedition. Halle a. d. S. 1904.

Weiner, D.: Tibetan and Himalayan Woodblock Prints. New York 1974.

Weller, F. (Hrsg. u. Übers.): Das Leben des Buddha von Aśvaghosa. Leipzig 1926.

Weyer, H., M. Grassnick, H. Kitzki u. R. Nyffeler: Tibet – Wahrheit und Legende. Karlsruhe 1982.

Wilhelm, F.: Prüfung und Initiation im Buche Pausya und in der Biographie des Nāropa. Wiesbaden 1965.

Zimmel, B.: Der erste Bericht über Tibets Hauptstadt Lhasa aus dem Jahre 1661. In: Biblios. Österreichische Zeitschrift für Buchwesen, II, Heft 3/4, 1953, S. 127 bis 145.

Zwalf, W.: Heritage of Tibet. London 1981.

REGISTER

Acharya, ind. Weisheitslehrer 177
Afghanistan 80, 193 f.
Akshobhya, Meditationsbuddha, der Tathagata des Ostens 205
Alphabetum Tibetanum Missionum Apostolicarum Commodo Editum, erste abendländische Darstellung Tibets (1762) 25
Amdo, nordtibetische Provinz 16, 164, 169 f.
Amitabha, Meditationsbuddha, der Tathagata des Westens 197, 205, 232, 234, 248
Amitayus, Buddha des ewigen Lebens 47, 62, 91, 176, 204, 241, 249
Amoghasiddhi, Meditationsbuddha, der Tathagata des Nordens 205
Amritakunda, »Jasminnektar«, zornvolle Gottheit 79
Analphabetentum 17 ff., 197
Ananda, Lieblingsjünger Buddhas 36
Anderson, Walt, amerikanischer Psychologe und Soziologe 8
Arhats, die ersten 16 buddhistischen Weisheitslehrer Indiens 206, 241, 244
Aryas, die »Ehrenwerten«, arische Bevölkerung Indiens 30
Ashoka (272–237 v. Chr.), indischer Kaiser 76
Assam, nordostindische Provinz 30
Atisha (982–1054), indischer Guru, der auch in Tibet wirkte 187 ff., 213, 254, 256 f.
Augustinus Antonius Georgius, Autor des ersten europäischen Werkes über Tibet (1762) 25
Avalokiteshvara, Bodhisattva, der »Herr, der gütig herabschaut« 37, 56, 62, 73, 74, 79, 90 f., 139,

141 ff., 150, 198, 246, 248, 250, 256

Badmajeff, russ. Mediziner 229
Bali, indonesische Insel 66, 126
Bardo-Thödol, tibetisches Totenbuch 129, 231 ff.
Bengalen, ostindische Provinz 30
Bhrag-Cha-klu-phug Gompa, Kloster in Lhasa 252
Bhrikuti, nepalesische Prinzessin, Frau des Königs →Srong Tsan Gampo, wird als Grüne Tara verehrt 50, 57 f., 60, 71 f., 249, 252
Bhutan 41, 97, 114, 148, 174, 190, 197, 204, 211, 214, 238
Birma 12, 16, 49
Bodhi-Baum, Baum der Erleuchtung 78
Bodhicitta, Erleuchtungswille 243
Bodhisattva, Erleuchteter 32, 36 f., 49, 62, 67, 79, 87, 109, 110 ff., 115, 120, 124 ff., 134, 141 f., 150, 188, 197 f., 205 f., 213, 244 f., 248, 251, 254, 256
Bon, alttibetische Religion 11, 34 f., 68, 71, 77, 80 ff., 97, 104, 116, 142, 147, 154, 191
Borobudur 206
Brahmanismus 30, 33
Brahmaputra 45, 47
Bromston, tibetischer Guru, Hauptschüler d. →Atisha 187 f., 257
Buddha 11 ff., 18, 31 ff., 36 f., 40, 47 ff., 54, 58, 62 ff., 71, 73, 75, 78 ff., 84 ff., 99, 103, 105, 108 ff., 115, 119 ff., 123 ff., 133 f., 142, 145, 148, 150, 176, 188, 197 ff., 204 ff., 219 f., 227, 230, 232 ff., 238, 240 ff., 248 f., 251 f., 254 ff.
Buddhismus 7 f., 10 ff., 17, 31 ff., 35,

293

297

Biographie

Als Band mit der Bestellnummer 61239 erschien:

Der Lebensbericht des XIV. Dalai Lama – ein
bewegendes Plädoyer für Gewaltlosigkeit und Völker-
verständigung, aber auch spirituelle Offenbarung
eines der wahrhaft Großen unserer Zeit.

Mit zahlreichen Abbildungen

Helmut Uhlig

BUDDHA
Die Wege des Erleuchteten

Das Leben
des großen Religionsstifters

Band 61350

Helmut Uhlig
Buddha

Keine religiöse Bewegung hat in den letzten Jahrzehnten weltweit so viel Interesse erregt und so starken Zulauf gefunden wie der Buddhismus. Viele sehen in ihm - enttäuscht vom kirchlichen Christentum und besorgt angesichts der latenten Intoleranz des Islam - die künftige Weltreligion. Es ist eine Religion ohne Gott, die aber die Götter nicht leugnet. Sie zeigt dem Menschen einen Weg aus den Nöten der Zeit und aus seinen persönlichen Bedrückungen. Es ist ein Weg, den Buddha entdeckt hat und den er als Erster gegangen ist. Für ihn war es der Weg des Erwachens.
Helmut Uhlig beschreibt Buddhas Erdenwandel vor etwa 2500 Jahren und läßt den Erleuchteten aus dem nordindischen Shakyageschlecht auch selbst zu Wort kommen.

BASTEI
LÜBBE